zeitreise 4

1. Auflage A 1 5 4 3 2 1 | 2011 10 09 08 07

Alle Drucke dieser Auflage sind unverändert und können im Unterricht nebeneinander verwendet werden. Die letzten Zahlen bezeichnen jeweils die Auflage und das Jahr des Druckes.

Internetadresse: www.klett.de

Autoren: Sven Christoffer, Helmut Heimbach, Andrej Keller, Klaus Leinen, Dr. Peter Offergeld, Dr. Antonius Wollschläger
Redaktion: Carsten Loth, Anja Barthel

Gesamtgestaltung: Kassler-Design, Leipzig
Piktogramme: Erhard Müller, Leipzig und Kassler-Design, Leipzig
Kartographien: Kartographisches Büro Borleis & Weis, Leipzig
Herstellung: Karena Klepel
Reproduktionen: Meyle + Müller, Medien-Management, Pforzheim
Druck: Himmer AG, Augsburg

Printed in Germany
ISBN 978-3-12-423040-9

9 783124 230409

zeitreise 4

Autoren:
Sven Christoffer
Helmut Heimbach
Andrej Keller
Klaus Leinen
Peter Offergeld
Antonius Wollschläger

Ernst Klett Verlag
Stuttgart · Leipzig

Inhalt

Die Weimarer Republik 8

1 Europa zwischen Demokratie und Diktatur 10
2 Russische Revolution – Verwirklichung sozialistischer Ideale? 12
3 Die Diktatur Stalins 16
4 Deutschlands Weg in die Republik 18
5 Lasten und Legenden – die junge Republik unter Druck 22
6 Das Krisenjahr 1923 – Ruhrbesetzung, Inflation, Putsch 24
7 Außenpolitik im Zeichen von Versöhnung und Verständigung 28
8 Goldene Zwanziger? 30
9 Republik im Untergang 34
10 Methode: Politische Plakate analysieren 38
11 Wer wählte die NSDAP? 40
12 Warum scheiterte die erste deutsche Demokratie? 42
13 Abschluss: Die Zwischenkriegszeit im Spiegel von Karikaturen 44

Der Nationalsozialismus 46

1 Spuren der NS-Vergangenheit 48
2 Kam Hitler legal an die Macht? 50
3 Auf dem Weg in den Führerstaat 52
4 Adolf Hitler – Führerkult und Propaganda 54
5 NS-Wirtschaftspolitik – den Krieg im Visier 56
6 Ziele und Ideen der Nationalsozialisten – wie reagierten die Deutschen? 58
7 Jugend unter dem Hakenkreuz 62
8 Schule im NS-Staat 66
9 Frauen im NS-Staat 68
10 Ausgegrenzt, verfolgt, ermordet 70
11 Der Weg in den Krieg 74
12 Der Krieg in Europa – Völkervernichtung 76
13 Holocaust – Shoa 78
14 Sinti und Roma – eine verfolgte Minderheit 82
15 Vom totalen Krieg zur Kapitulation 84
16 Methode: Historische Reden untersuchen 86
17 Widerstand, Protest, Verweigerung 88
18 Projekt: Die Mahn- und Gedenkstätte Hadamar – Erinnerung an die Euthanasieopfer 92
19 Abschluss: Die Zeit des Nationalsozialismus 94

Die Welt nach 1945 – Konflikte zwischen Ost und West 96

1 Der 8. Mai in Deutschland – Katastrophe oder Befreiung? 98
2 Flucht und Vertreibung 100
3 Der schwere Weg zur Demokratie 102
4 „Es muss demokratisch aussehen" 106
5 Eine Nation – aber zwei Staaten 108
6 Markt- und Planwirtschaft 110
7 Schüsse und Stacheldraht 112
8 Die Wiedervereinigung rückt in weite Ferne 116
9 Der Kalte Krieg – aus Verbündeten werden Feinde 118
10 Auf dem Weg zur Einigung Europas 122
11 Konfrontation und Annäherung 126
12 Die Einheit der Nation erhalten 130
13 Die Gesellschaft verändern – Protest in West und Ost 132
14 Frauen in einer Männergesellschaft 136
15 Krisen im sozialistischen Lager 138
16 Das Ende des Sozialismus in Europa 140
17 „Wir sind das Volk" 142
18 Methode: Zeitzeugen befragen 144
19 Aus Zwei mach Eins 146
20 „Aufbau Ost" 148
21 Supermacht USA 150
22 Aufbruch in Afrika und Asien – Kolonien werden selbstständig 152
23 Nigeria – eine junge Nation in Afrika 154
24 Abschluss: Die letzten 60 Jahre 156

Methodenglossar 158
Verzeichnis der Namen, Sachen und Begriffe 165
Verzeichnis der Textquellen 171
Verzeichnis der Bildquellen 175

So arbeitest du mit diesem Buch

Dieses Buch hat drei Themeneinheiten. Jede Themeneinheit beginnt mit einer Auftaktdoppelseite. Ein Bild und ein kurzer Text führen in das Thema ein. Die große Karte hilft bei der Orientierung in jenen Staaten und Kontinenten, um die es in der Einheit geht. Die Zeitleiste zeigt dir, durch wie viele Jahre oder Jahrhunderte die „Reise" auf den nächsten Seiten geht.

Außerdem erhältst du verschiedene Materialien zum Thema: Zeichnungen oder Fotos, Karten, Statistiken, historische Bilder, dazu originale Texte oder auch Berichte von heutigen Wissenschaftlern. Fragen und Anregungen helfen dir, die Texte und Materialien zu erschließen.

Jede Themeneinheit ist in mehrere Kapitel unterteilt. Jedes Kapitel steht auf einer Doppelseite. Auf diesen Doppelseiten findest du links die Verfassertexte (VT), die unsere Autoren für das Buch geschrieben haben.

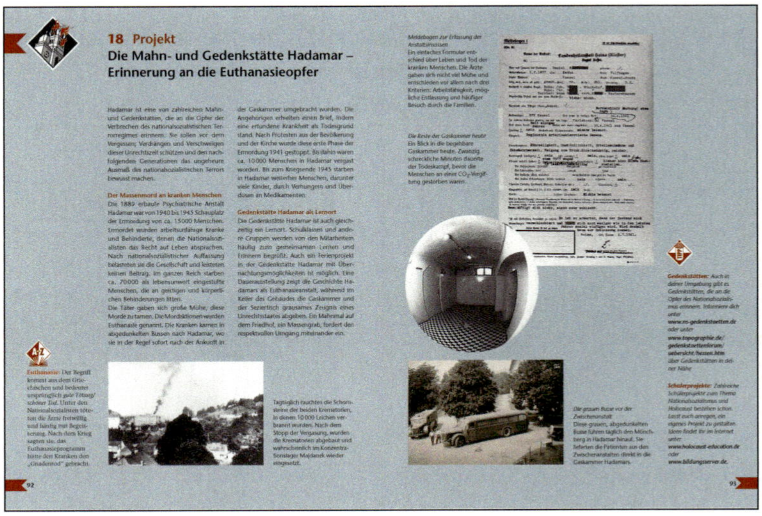

Projektseiten geben dir und deiner Klasse Anregungen, ein bestimmtes Thema zu vertiefen oder zu erkunden. Genaue Anleitungen helfen dabei, das Projekt auszuprobieren.

Auf solchen farbigen Seiten mit der Überschrift „Methode“ werden Methoden vorgestellt, die dir beim Lernen in Geschichte helfen. Auf diesen Seiten übst du beispielsweise, politische Plakate zu interpretieren oder die Befragung eines Zeitzeugen vorzubereiten.

In dem Kasten mit dem roten Rahmen stehen die methodischen Arbeitsschritte, auf die es bei dieser Methode ankommt. Du findest alle Methoden noch einmal gesammelt am Ende des Buches im Methodenglossar.

Auf der letzten Doppelseite einer Themeneinheit gibt es ein Spiel, ein Rätsel oder eine abschließende Aufgabe, wo es noch einmal um die wichtigsten Dinge aus den Kapiteln geht. Die Lösungen sollten kein Problem sein. Bist du nicht sicher, kannst du in den Kapiteln nachschlagen.

Kleine Symbole helfen dir, dich in den Kapiteln zurechtzufinden:

Jede Themeneinheit hat ihr eigenes Bild. Du findest es auf jeder Doppelseite links oben in der Ecke.

Hier findest du Vorschläge für Projekte, Lesetipps und Adressen von Informationsstellen.

Dieses Symbol nennt interessante Internet-Adressen oder verweist auf die Software „Zeitreise multimedial“.

Wichtige geschichtliche Begriffe oder auch schwierige Wörter werden an dieser Stelle kurz und knapp erklärt.

Standpunkte

Über geschichtliche Ereignisse wird oft gestritten. In den Standpunkte-Kästen findest du unterschiedliche Meinungen zu einem Thema.

Übrigens: Weitere Materialien für den Unterricht findest du im Internet unter Zeitreise EXTRA www.klett.de/extra

1918

Nach der Novemberrevolution wird in Deutschland die Republik ausgerufen.

1919

Die Siegermächte aus dem Ersten Weltkrieg legen im Versailler Vertrag die Friedensbedingungen fest.

1923

Französische Truppen besetzen das Ruhrgebiet. In Deutschland erreicht die Inflation ihren Höhepunkt.

Die Weimarer Republik

11. November 1918: In Paris und London läuten die Siegesglocken. Der Erste Weltkrieg ist zu Ende, aber der Friede hat keineswegs begonnen. Vielmehr bricht in Europa eine Zeit der Spannungen und Konflikte an.
Revolutionen und Bürgerkriege, Wirtschaftskrisen und die verzweifelte Suche nach Ordnung und Orientierung prägen das Gesicht des Kontinents. Heute wissen wir, dass die Nachkriegszeit zugleich eine Vorkriegszeit war. Bis 1939 zerfiel Europa in zwei Lager: Während die Demokratien im Westen und Norden Bestand hatten, beschritten Deutschland und das übrige Europa nach und nach den Weg in die Diktatur. Was trieb diese Staaten zur „Flucht in die Unfreiheit“? Und war der Niedergang der Demokratie zwangsläufig oder gab es bis zuletzt nicht auch die Chance des Erfolges?

Wahlen zum Reichstag am 31. Juli 1932: Reichskanzler Franz von Papen verlässt ein Wahllokal. Die Bandbreite der politischen Parteien reichte damals von den rechtsextremen Nationalsozialisten bis zu den linksradikalen Kommunisten.

1926

Unter Außenminister Gustav Stresemann wird Deutschland in den Völkerbund aufgenommen.

1929

Dramatische Kurseinbrüche an der New Yorker Börse lösen eine Weltwirtschaftskrise aus.

1930–1933

Zeit der Präsidialkabinette

1933

In Deutschland beendet die Diktatur der Nationalsozialisten die Weimarer Republik.

1 Europa zwischen Demokratie und Diktatur

1 *„Flandern", Ölgemälde von Otto Dix, 1934–1936.* Dix hat an den blindwütig-sinnlosen Flandernschlachten des Ersten Weltkrieges teilgenommen. Er brauchte Jahre, um seine Kriegseindrücke zu verarbeiten und dieses Bild zu malen.

Bild- und Tondokumente zum Ende des Ersten Weltkriegs auf Zeitreise multimedial „Das 20. Jahrhundert"

„Urkatastrophe des 20. Jahrhunderts"

Am 11. November 1918 ging mit dem Waffenstillstand zwischen den Alliierten und dem Deutschen Reich der verheerendste Krieg zu Ende, den die Menschheit bis dahin erlebt hatte. Rund 10 Millionen Gefallene, 21 Millionen Verwundete, dazu zahlreiche Opfer in der Zivilbevölkerung – so lautete die erschreckende Bilanz des Ersten Weltkrieges. 1914 hatten die Menschen dem Krieg geradezu entgegengefiebert, viele waren jubelnd als Freiwillige an die Front gezogen. Am Ende blieben Millionen zerfetzter und verwester Leiber auf den Schlachtfeldern zurück. Bei denjenigen, die diese „Urkatastrophe des 20. Jahrhunderts" überlebten, hatten sich die Schrecken der Fronterlebnisse tief in die Seele eingebrannt.

Verheerende Kriegsfolgen

Der Kriegsausgang teilte Europa in Sieger und Besiegte, deren Probleme sich jedoch ähnelten. Die hohen Rüstungsausgaben hatten Unsummen verschlungen, die Wirtschaft lag am Boden und die Arbeitslosigkeit stieg dramatisch an. Während die Preise unaufhörlich kletterten, verlor das Geld zugleich rapide an Wert. Viele Menschen lebten in ständiger Sorge vor dem sozialen Abstieg in die Armut. Verunsicherung und Orientierungslosigkeit waren die Folge.

Die Umwälzung alles Bestehenden

Der Erste Weltkrieg hatte die politische Landkarte Europas einschneidend verändert. Neue Staaten wie Jugoslawien und die Tschechoslowakei entstanden, die bisherigen Großmächte Deutschland und Russland verloren weite Gebiete, Österreich-Ungarn und das Osmanische Reich zerfielen ganz. Die alten Reiche brachen allerdings nicht nur territorial auseinander, der Krieg hatte auch ihre innere politische Ordnung zerstört. Die Kaiser von Deutschland und Österreich mussten abdanken, in Russland hatte bereits die Februarrevolution 1917 den Sturz des Zaren herbeigeführt. Doch was sollte an die Stelle der monarchischen Staatsform treten?

Zwischen Demokratie und Diktatur

1914 hatte es nur drei Republiken in Europa gegeben, nach Kriegsende stieg diese Zahl auf 13, darunter auch Deutschland und Österreich. Doch viele der jungen Demokratien konnten sich nicht in Ruhe entfalten, da sie von zwei anderen Zukunftsentwürfen bedroht wurden. So erlebten manche Menschen die individuelle Freiheit in der Demokratie als Verlust alter Ordnungsmuster und Gewissheiten. Zugunsten von „Sicherheit" verzichteten sie auf Freiheit und jubelten Benito Mussolini zu, der in Italien eine Diktatur errichtete. Andere wiederum waren von der Idee des in Russland per Revolution durchgesetzten Sozialismus fasziniert. Viele versprachen sich vom Sozialismus eine gerechtere Welt.

Q2 *Der Soldat und spätere Schriftsteller Erich Maria Remarque beschrieb 1929 in seinem Roman „Im Westen nichts Neues" den Ersten Weltkrieg aus der Sicht eines jungen deutschen Soldaten, der gemeinsam mit seinen Klassenkameraden an die Front ziehen musste. Am Ende des Buches heißt es:*

Der Waffenstillstand kommt bald, ich glaube es jetzt auch. Dann werden wir nach Hause fahren. (…) Wären wir 1916 heimgekommen, wir hätten aus dem Schmerz und der Stärke unserer Erlebnisse einen Sturm entfesselt. Wenn wir jetzt zurückkehren, sind wir müde, zerfallen, ausgebrannt, wurzellos und ohne Hoffnung. Wir werden uns nicht mehr zurechtfinden können.

Man wird uns auch nicht verstehen – denn vor uns wächst ein Geschlecht, das zwar die Jahre hier gemeinsam mit uns verbrachte, das aber Bett und Beruf hatte und jetzt zurückgeht in seine alten Positionen, in denen es den Krieg vergessen wird, – und hinter uns wächst ein Geschlecht, ähnlich uns früher, das wird uns fremd sein und uns beiseite schieben. Wir sind überflüssig für uns selbst, wir werden wachsen, einige werden sich anpassen, andere sich fügen, und viele werden ratlos sein; – die Jahre werden zerrinnen, und schließlich werden wir zugrunde gehen.

D1 *Der Historiker Gunther Mai beschreibt die Veränderungen in Europa nach 1918:*

In keinem der im Weltkrieg unterlegenen Staaten (denen sich Italien selbst zurechnete) überdauerten die parlamentarischen Systeme. Die revolutionäre Transformation [Umgestaltung] im Zeichen der militärischen Niederlage wurde von weiten Teilen der Bevölkerung nicht akzeptiert, und die Friedensbedingungen wirkten zusätzlich krisenverschärfend: die Prestige- und Statusverluste, die ökonomischen [wirtschaftlichen] Konsequenzen (Reparationen, Handelsbegrenzungen usw.), die territorialen Einbußen. In Ost- und Südosteuropa widerstand mit Ausnahme der Tschechoslowakei in keiner der Gesellschaften das parlamentarische System den Belastungen des politischen und ökonomischen Staatenbildungsprozesses. Bezeichnenderweise überlebte das demokratische System vor allem in den Staaten, die den Krieg gewonnen hatten oder in diesem neutral geblieben waren und in denen die Monarchie als Staatsform das Kriegsende überdauerte (Großbritannien, die skandinavischen Staaten und die Benelux-Länder) bzw. in denen das republikanische System bereits vor 1914 etabliert war (Frankreich, Schweiz).

Q3 *Bevölkerung in Deutschland beim Anstehen nach Brot gegen Ende des Krieges 1918*

1. *Welche Aspekte des Krieges rückt Otto Dix mit seinem Gemälde (Q1) in den Vordergrund? Inwiefern lässt sich sein Bild auch auf die Situation Europas nach dem Ersten Weltkrieg übertragen (VT)?*
2. *Die jungen Soldaten, die 1918 aus dem Krieg heimkehrten, werden häufig als verlorene Generation bezeichnet. Erläutere diesen Begriff mit Hilfe von Q2.*
3. *Erstelle anhand des VT und Q3 eine Mindmap zur politischen, wirtschaftlichen und sozialen Lage im Nachkriegseuropa.*
4. *Von Anfang an mussten die jungen Demokratien Europas vor Feinden von links und rechts auf der Hut sein. Überlege, was mit dieser Aussage gemeint sein könnte.*
5. *Welche Gründe führt der Historiker G. Mai (D1) dafür an, dass sich die Demokratie in vielen Ländern Europas nach dem Ersten Weltkrieg nicht dauerhaft durchsetzen konnte?*

2 Russische Revolution – Verwirklichung sozialistischer Ideale?

Bolschewiki/ Menschewiki
(von russ. bolsche = mehr und mensche = weniger) Die Namen entstanden auf dem Spaltungsparteitag der Sozialdemokratischen Partei Russlands 1903. Die Mehrheit der Abgeordneten (Bolschewiki) entschied sich für den revolutionären Kurs Lenins. Eine knappe Minderheit (Menschewiki) wollte eine demokratische Massenpartei.

Sozialismus
(von lat. socialis = gesellschaftlich) strebt Veränderungen in der Gesellschaft zum Wohle der arbeitenden Bevölkerung an.

Kommunismus
(von lat. communis = gemeinschaftlich) betont die Gleichheit aller Menschen und die Aufhebung des Privateigentums.

Sozialismus – Weg zu einer besseren Welt?

Sozialismus war für viele Menschen die Verheißung einer besseren Welt. Besonders die arbeitenden Massen, die in Not und Verelendung die Umwälzungen der industriellen Revolution erlebt hatten, knüpften an den Sozialismus Hoffnungen auf eine gerechtere Gesellschaft. Als im Jahr 1917 in Russland eine Revolution ausbrach und die Anhänger des Sozialismus die Macht übernahmen, hofften viele Menschen auf die Verwirklichung sozialistischer Ideale in einem sozialistischen Staat.

Russland – ein rückständiges Land

Wie konnte es gelingen, ausgerechnet in Russland eine sozialistische Revolution zu entfachen? Russland zählte um 1900 zwar zu den europäischen Großmächten, war aber die rückständigste von allen. Wirtschaftlich war es noch ein Agrarland. Die Industrialisierung machte zwar Fortschritte, erreichte aber längst nicht den Stand der anderen Mächte. Rückständig war auch das politische System. Der Zar regierte im Stil eines absolutistischen Alleinherrschers.

Die Unzufriedenheit war groß im Land: bei den Bauern wegen ungerechter Landverteilung zu Gunsten adliger Großgrundbesitzer, bei Bürgern und Arbeitern wegen fehlender politischer Mitbestimmung. Das förderte die Entstehung politischer Parteien: Das liberale Bürgertum sammelte sich in der Kadettenpartei, während das Bauerntum von der Partei der Sozialrevolutionäre vertreten wurde. Die Sozialdemokratie schließlich galt als Vertretung der Arbeiterschaft. Ein Führer dieser Partei war Wladimir Iljitsch Uljanow, genannt Lenin (1870–1924). Er wollte sie zu einem Bündnis radikaler Berufsrevolutionäre machen. Damit waren nicht alle Parteimitglieder einverstanden. Deshalb kam es 1903 zur Spaltung der Partei in die radikalen Bolschewiki unter Lenins Leitung und die gemäßigten Menschewiki.

Wirkliche Mitspracherechte aber hatten zu dieser Zeit weder die Parteien noch das 1906 widerwillig vom Zaren zugelassene russische Parlament, die Duma. Und so blieb es, solange sich der Zar auf die Unterstützung der Polizei und der Armee verlassen konnte.

Q 1 *„Der Sturm auf das Winterpalais des Zaren"*, den Sitz der Provisorischen Regierung, Ölgemälde von E. I. Deshalyt. In Wirklichkeit gab es keinen Sturm. Die Bolschewiki betraten durch einen unbewachten Nebeneingang das Palais.
– Warum hat der Maler die Szene anders dargestellt?

Vom Sturz des Zaren ...

Das Versagen der Zarenregierung im Ersten Weltkrieg brachte die Wende in Russland. Eine Serie von Niederlagen an der Front und große Hungersnot in der Heimat führten im Februar 1917 zu schweren Unruhen von Arbeitern und Soldaten in der Hauptstadt Petrograd. Erstmals verweigerten dagegen eingesetzte Truppen den Gehorsam. Unfähig, Ordnung zu schaffen, dankte der Zar ab. Eine Provisorische Regierung aus adligen und bürgerlichen Duma-Abgeordneten übernahm die Herrschaft. Die eigentliche Macht aber lag bei den Räten (Sowjets), die überall im Lande von Arbeitern, Soldaten und Bauern gewählt wurden. In den Sowjets hatten anfangs Sozialrevolutionäre und Menschewiki die Mehrheit. Sie duldeten die Provisorische Regierung, weil sie Russland für den Übergang zum Sozialismus noch nicht reif hielten.

... zur Oktoberrevolution

Das sah Lenin ganz anders. Er forderte die Sowjets auf, sofort die Macht zu ergreifen, den Krieg zu beenden und den Sozialismus – wenn nötig mit Gewalt – in Russland einzuführen. Aber noch beherrschten die Gegner Lenins die Sowjets. Das änderte sich, als auch die Provisorische Regierung die Lage an der Front und im Land nicht in den Griff bekam. Jetzt fanden die Bolschewiki mit ihren Forderungen nach Frieden und Brot Anklang beim Volk und wurden verstärkt in die Sowjets gewählt. Im Oktober hatten sie die beiden wichtigsten Sowjets, in Petrograd und Moskau, unter Kontrolle. Das nutzte Lenin zum Umsturz. Am 25. Oktober ließ er die Provisorische Regierung verhaften und übernahm selber an der Spitze einer bolschewistischen Regierung die Macht.

Diktatur des Proletariats ...

Noch war es völlig offen, ob sich das neue Regime würde halten können. Doch Lenin brach mit äußerster Härte den Widerstand seiner Gegner. Die neue Geheimpolizei „beseitigte" bürgerliche Politiker, Sozialrevolutionäre und Menschewiki. 1918 gab es nur noch die Bolschewiki, die sich nun in „kommunistische Partei" umbenannten. Zarentreue Truppen, die das Regime bedrohten, wurden von der neuen Revolutionsarmee, der „Roten Armee", besiegt. 1921 war die Revolution gesichert und mit ihr die kommunistische Sowjetrepublik.

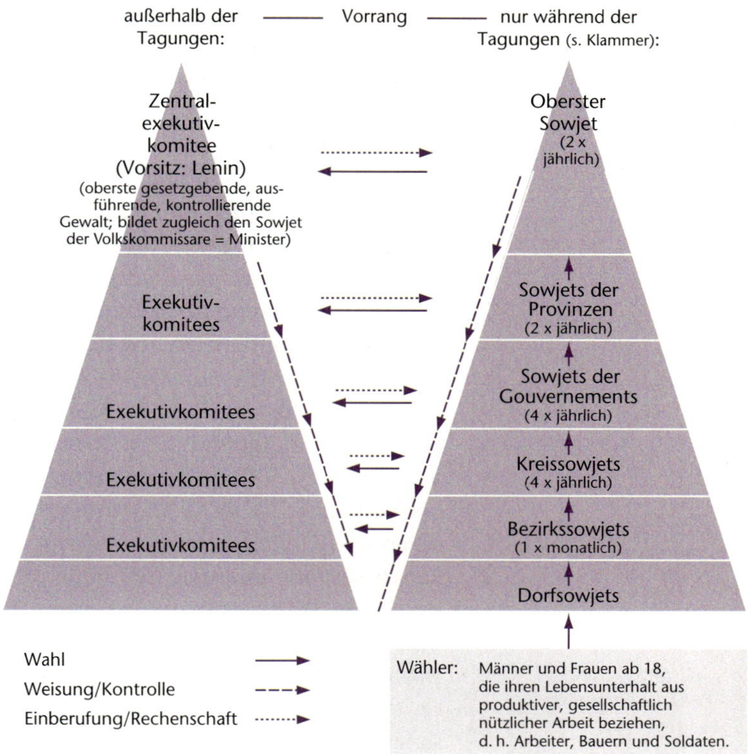

D 1 *Aufbau der russischen Sowjetrepublik nach der Verfassung vom 10. Juli 1918.* – Bedenke, dass es damals nur die kommunistische Partei gab. Beachte außerdem die zeitlich begrenzte Machtausübung der Sowjets gegenüber der Machtfülle der Exekutivkomitees.

... aber keine Weltrevolution

Lenin hatte gehofft, die russische Revolution würde zumindest die Arbeiter der Verliererstaaten des Ersten Weltkriegs – Deutschland und Österreich – mit sich reißen. Zwar gründeten sich dort kommunistische Parteien, deren Aufstände aber wurden niedergeschlagen. Auch der Versuch, den Kommunismus gewaltsam mit Hilfe der Roten Armee auszubreiten, scheiterte. Truppen des polnischen Generals und Sozialdemokraten Pilsudski brachten den Vormarsch an der Weichsel zum Stehen.
Erfolgreicher war Lenin mit der Kommunistischen Internationalen. 1919 gründete er in Moskau die Organisation, in der die kommunistischen Parteien aller Länder zusammengeschlossen waren.

Komitee
Versammlung einer Gruppe von Personen; Ausschuss

Sowjets
„Räte", ausschließlich von Arbeitern, Soldaten und Bauern gewählte und gebildete „Parlamente"

2 *Über den Aufbau des Sozialismus in Russland schrieb Lenin 1923:*
Diktatur des Proletariats – von einem anderen Ausweg kann für ein Land, das eine außergewöhnlich schnelle Entwicklung mit außergewöhnlich großen Wandlungen durchmacht, bei der fürchterlichen Zerrüttung durch den Krieg nicht einmal die Rede sein. Alle maßvollen Entscheidungen sind entweder Betrug der Bourgeoisie oder Stumpfsinn kleinbürgerlicher (Sozial-)Demokraten (...). Wir müssen die Notwendigkeit (...) des Zwanges für den Übergang vom Kapitalismus zum Sozialismus anerkennen (...). Deshalb besteht nicht der geringste grundsätzliche Widerspruch zwischen der [Einführung der] sozialistischen Rätedemokratie und der Anwendung diktatorischer Macht einzelner Personen. Der Unterschied zwischen der proletarischen Diktatur und der bürgerlichen besteht darin, dass die erste – auch durch einzelne Personen – ihre Schläge gegen die Minderheit der Ausbeuter im Interesse der ausgebeuteten Mehrheit richtet (...). Vom Standpunkt der Aufgaben dieses Moments aus muss man sagen, dass die Fundament[legung] des Sozialismus eine unbedingte und strenge Einheit des Willens erfordert, der die gemeinsame Arbeit von Hunderten, Tausenden, Zehntausenden Menschen leitet (...). Das ist stets von allen, die jemals über den Sozialismus nachgedacht haben, als seine Voraussetzung anerkannt worden. Aber wie kann die strengste Einheit des Willens gesichert werden? Durch die Unterordnung des Willens von Tausenden unter den Willen eines Einzigen.

4 *Genosse Lenin säubert die Welt von Unrat,* Plakat eines unbekannten Künstlers.

3 *Programm der Komintern 1920:*
Die Kommunistische Internationale stellt sich zum Ziel: mit allen Mitteln, auch mit der Waffe in der Hand, für den Sturz der internationalen Bourgeoisie und für die Schaffung einer internationalen Sowjetrepublik, als Übergangsstufe zur völligen Vernichtung des Staates, zu kämpfen (...). Und die Kommunistische Internationale hält die Sowjetmacht für die geschichtlich gegebene Form der Diktatur des Proletariats (...). Die Kommunistische Internationale unterstützt voll und ganz die Eroberungen der großen proletarischen Revolution in Russland, der ersten siegreichen sozialistischen Revolution in der Weltgeschichte, und ruft die Proletarier der ganzen Welt auf, denselben Weg zu gehen (...). In der gegenwärtigen Epoche des verschärften Bürgerkrieges wird die kommunistische Partei nur dann imstande sein, ihrer Pflicht zu genügen, wenn sie auf möglichst zentralistische Weise organisiert ist, wenn eiserne Disziplin in ihr herrscht und wenn ihr Parteizentrum [in Moskau] mit der Fülle der Macht, Autorität und den weitestgehenden Befugnissen ausgestattet wird (...). Jede Partei, die der Kommunistischen Internationale angehören will, hat den Namen zu tragen: kommunistische Partei des und des Landes (...). Es ist notwendig, dass einem jeden einfachen Werktätigen der Unterschied zwischen den kommunistischen Parteien und den alten offiziellen „sozialdemokratischen" und „sozialistischen" Parteien, die das Banner der Arbeiterklasse verraten haben, klar ist.

Q5 *Der österreichische Journalist Hugo Portisch kommt 1991 zu folgendem Urteil über Lenins Wirken:*

Man hat damals und bis heute oft die Frage gestellt, ob die Sowjetunion nicht einen völlig anderen Weg eingeschlagen hätte, wäre Lenin länger am Leben geblieben (…). Die meisten heutigen Historiker [sind der Ansicht], seine Nachfolger, insbesondere Stalin, hätten später nur entwickelt, was Lenin im Ansatz schon geplant, ja vorgeschrieben hatte. (...) Mit Sicherheit lässt sich das natürlich nicht sagen. Aber mit noch weniger Recht lässt sich annehmen, dass der Sowjetstaat unter einem langlebigen Lenin ein liberalerer, demokratischer, wohlhabenderer Staat geworden wäre. Keine der von Lenin nach der Oktoberrevolution gesetzten Maßnahmen (…) lässt eine solche Vermutung zu. Nichts war ihm wichtiger als die Macht. Alles andere hat er diesem Ziel untergeordnet.

Q7 *Der französische Historiker François Furet beurteilte Lenins politisches Handeln rückblickend im Jahr 1995 so:*

Lenins Paradox [Widerspruch] besteht darin, dass er alles daransetzte, die Diktatur seiner Partei zu errichten, und die daraus entstehenden Folgen fürchtete. Dieser fanatische Prinzipienreiter und entschlossene Mann der Tat scheute nicht davor zurück, den Staat unter die Vormundschaft der Partei zu stellen und Terror walten zu lassen, doch vor seinem Tod wurde ihm angst angesichts der wachsenden Bürokratisierung des Regimes, das er begründet hatte. (…) Auf Lenin geht die Diktatur der Partei zurück, die er mit der Diktatur des Proletariats gleichgesetzt hat. (…) Dennoch wird unter Lenin in der Partei diskutiert. [Die Partei], die ihre alte Mannschaft um jeden Preis aus dem Wege räumen will, das ist Stalin.

Q6 *Lenin verkündet das Werden des sozialistischen Russland,* Plakat von G. Kluzis, 1930. Lenin wurde zur Kultfigur des Sowjetkommunismus, auf zahlreichen Propagandaplakaten ist er abgebildet.

Q8 *Lenin* erlitt 1922/23 mehrere Schlaganfälle, die ihn an den Rollstuhl fesselten (Foto mit seiner Schwester und einem Arzt). Er starb am 24. Januar 1924. Das Foto wurde in der Sowjetunion nie veröffentlicht.

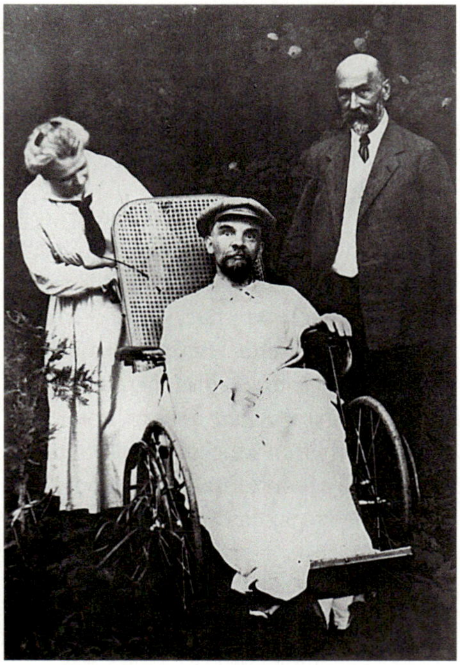

1 *Beschreibe, wie es zur Machtergreifung der Bolschewiki und zur Entstehung des kommunistischen Russland kam (VT, Q1–Q3, D1). Hebe heraus, welchen persönlichen Anteil Lenin daran hatte.*

2 *Lenin gilt als Begründer des sowjetischen „demokratischen Zentralismus". Lege anhand von Q2, Q3 und D1 dar, was darunter zu verstehen ist. Würdest du dabei auch von „demokratisch" sprechen?*

3 *Vergleiche die Urteile über Lenins Wirken (Q5, Q7). Ergeben Sie ein einheitliches Bild?*

4 *Vergleiche die Darstellungen Lenins auf den Plakaten (Q4, Q6) mit der auf dem Foto (Q8). Überlege, warum das Foto bis zum Ende der Sowjetunion geheim gehalten wurde.*

3 Die Diktatur Stalins

Q 1 *Funktionäre der kommunistischen Partei (KP)* erläutern russischen Bauern die Kolchosenwirtschaft und fordern sie auf, ihr Land und ihren sonstigen Besitz in Gemeinschaftseigentum zu überführen. Wer sich nicht fügte, musste mit schweren Strafen rechnen.

Kolchose
Landwirtschaftlicher Großbetrieb in sozialistischen Ländern.
Land, Vieh und Werkzeuge der Kolchose sind Gemeinschaftseigentum. Ähnlich wie bei Industriebetrieben musste nach genauen Zeit- und Leistungsvorgaben gearbeitet werden.

Stalinismus
Die von Stalin geprägte Art des Sowjetkommunismus mit den Merkmalen: kultische Verehrung der Person und Parteilehre Stalins sowie rigoroser Terror gegen jede Abweichung davon.

Umgestaltung Russlands

Niemand prägte den Sowjetkommunismus so wie Josef Stalin (1879–1953), der 1924 die Nachfolge Lenins antrat. Er wollte aus dem wirtschaftlich rückständigen Russland das Musterland des Kommunismus machen, das die fortschrittlichsten kapitalistischen Länder ein- und überholen sollte.

Stalin verabschiedete sich vom Gedanken an die Weltrevolution. Er konzentrierte sich allein auf den wirtschaftlichen und gesellschaftlichen Umbau Russlands, wollte den Sozialismus in einem Land.

Um die Erträge in der Landwirtschaft zu erhöhen, ließ er Kolchosen einrichten. Dafür mussten die Bauern ihren Besitz in Gemeineigentum überführen, das gemeinschaftlich bewirtschaftet wurde. Oft geschah das gegen den Willen der Betroffenen. Großbauern, Kulaken, wurden einfach enteignet. Eine Wahl hatten aber auch die anderen nicht. Arbeitszeiten, Anbauarten und -mengen, Ablieferung und Verteilung der Erzeugnisse, alles wurde genau festgelegt und überwacht. Abweichungen davon galten als Verbrechen gegen den Staat, die streng bestraft wurden. Wirtschaftlich zeigte das System Erfolge. Russland wurde zum größten Getreideexporteur – zwar zu Lasten der Eigenversorgung, aber das Geld wurde dringend für den Import von Industriegütern gebraucht.

Radikale Industrialisierung

Die Industrialisierung wurde unter Stalin ebenfalls radikal vorangetrieben. Fünfjahrespläne legten seit 1929 fest, welche Aufbauleistungen zu erbringen waren. Fabriken und Kraftwerke, Verkehrswege, ganze Städte wurden aus dem Boden gestampft. In kurzer Zeit stieg die Sowjetunion zu einer wirtschaftlichen und – durch den Ausbau der Rüstungsindustrie – auch militärischen Großmacht auf.

Gewaltherrschaft „Stalinismus"

Der wirtschaftliche Aufbau war jedoch aufs Engste mit der rücksichtslosen Ausbeutung der Bevölkerung verbunden und offenbarte den Staat Stalins als eine menschenverachtende Diktatur.

Ca. 20 Millionen Menschen, so wird geschätzt, mussten den sozialistischen Aufbau der Landwirtschaft und Industrie mit dem Leben bezahlen. Sie wurden hingerichtet oder starben an den Folgen des rücksichtslosen Arbeitseinsatzes und der Zwangsumsiedlungen. Ein riesiges Netz von Lagern mit oftmals willkürlich verurteilten Strafgefangenen lieferte ständig die „Sklaven" für den Bau der Großprojekte. Kritik war tödlich. Schon der bloße Verdacht, nicht die Parteilinie Stalins zu vertreten, reichte zum Todesurteil. Das bekam während der großen „Parteisäuberung" 1936–1938 auch die Parteiprominenz zu spüren.

Der Stalinismus war folgenschwer für den Sowjetkommunismus. In einem Klima der Angst und des Terrors wurde starre Parteihörigkeit so zur Gewohnheit, dass Reformfähigkeit nicht mehr da war, als sie nötig wurde.

Q 2 *Stalin verkündet den „Sozialismus in einem Land“ (1925):*

Wir arbeiten und bauen unter den Bedingungen der kapitalistischen Umkreisung. Das bedeutet, dass unsere Wirtschaft und unser Aufbau sich im Gegensatz zwischen unserem sozialistischen Wirtschaftssystem und dem kapitalistischen Wirtschaftssystem entwickeln werden. Diesem Widerspruch können wir in keiner Weise entrinnen. (...) [Unser Ziel ist,] unser Land zu einem wirtschaftlich selbstständigen, unabhängigen, auf dem inneren Markt basierenden Land zu machen, zu einem Land, das zum Anziehungsfeld für alle anderen Länder wird, die nach und nach vom Kapitalismus abfallen und in die Bahnen der sozialistischen Wirtschaft einlenken werden. (...) Anders wird sich die Lage gestalten, sobald die Revolution in Deutschland oder Frankreich oder in beiden Ländern gesiegt hat. (...) Dann werden wir zur Politik der Einbeziehung unseres Landes in die gemeinsame Bahn der sozialistischen Entwicklung übergehen.

Q 4 *„Ruhm dem großen Stalin – dem Architekten des Kommunismus“*, Plakat von N. Petrow/K. Iwanow, 1952 (Stalin im Kreml vor der Kulisse Moskaus). Personenkult wurde unter Stalin groß geschrieben.

Q 3 *Lew Kopelew, späterer Stalingegner, berichtet 1975 über seine Zeit als KP-Funktionär unter Stalin:*

Damals [um 1930] war ich von einem fest überzeugt: Das Ziel heiligt die Mittel. Unser großes Ziel war der Sieg des Weltkommunismus; um seinetwillen kann man und muss man lügen, rauben, Hunderttausende ja Millionen von Menschen vernichten – alle, die diesem Ziel hinderlich im Wege stehen oder auch nur im Wege stehen könnten. (...) So urteilte ich auch, als ich sah, wie die „totale Kollektivierung“ und die „Entkulakisierung“ [der Landwirtschaft] durchgeführt wurden, wie die Bauern im Winter 1932/1933 erbarmungslos ausgeplündert wurden. Ich war selbst dabei, hörte nicht auf das Heulen der Weiber, das Winseln der Kinder. Damals war ich überzeugt, dass wir alle die große sozialistische Umgestaltung des Dorfes vollbringen, dass es danach allen Bauern unendlich viel besser gehen würde (und) dass die, die mich geschickt hatten, besser als die Bauern wussten, wie diese zu leben, zu pflügen, zu säen hatten.

Q 5 *Wolfgang Leonhard (geb. 1922), mit seiner Mutter, einer deutschen Kommunistin, seit 1935 in Moskau im Exil, erlebte die Parteisäuberung als Opfer:*

Jeder von uns [in unserem Moskauer Heim für Kinder von Exilkommunisten] wusste längst, dass Mutter oder Vater unschuldig verhaftet waren. (...) Aber bei keinem von uns – wir waren etwa 10 Jugendliche, deren Eltern [wie meine Mutter] verhaftet worden waren – führte dieser persönliche schwere Schicksalsschlag sofort zur Opposition gegen das System. Instinktiv schreckten wir vor dem Gedanken zurück, dass es sich bei den Massenverhaftungen der Jahre 1936–1938 um etwas handelte, was zu unseren Idealen des Sozialismus in direktem Gegensatz stand (...). Immer wieder versuchten wir, die Säuberung zu rechtfertigen, um uns unser Ideal, unseren Glauben an die Sowjetunion als das erste Land des Sozialismus, zu erhalten. (...) Noch [kam es bei mir] nicht zu einem innerlichen Bruch mit dem System. (...) Mein Bruch mit dem Stalinismus sollte erst mehr als zehn Jahre später erfolgen.

1. *Zeige auf, welche Ziele Stalin verfolgte und wie er sie zu erreichen suchte (VT, Q1–Q5).*
2. *Erkläre, wie Stalin seine Politik begründete (Q2).*
3. *Untersuche, wie sich Stalins Begründung in Lew Kopelews Denken und Handeln niederschlägt (Q2, Q3).*
4. *Vergleiche die Sichtweisen in Q3 und Q5. Was fällt auf?*
5. *Lege dar, warum es deiner Ansicht nach zu der verhängnisvollen Entwicklung des Sowjetkommunismus unter Stalin kam (VT, Q1–Q5).*

4 Deutschlands Weg in die Republik

Q 1 *Mitglieder des Arbeiter- und Soldatenrates* besetzen am 9. November 1918 in Berlin eine Militärkaserne.

Räte
Von Arbeitern und Soldaten gewählte Vertreter. Ihr Vorbild waren die erstmals in Russland von Arbeitern, Soldaten und Bauern gewählten „Sowjets".

Weimarer Nationalversammlung
Sie arbeitete vom 6. Februar bis zum 31. Juli 1919 in Weimar die Verfassung der neuen Republik aus (daher der Name „Weimarer Republik"). Ihre Mitglieder waren in den ersten demokratischen Wahlen vom Volk gewählt worden.

Von der Rebellion zur Revolution

Das Ende des Ersten Weltkrieges brachte in Deutschland eine Revolution und damit dramatische Veränderungen: Innerhalb kürzester Zeit trat an die Stelle des Kaiserreiches eine demokratische Republik. Auslöser dieser Entwicklung waren die Geschehnisse in den letzten Kriegstagen: Obwohl das Ende der Kämpfe bereits abzusehen war, wollten fanatische Offiziere die Flotte im Oktober 1918 zu einem letzten Gefecht in die Schlacht schicken. Doch die Schiffsbesatzungen wollten sich nicht sinnlos opfern lassen. Sie widersetzten sich dem Befehl, es kam zur Rebellion. Werftarbeiter und aus dem Krieg zurückkehrende Soldaten verbündeten sich mit den Matrosen. Sie riefen zum Generalstreik auf und besetzten die Rathäuser der Küstenstädte. Deren Kontrolle übernahmen gewählte Vertreter aus den eigenen Reihen: die Arbeiter- und Soldatenräte. In den folgenden Tagen weitete sich der Aufstand zur Revolution aus. In fast allen Städten übernahmen rasch gebildete Arbeiter- und Soldatenräte die Macht.

Das Ende der Monarchie

Am 9. November 1918 erreichte die Revolution Berlin. Riesige Demonstrationszüge bewegten sich auf das Schloss und den Reichstag zu. Streikende Arbeiter forderten die sofortige Beendigung des Krieges und die Abdankung des Kaisers. Nun überschlugen sich die Ereignisse: Unter dem Druck der Massen verkündete der Reichskanzler der kaiserlichen Regierung eigenmächtig den Rücktritt des Monarchen. Er ernannte den Vorsitzenden der SPD, Friedrich Ebert, zum neuen Reichskanzler. Fast zeitgleich riefen Philipp Scheidemann (SPD) und Karl Liebknecht (Spartakusbund) am Nachmittag des 9. November die Republik aus – allerdings mit unterschiedlichen Zielen.

Die Aufgaben der neuen Regierung

Ebert bildete eine provisorische Regierung, die sich „Rat der Volksbeauftragten" nannte. Ihr gehörten je drei Politiker der SPD und der USPD an. Die Übergangsregierung stand vor großen Problemen: Wie sollten die Soldaten von der Front zurückgeführt und wieder in den Arbeitsprozess eingegliedert werden? Was war gegen Arbeitslosigkeit und Hungersnot zu tun? Aufgrund der Notlage waren insbesondere die SPD-Mitglieder im Rat der Volksbeauftragten dazu bereit, mit den führenden Kräften des alten Kaiserreichs – der Obersten Heeresleitung, den Beamten und den Unternehmern – zusammenzuarbeiten. Selbst offene Gegner der Republik blieben dadurch im Amt.

Parlament oder Räte?

Wie aber sollte die künftige Republik aussehen? Die SPD unter Friedrich Ebert strebte eine parlamentarische Demokratie an. Eine von den Deutschen gewählte Nationalversammlung sollte eine Verfassung ausarbeiten. Der linke Flügel der USPD und der kommunistische Spartakusbund dagegen wollten eine Räterepublik nach russischem Vorbild: Die Wirtschaft sollte verstaatlicht und die Macht in die Hände von Arbeiter- und Soldatenräten gelegt werden. Die Entscheidung fiel im Dezember auf einem Kongress der Arbeiter- und Soldatenräte in Berlin. Die große Mehrheit stimmte dort für die Wahl zur Nationalversammlung und somit für die parlamentarische Demokratie.

„Berliner Blutwoche"

Der Spartakusbund war jedoch nicht bereit, die Vorstellung von der Räterepublik kampflos aufzugeben. Am 1. Januar gründeten die Spartakisten zusammen mit anderen linksradikalen Gruppierungen die Kommunistische Partei Deutschlands. Um die Wahl zu verhindern und die Revolution voranzutreiben, organisierte die KPD am 5. Januar in Berlin einen bewaffneten Aufstand. Die Regierung rief Einheiten der Reichswehr und Freiwilligenverbände zu Hilfe. Diese so genannten Freikorps bestanden meist aus entlassenen Berufssoldaten. Sie lehnten zwar die Demokratie ab, ihr Hass auf die „Roten" war aber noch größer. Innerhalb einer Woche wurde die Revolte mit großer Härte niedergeworfen. Dabei wurden auch die bekannten KPD-Führer Rosa Luxemburg und Karl Liebknecht von Freikorpssoldaten ermordet.

Wahl zur Nationalversammlung

Bei den ersten freien, geheimen und gleichen Wahlen auf deutschem Boden entschied sich die große Mehrheit für demokratische Parteien. Erstmals durften auch Frauen als gleichberechtigte Bürgerinnen an den Wahlen teilnehmen. Die SPD wurde stärkste Partei, erreichte aber nur 39 Prozent der Stimmen. Viele Arbeiter hatten der Arbeiterpartei das Bündnis mit den Militärs nicht verziehen. Weil man weitere Unruhen in Berlin befürchtete, trat die Nationalversammlung am 6. Februar in Weimar zusammen. Die SPD bildete mit der Zentrumspartei und der DDP die Regierung. Diese wählte Friedrich Ebert zum Reichspräsidenten. Ebert wiederum ernannte den SPD-Politiker Scheidemann zum Reichskanzler.

Q 2 Der Rat der Volksbeauftragten, Postkarte aus den 1920er-Jahren.
Links: Mitglieder aus den Reihen der USPD.
Rechts: Mitglieder aus den Reihen der SPD.
In der Mitte: Ausrufung der Republik durch Philipp Scheidemann. Die Szene wurde 1927 nachgestellt, da es von diesem Moment kein Foto gibt.

Die Weimarer Verfassung

Am 11. August 1919 trat die von der Nationalversammlung ausgearbeitete neue Verfassung in Kraft. Sie sicherte allen Deutschen die Menschenrechte als Grundrechte zu. Gewählt wurde künftig nach dem Verhältniswahlrecht: Alle Parteien schickten genau im Verhältnis ihres erreichten Stimmenanteils Abgeordnete in den Reichstag. Das Volk sollte aber auch durch Volksbegehren und Volksentscheide direkt über Gesetze abstimmen können.

Der Reichspräsident als „Ersatzkaiser"?

Staatsoberhaupt war der Reichspräsident, der alle sieben Jahre direkt vom Volk gewählt wurde. Die Verfassung sprach ihm eine große Machtfülle zu. In Krisenzeiten konnte er Notverordnungen erlassen und so ohne den Reichstag regieren. Der Reichspräsident sollte als eine Art „Ersatzkaiser" die Anhänger der Monarchie mit der Republik versöhnen und ein Gegengewicht zum Parlament bilden.

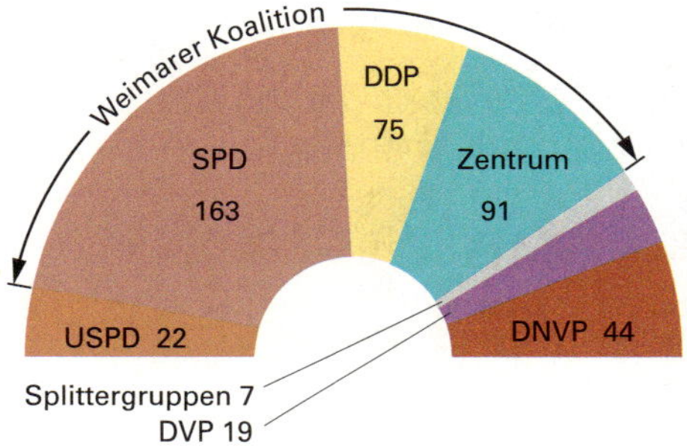

D 1 Ergebnis der Wahlen zur Nationalversammlung:
Die Deutsche Demokratische Partei (DDP) vertrat bürgerliche Schichten, das Zentrum den katholischen Bevölkerungsteil. Als Vertreterin der Industrie verstand sich die Deutsche Volkspartei (DVP). Die Deutschnationale Volkspartei (DNVP) wurde vor allem von Anhängern der Monarchie gewählt.
Die KPD hatte die Wahl boykottiert.

3 *Zweimal Ausrufung der Republik am 9. November 1918 in Berlin.*

a) Philipp Scheidemann gegen 14 Uhr vom Balkon des Reichstagsgebäudes:

Arbeiter und Soldaten! Das deutsche Volk hat auf der ganzen Linie gesiegt. Das alte Morsche ist zusammengebrochen. (…) Die Hohenzollern haben abgedankt! Es lebe die deutsche Republik! Der Abgeordnete Ebert ist zum Reichskanzler ausgerufen worden. (…) Jetzt besteht unsere Aufgabe darin, diesen glänzenden Sieg (…) nicht beschmutzen zu lassen, und deshalb bitte ich Sie, sorgen Sie dafür, dass keine Störung der Sicherheit eintrete. (…) Ruhe, Ordnung und Sicherheit ist das, was wir jetzt brauchen.

b) Karl Liebknecht gegen 16 Uhr vor dem Berliner Schloss:

Der Tag der Revolution ist gekommen. Wir haben den Frieden erzwungen. (…) Parteigenossen, ich proklamiere die freie sozialistische Republik Deutschland. (…) Die Herrschaft des Kapitalismus, der Europa in ein Leichenfeld verwandelt hat, ist gebrochen. (…) Wenn auch das Alte niedergerissen ist, dürfen wir doch nicht glauben, dass unsere Aufgabe getan ist. Wir müssen alle Kräfte anspannen, um eine Regierung der Arbeiter und Soldaten aufzubauen und eine neue staatliche Ordnung des Proletariats zu schaffen.

4 *Auszüge aus der Weimarer Verfassung:*

Art. 1: Das Deutsche Reich ist eine Republik. Die Staatsgewalt geht vom Volke aus. (…)

Art. 25: Der Reichspräsident kann den Reichstag auflösen, jedoch nur einmal aus dem gleichen Anlass. (…)

Art. 48: Der Reichspräsident kann, wenn im Deutschen Reiche die öffentliche Sicherheit und Ordnung erheblich gestört oder gefährdet wird, die zur Wiederherstellung der öffentlichen Sicherheit und Ordnung nötigen Maßnahmen treffen, erforderlichenfalls mit Hilfe der bewaffneten Macht einschreiten. Zu diesem Zwecke darf er vorübergehend die (…) Grundrechte ganz oder zum Teil außer Kraft setzen.

Art. 54: Der Reichskanzler und die Reichsminister bedürfen zu ihrer Amtsführung des Vertrauens des Reichstags. Jeder von ihnen muss zurücktreten, wenn ihm der Reichstag durch ausdrücklichen Beschluss sein Vertrauen entzieht.

Art. 109: Alle Deutschen sind vor dem Gesetze gleich. Männer und Frauen haben grundsätzlich dieselben staatsbürgerlichen Rechte und Pflichten.

8. Extraausgabe. Sonnabend, den 9. November 1918.

Vorwärts

Berliner Volksblatt.

Zentralorgan der sozialdemokratischen Partei Deutschlands.

Arbeiter, Soldaten, Mitbürger!

Der freie Volksstaat ist da!

Kaiser und Kronprinz haben abgedankt!

Fritz Ebert, der Vorsitzende der sozialdemokratischen Partei, ist Reichskanzler geworden und bildet im Reiche und in Preußen eine neue Regierung aus Männern, die das Vertrauen des werktätigen Volkes in Stadt und Land, der Arbeiter und Soldaten haben. **Damit ist die öffentliche Gewalt in die Hände des Volkes übergegangen. Eine verfassunggebende Nationalversammlung tritt schnellstens zusammen.**

Arbeiter, Soldaten, Bürger! Der Sieg des Volkes ist errungen, er darf nicht durch Unbesonnenheiten entehrt und gefährdet werden. Wirtschaftsleben und Verkehr müssen unbedingt aufrecht erhalten werden, damit die Volksregierung unter allen Umständen gesichert wird.

Folgt allen Weisungen der neuen Volksregierung und ihren Beauftragten. Sie handelt im engsten Einvernehmen mit den Arbeitern und Soldaten.

Hoch die deutsche Republik!

Der Vorstand der Sozialdemokratie Deutschlands.

Der Arbeiter- und Soldatenrat.

5 *links: Extraausgabe des „Vorwärts" vom 9. November 1918.* Der „Vorwärts" war die offizielle Parteizeitung der SPD. Am 9. November wurden insgesamt sechs Extraausgaben gedruckt.

Q6 *Frauen als Wahlkämpferinnen:* Erstmals durften Frauen an deutschen Parlamentswahlen teilnehmen. – Erkläre, wie sich die politische Stellung der Frau in der Weimarer Republik veränderte (vgl. Q4).

1. *Halte Deutschlands Weg vom Kaiserreich zur Republik auf einem Zeitstrahl fest.*
2. *Untersuche, welche Ziele Philipp Scheidemann (SPD) und Karl Liebknecht (Spartakusbund) verfolgten (VT, Q3).*
3. *Auf welchen Wegen versuchten SPD und Spartakusbund (später KPD), ihre politischen Ziele zu erreichen (VT, Q5)?*
4. *Erkläre das schlechte Abschneiden der SPD bei den Wahlen zur Nationalversammlung (VT, D1).*
5. *Beschreibe die Grundzüge der Weimarer Verfassung (VT, D2). Vergleiche dabei auch die Stellung des Reichspräsidenten mit der des Reichskanzlers (Q4).*

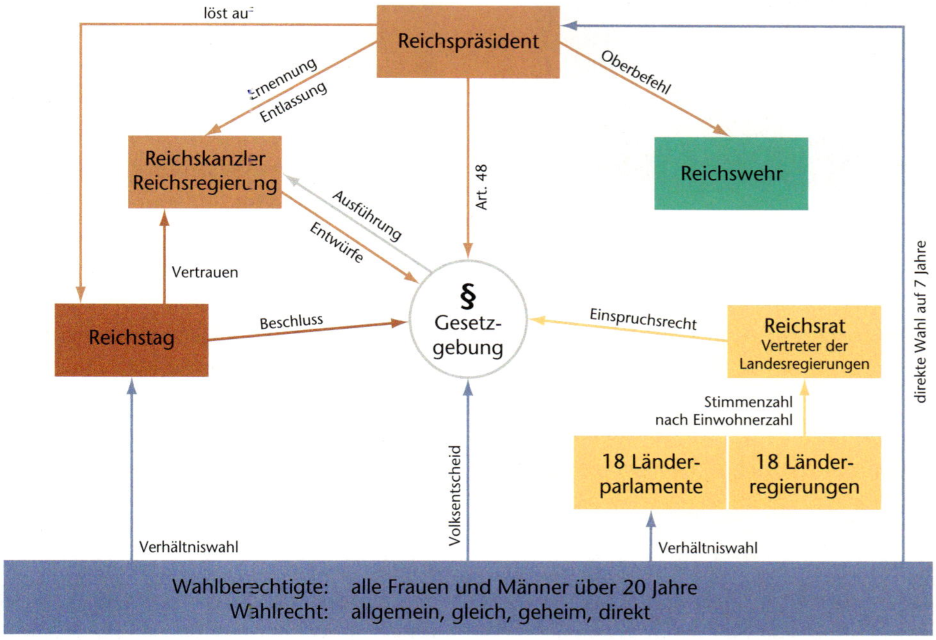

D2 *Die Weimarer Verfassung.* Im Reichstag war jede Partei ihrem Stimmenanteil entsprechend vertreten. Eine Fünfprozentklausel gab es nicht. Das begünstigte Splitterparteien und erschwerte die Bildung von kompromissfähigen Regierungsmehrheiten.

D3 *Politische Grundeinstellung der wichtigsten Parteien der Weimarer Republik*

	linksradikale Parteien	sozialistische Parteien	christliche Parteien	liberale Parteien		konservative Parteien	rechtsradikale Parteien
Partei	Kommunistische Partei Deutschlands (KPD)	Sozialdemokratische Partei Deutschlands (SPD) Unabhängige Sozialdemokratische Partei Deutschlands (USPD)	Zentrum (Z) (katholisch)	Deutsche Demokratische Partei (DDP)	Deutsche Volkspartei (DVP)	Deutschnationale Volkspartei (DNVP)	Nationalsozialistische Deutsche Arbeiterpartei (NSDAP)
angestrebte Staatsform	Rätedemokratie bzw. Diktatur des Proletariats	parlamentarische Demokratie Republik	parlamentarische Demokratie Republik	parlam. Demokr. Republik	parlam. Monarchie	parlamentarische Mitwirkung in der Monarchie	antiparlamentarische autoritäre Diktatur

5 Lasten und Legenden – die junge Republik unter Druck

Q 1 *Ausschnitt aus einem Wahlplakat* der Deutschnationalen Volkspartei 1924

Reparationen
(von lat. reparare = wiederherstellen, erneuern)
Den Besiegten eines Krieges auferlegte Leistungen zum Ausgleich der Kriegsschäden der Sieger. Dies können Geldzahlungen oder Sachlieferungen sein.

Die „Dolchstoßlegende"

Oktober 1918: Der Krieg ist verloren. Die Oberste Heeresleitung (OHL) fordert den Abschluss eines Waffenstillstandes. Wer aber soll die Verhandlungen führen? Generalfeldmarschall Ludendorff vor seinen Offizieren: „Ich habe aber seine Majestät gebeten, jetzt auch diejenigen Kreise an die Regierung zu bringen, denen wir es in der Hauptsache zu verdanken haben, dass wir so weit gekommen sind. (...) Die sollen nun den Frieden schließen, der jetzt geschlossen werden muss. Sie sollen die Suppe jetzt essen, die sie uns eingebrockt haben." Gemeint waren Politiker der SPD und der Zentrumspartei, denen Ludendorff mit diesem Schachzug die Verantwortung für die Niederlage aufbürden wollte.
November 1918: Der Zentrumspolitiker Matthias Erzberger unterzeichnet als Leiter der deutschen Delegation auf Drängen der OHL trotz größter Bedenken ein Waffenstillstandsabkommen. Nur wenige Monate später verbreiteten die Generäle von Hindenburg und Ludendorff jedoch in der Öffentlichkeit, das Heer sei „im Felde unbesiegt", man habe es „von hinten erdolcht". Für die Niederlage machten sie die Novemberrevolution und demokratische Politiker verantwortlich, die hinterrücks den Waffenstillstand ausgehandelt hätten.

Der Versailler Vertrag

Bösen Beschimpfungen im eigenen Lande sahen sich auch diejenigen Politiker ausgesetzt, die sich für die Unterzeichnung eines Friedensvertrages einsetzten. Im Januar 1919 kamen im Pariser Vorort Versailles die Vertreter der Kriegsgegner Deutschlands zusammen, um über Friedensbedingungen zu beraten. Die Siegermächte verlangten sehr hohe Reparationsleistungen. Deutschland musste zudem umfangreiche Gebiete an andere Länder abtreten. Doch besonders schwer wog: Dem Deutschen Reich wurde die Alleinschuld am Krieg angelastet. Das empfanden viele Deutsche als Kränkung ihrer nationalen Ehre. Um eine Wiederaufnahme der Kriegshandlungen zu verhindern, unterschrieben die Vertreter der jungen deutschen Republik das „Friedensdiktat" im Juni 1919 notgedrungen.

Anfeindungen von rechts und links

Die „Dolchstoßlegende" und der „Schandvertrag von Versailles" vergifteten das politische Klima in Deutschland. Die Ablehnung der Demokratie kam im Hass auf die Politiker von Weimar zum Ausdruck. Für die Anhänger des alten Kaiserreichs waren sie „Novemberverbrecher" und „Vaterlandsverräter", für die Kommunisten „Arbeiterschlächter" und „Spartakusmörder". Die Hetzkampagnen hatten schwerwiegende Folgen: Demokratische Politiker, die in der militärischen Niederlage die Verantwortung auf sich genommen hatten, wurden von rechtsgerichteten Fanatikern ermordet – so etwa 1921 Matthias Erzberger, der Unterzeichner des Waffenstillstandes, und 1922 Walter Rathenau, der Reichsaußenminister.

Q2 *Der Journalist Kurt Tucholsky schreibt 1919 unter dem Titel „Das erdolchte Heer":*

Die Generale habens gesagt
und haben die Heimat angeklagt.
Die Heimat – heißt es – erdolchte das Heer.
Aber die Heimat litt viel zu sehr!
Sie schrie und ächzte unter der Faust.
Es würgt der Hunger, der Winterwind saust.
Ihr habt der Heimat erst alles genommen
und seid noch besiegt zurückgekommen.
Besiegt hat euch euer eigener Wahn.
Dreimal kräht jetzt der biblische Hahn.
Und nach so vielen Fehlern und falschen Taten
habt ihr nun auch die Heimat verraten.
Die Heimat, die Frauen, die Schwachen, die Kranken –
Wir danken, Generale, wir danken!

Politische Morde begangen von:	Linksstehenden	Rechtsstehenden
Anzahl der Morde	22	354
ungesühnte Morde	4	326
teilweise gesühnte Morde	1	27
gesühnte Morde	17	1
verurteilte Mörder	38	24
freigesprochene Täter	—	23
hingerichtete Mörder	10	—
Freiheitsstrafe je Mord	15 Jahre	4 Monate

D2 *Gerechte Richter?* Rechtsprechung in den Jahren 1918–1922

Q3 *Der Schriftsteller Stefan Zweig kommentiert am 5. Dezember 1918 in einem Zeitschriftenbeitrag die Lage der jungen deutschen Republik:*

Ich will versuchen, etwas deutlich zu sagen, was man vorerst nicht gerne wird wissen wollen, obwohl es jeder weiß. Dass nämlich in Deutschland die Republik noch nicht da ist, sondern nur ihre Form. (...) Die Republik ist da, aber noch kein republikanisches Bewusstsein. (...) Dieses – das republikanische Bewusstsein – muss erst geschaffen werden; nichts tut mehr Not für die nächsten Stunden, nächsten Wochen, nächsten Jahre. (...) Es [das Volk] hat die Republik als eine Hoffnung auf Rettung in dem ungeheuren Elend genommen wie eine Arznei. Betrügen wir uns nicht: Es war nicht der Geist, der Glaube, die Überzeugung, die jene Wandlung bewirkten, sondern die Not, der Hass, die Erbitterung.

D1 *Die Bestimmungen des Versailler Vertrages für das Deutsche Reich*

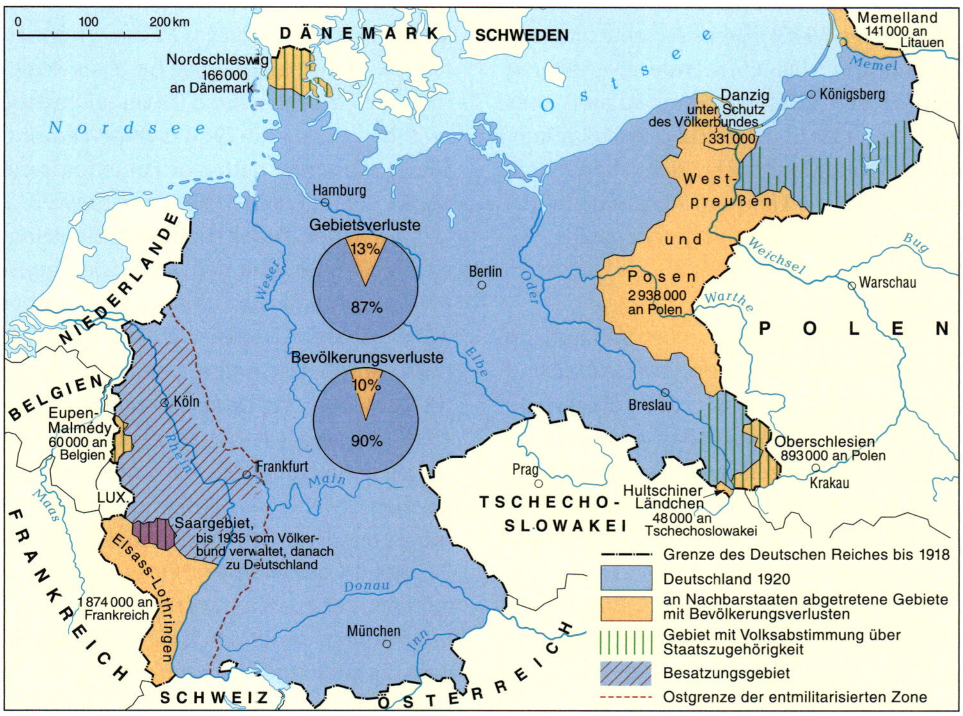

1. *Vergleiche Q1 und Q2 miteinander. Wem wird hier die Schuld an der Kriegsniederlage zugeschrieben?*
2. *Erläutere, warum die „Dolchstoßlegende" und der Versailler Vertrag enorme Belastungen für die erste deutsche Republik darstellten (VT, D1).*
3. *Diskutiert anhand von D2 die Behauptung, die Justiz der Weimarer Republik sei „auf dem rechten Auge blind" gewesen.*
4. *Stefan Zweig unterscheidet in seinem Artikel (Q3) republikanische Form und republikanisches Bewusstsein. Was meint er damit?*

6 Das Krisenjahr 1923 – Ruhrbesetzung, Inflation, Putsch

Q 1 *Plakat der Reichsregierung aus dem Jahr 1923*

Am Abgrund

Der britische Botschafter in Berlin notierte Silvester 1923 in sein Tagebuch: „Nun geht das Krisenjahr zu Ende. Die inneren und äußeren Gefahren waren so groß, dass sie Deutschlands ganze Zukunft bedrohten. Wenn man zurückblickt, sieht man klarer, wie nah dieses Land am Abgrund stand.“ Was war in Deutschland geschehen?

Ruhrbesetzung

Im Januar 1923 marschierten französische Truppen ins Ruhrgebiet ein, weil Deutschland mit Reparationslieferungen im Rückstand war. Soldaten sollten den Transport von Kohle nach Frankreich überwachen. Eine Welle der Empörung einte ausnahmsweise alle politischen Lager in Deutschland. Die Regierung rief zum „passiven Widerstand“ auf: Zechen wurden stillgelegt, Fabriken bestreikt. Beamte verweigerten die Zusammenarbeit mit den Besatzern. Radikale Kräfte sprengten sogar Gleise und überfielen Wachposten.

Inflation – das Geld verliert an Wert

Der Staat unterstützte die Streikenden finanziell. Dabei verschlang der „Ruhrkampf“ allerdings eine Unmenge Geld: Allein der Produktions- und Steuerausfall sowie die Versorgung der Bevölkerung an der Ruhr kosteten die Staatskasse täglich rund 40 Millionen Goldmark. Um das bezahlen zu können, ließ die Regierung Geld drucken. 300 Papierfabriken und 150 Druckereien waren in der Hochphase der Ruhrbesetzung mit der Herstellung von Banknoten beschäftigt. Die in Umlauf gebrachten Geldscheine waren jedoch nicht durch Gold oder staatlichen Besitz gedeckt. Zudem standen der aufgeblähten Geldmenge immer weniger käufliche Güter gegenüber. Das heizte die Inflation an: Die Warenpreise stiegen unaufhörlich, der Wert des Geldes verfiel in rasender Geschwindigkeit.

Probleme vom Kaiserreich geerbt

Die eigentliche Ursache für die Inflation lag aber weiter zurück: Um die enormen Kriegskosten aufzubringen, hatte die Regierung des Kaiserreichs die Papiergeldmenge zwischen 1914 und 1918 drastisch erhöht. Dieses Vorgehen hatte zur Folge, dass die Mark bereits in diesem Zeitraum über 90 % an Wert verlor. Zudem hatte sich die damalige Regierung unter dem Druck der Industrie dazu entschlossen, den Krieg nicht über höhere Steuern, sondern fast ausschließlich durch Anleihen zu finanzieren. So betrugen die Schulden des Deutschen Reichs Ende 1918 164 Mrd. Mark, zu Kriegsbeginn hatten sie noch bei 5 Mrd. Mark gelegen. Nur ein Sieg des Krieges hätte es dem Staat ermöglicht, diese Summen zurückzuzahlen. So aber litt der Weimarer Staat von Beginn an unter den Folgen der Kriegsinflation und unter einem desolaten Staatshaushalt, in dem die Zahlungen für Schulden und deren Zinsen die Einnahmen auffraßen.

A-Z

Inflation
bezeichnet den Wertverlust des Geldes durch Vermehrung der Geldmenge. Der Staat lässt Geld drucken, die Warenmenge wird aber nicht vermehrt. Dies führt zu steigenden Preisen. Sachwerte, wie Grundstücke oder Schmuck behalten ihren Wert. Wer Schulden hat, kann sie nun leichter zurückbezahlen.

Zusammenbruch und Währungsreform

Durch die Kriegsniederlage und die dadurch fälligen Reparationsleistungen entstanden der Weimarer Republik als „Erbin" des Kaiserreichs zusätzliche Kosten, die der junge Staat wiederum nur durch die Betätigung der Notenpresse zu begleichen wusste. Dadurch brach die deutsche Währung weiter ein und lag 1920/1921 nur noch bei 7–8 % ihres Vorkriegswerts.

Deutschland war also zu Beginn des Jahres 1923 bereits hoch verschuldet und litt seit fast einem Jahrzehnt unter der galoppierenden Geldentwertung. Durch Streik und Produktionsausfall lag die Wirtschaft im September des Jahres nun völlig am Boden. Der Ruhrkampf musste deshalb schließlich abgebrochen werden. Nachdem man den Franzosen weitere Reparationszahlungen zugesichert hatte, räumten sie 1925 das Ruhrgebiet wieder. Um die Inflation zu stoppen, führte die Regierung eine Währungsreform durch: 1 Billion Papiermark entsprachen ab dem 15. November einer Rentenmark.

Q 3 *Kinder bauen aus wertlos gewordenen Papiergeldscheinen ein Kartenhaus.*

Gewinner und Verlierer der Inflation

Der Zusammenbruch der Währung traf vor allem diejenigen, die ihre Ersparnisse auf Konten angelegt hatten: Angestellte und Beamte, Handwerker und Arbeiter. Sie fühlten sich von der Republik belogen und betrogen, ihr Vertrauen in die Demokratie war schwer erschüttert.

Besitzer von Sachwerten und Schuldner zählten hingegen zu den Gewinnern der Inflation. Sie konnten ihre Verpflichtungen schlagartig mit wertlosem Geld zurückzahlen. Zahlreiche Fabrikanten schüttelten auf diese Weise ihre Kredite ab. Gewinner war auch der Staat. Seine gesamten Kriegsschulden sanken am 15. November 1923 auf den Wert von 16,4 Pfennig.

Hitler-Putsch

Im Spätherbst 1923 versuchte Adolf Hitler, der „Führer" der rechtsradikalen NSDAP (Nationalsozialistische Deutsche Arbeiterpartei), die Krise der Republik für sich zu nutzen. Sein Ziel war es, die Regierung mit Waffengewalt zu stürzen. Gemeinsam mit dem ehemaligen General Ludendorff rief er die „Nationale Revolution" aus und marschierte am 9. November mit etwa 2000 Anhängern durch München. Vor der Feldherrnhalle ging die bayerische Polizei jedoch gegen die Putschisten vor. Hitler wurde verhaftet, die NSDAP für kurze Zeit verboten.

Q 2 *Plakat zum Hitler-Putsch am 8./9. November 1923*

Bild- und Tondokumente zum Krisenjahr 1923 auf Zeitreise multimedial „Das 20. Jahrhundert"

Staatshaushalt
Ausgaben und Einnahmen des Staates

Anleihe
Langfristige Geldbeschaffung des Staates bei Privatleuten oder Unternehmen gegen die Zahlung von Zinsen. Um den Ersten Weltkrieg zu finanzieren, lieh sich der Staat von Bürgern und Unternehmern Geld. Dabei verpflichtete er sich, das Geld verzinst zurückzuzahlen.

Zinsen
Vergütung für geliehenes Geld. Sowohl für das Ausleihen als auch für das Verleihen von Geld werden Zinsen fällig. Die Zinshöhe wird meist in Prozent des Geldes pro Jahr ausgedrückt.

Q4 *Ein französischer Soldat bewacht einen Güterzug,* der Steinkohle aus dem besetzten Ruhrgebiet nach Frankreich transportiert.

Q5 *„Jetzt bin ich Millionär – mein Gott, wie werd ich erst als Milliardär aussehn!“,* Karikatur von Thomas Theodor Heine, 1923.

Q6 *Der Schriftsteller Max Krell erinnert sich an die Zeit der Inflation:*

Die Mark rutschte, fiel, überstürzte sich, verlor sich im Bodenlosen. Städte, Fabriken, Handelsunternehmungen druckten Assignaten [Papiergeld] nach eigenem Belieben, ließen Milliardenflocken auf die Straße schneien. Keiner wollte die bunten Zettel wirklich haben. Wer wusste denn, ob sie gedeckt waren? Die Inflation machte aus dem Geld einen Unsinn. Wer etwas davon in die Tasche bekam, stopfte es am Vormittag in irgendeine Geschäftskasse, um etwas zu erstehen, das er nicht brauchte, der Kaufmann stürzte mit dem Papier in ein anderes Geschäft, nur fort damit, es war, als ob die Geldzettel giftig oder feucht wären; ein Mann kaufte zwanzig Badewannen, das Wort „Sachwerte“ wurde Trumpf.

Q7 *Aus den Erinnerungen des Buchautors Curt Riess (geb. 1902):*

Diejenigen aber, die alles verloren, waren in der großen Mehrheit. Was uns persönlich anging – mein Vater begriff erst, woran er war, als er feststellen musste, dass die Rechnung für 3,20 Meter Tuch, aus dem ein Anzug gemacht werden konnte, höher war als die Rechnung, die er einem Kunden für den Anzug ausstellen konnte. Von diesem Tag an fertigte er nur noch Anzüge gegen Dollar an. So blieb ihm sein Geschäft erhalten. Aber nicht jeder deutsche Kaufmann reagierte so schnell. Viele gingen zugrunde. Und wie stand es um die so genannten kleinen Leute, die Gehaltsempfänger? Sie mussten am Ende des Monats feststellen, dass sie sich für den Lohn, den sie erhielten, so gut wie nichts mehr kaufen konnten. Um diesem Desaster abzuhelfen, wurde es zur Regel, dass Angestellte und Arbeiter nicht mehr monatlich bezahlt wurden, sondern wöchentlich, dann jeden dritten Tag, schließlich täglich. Dann sausten sie (...) in die nahen Geschäfte und kauften ein. Und die Geschäftsinhaber brachten das eingenommene Geld so schnell wie möglich auf die Bank und kauften dafür, wenn irgend möglich, fremde Währung, vor allem Dollar, Pfund oder Schweizer Franken.

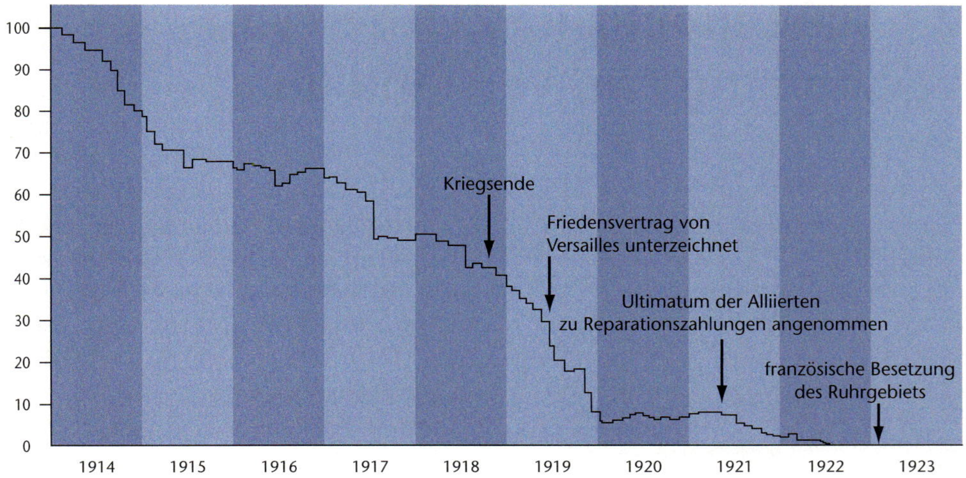

D1 *Der Wertverfall der Mark 1914–1923 (Januar 1914 = 100)*

D2 *Der Historiker Heinrich August Winkler zeigt auf, wen die Inflation schädigte und wem sie nützte:*

Wer seinen Lebensunterhalt aus Ersparnissen (...) zu bestreiten gewohnt war, der stand am Ende der Inflationsperiode buchstäblich vor dem Nichts. Hart betroffen waren auch jene Akademikerfamilien, die das Studium ihrer Kinder traditionell aus Ersparnissen zu finanzieren pflegten. Auf der anderen Seite gab es auch in den Mittelschichten viele, die aus der Geldentwertung Nutzen zogen: Haus- und Grundbesitzer wurden schuldenfrei (...). Die eigentlichen Inflationsgewinner waren die meist hoch verschuldeten Großgrundbesitzer, die durch die Geldentwertung ihrer Schulden ledig wurden, und die Besitzer großer industrieller Vermögen. Materiell war auch der Staat ein Gewinner der Inflation: Die Rückzahlung von Schulden und namentlich der gigantischen Summe der Kriegskredite in wertlosem Papiergeld kam einer Schuldenbefreiung gleich. (...) Seine Glaubwürdigkeit war durch die Inflation fundamental erschüttert worden, und es war die Republik, gegen die sich das Ressentiment [die Abneigung] der Enttäuschten richtete. Die Monarchie, die die Inflation 1914 ausgelöst hatte, erschien hingegen fünf Jahre nach Kriegsende vielen Deutschen schon wieder in einem verklärten Licht.

Die Preise der neuen Woche.

In Milliarden Mark.

Brot, grau (77 Pf.)	770	Mark
Brot, weiß (84 Pf.)	840	"
Schrippe (3 Pf.)	80	"
Vollmilch, 1 Liter	280	"
Magermilch, 1 Liter	95	"
Gas, 1 Kubikmeter	210	"
Elektr. Strom, 1 Kilowattstunde	420	"
Wasser, 1 Kubikmeter	210	"
Briketts, Zentner frei Keller	1981	"
Straßenbahn	150	"
Hochbahn, 3. Klasse	100 u. 150	"
Hochbahn, 2. Klasse	150 u. 200	"
Stadtbahn, 3. Klasse (15 Pf.)	150	"
Stadtbahn, 2. Klasse (25 Pf.)	250	"
Omnibus	150 u. 200	"
Brief, Berlin	40	"
Brief, außerhalb	80	"
Postkarte, Berlin	16	"
Postkarte, außerhalb	40	"
Telephongespräch (10 Pf.)	100	"

Q8 *Preise der letzten Inflationswoche (November 1923)*

Q9 *Inflationsgeld,* überdruckter 20-Mark-Schein

1 Stelle die einzelnen Aspekte, die das Jahr 1923 zu einem Krisenjahr machten, in einer Mindmap dar.

2 Ordne die Quellen dieses Kapitels den damaligen Krisenfeldern „Wirtschaft", „Außenpolitik" und „Innenpolitik" zu.

3 Erläutere, welche Ursachen die Inflation hatte und wie sie das Leben der Menschen veränderte (VT, Q6–Q8).

4 Viele Menschen gaben der Republik die Schuld an der Inflationskrise. Nimm dazu Stellung und begründe deine Meinung (VT, D1).

5 Erläutere mit Hilfe von D2, warum der Weimarer Staat gleichzeitig Gewinner und Verlierer der Inflation von 1923 war.

6 Warum verkehren sich in der Karikatur von T. T. Heine (Q5) die Begriffe „Millionär" und „Milliardär" in ihr Gegenteil?

7 Überlege, warum Parteien wie die NSDAP von solchen Krisenzeiten oftmals profitieren.

7 Außenpolitik im Zeichen von Versöhnung und Verständigung

Q 1 *„Er schaut nach rechts, er schaut nach links – er wird mich retten."* Außenminister Gustav Stresemann in der Rolle des Schutzengels für den „deutschen Michel", Karikatur aus dem „Simplicissimus" vom 14. Mai 1925.

Außenseiter Deutschland

Nach dem Frieden von Versailles blieb Deutschland zunächst ein Außenseiter in der internationalen Politik. Die Alliierten waren nicht bereit, die Deutschen als gleichberechtigte Partner zu akzeptieren. Ohne deutsche Beteiligung legten sie 1921 den Umfang der Reparationen fest, die sich aus dem Versailler Vertrag ergaben. Deutschland hatte demnach 226 Milliarden Goldmark zu zahlen, verteilt auf 42 Jahre. Diese Ausgangslage bestimmte fortan die Weimarer Außenpolitik: Der Versailler Vertrag sollte abgemildert und die außenpolitische Isolation überwunden werden.

Erste Schritte aus der Isolation

Um die Verhandlungsposition gegenüber den alliierten Westmächten zu stärken, schloss Deutschland im April 1922 mit der international ebenfalls isolierten Sowjetunion den Vertrag von Rapallo. Darin wurden die Aufnahme diplomatischer Beziehungen, Handelsbegünstigungen und der gegenseitige Verzicht auf die Erstattung von Kriegsschäden vereinbart.

Eine erste Entspannung in der Reparationsfrage brachte 1924 ein Plan des US-Bankiers Charles Dawes. Er beschränkte die jährliche Höchstsumme der Zahlungen auf 2,5 Milliarden Goldmark. Zudem sah der Dawes-Plan einen internationalen Kredit in Höhe von 800 Millionen Goldmark zur Belebung der deutschen Wirtschaft vor.

Verständigung mit Frankreich

Von 1923 bis 1929 betrieb Gustav Stresemann (DVP) als Außenminister eine konsequente Politik des Ausgleichs. Dabei war ihm eine Verständigung mit Frankreich besonders wichtig. In dem französischen Amtskollegen Aristide Briand fand er einen Gesprächspartner, der ebenfalls zur Versöhnung bereit war. Der Durchbruch gelang schließlich im Oktober 1925 auf der Friedenskonferenz von Locarno. Deutschland, Frankreich und Belgien erkannten ihre gemeinsamen Grenzen an. Damit verzichtete Deutschland auf Elsass-Lothringen, Frankreich im Gegenzug aber auch auf die Eingliederung des Rheinlands. Polen und der Tschechoslowakei garantierte Stresemann, keine gewaltsame Änderung der beiderseitigen Grenzen anzustreben. Die Verträge von Locarno schufen gleichzeitig die Voraussetzung für eine Aufnahme in den Völkerbund, dem Deutschland schließlich am 8. September 1926 beitrat.

Der Young-Plan

1929 konnte das Reich seine Reparationsverpflichtungen nicht mehr erfüllen. Auf einer Konferenz unter dem Vorsitz des US-Wirtschaftsexperten Owen D. Young wurde die Reparationsfrage deshalb neu geregelt. Der Young-Plan legte die Gesamtsumme auf 112 Milliarden Goldmark fest. Sie sollten über 59 Jahre in jährlichen Raten von etwa zwei Milliarden gezahlt werden.

Wie schon das Vertragswerk von Locarno war auch der Young-Plan für rechtsradikale Parteien und Verbände Anlass zu hemmungsloser Hetze gegen die parlamentarische Demokratie.

A-Z

Völkerbund
war der Name der 1919 gegründeten internationalen Friedensorganisation. Streitfragen sollten die Vollversammlung der Mitgliedstaaten und der Völkerbundrat gemeinsam diskutieren und entscheiden. Konflikte zwischen Ländern sollten vor einem internationalen Gerichtshof verhandelt werden. Der Völkerbund existierte bis 1946. Seine Nachfolgeorganisation ist die UNO.

Q 2 *Einen Tag nach der Aufnahme Deutschlands in den Völkerbund sprachen der deutsche und der französische Außenminister vor der Vollversammlung der Staatengemeinschaft.*

a) Stresemann in seiner Rede:

Deutschland tritt mit dem heutigen Tage in die Mitte von Staaten, mit denen es zum Teil seit langen Jahrzehnten in ungetrübter Freundschaft verbunden ist, die zum anderen Teil im letzten Weltkrieg gegen Deutschland verbündet waren. Es ist von geschichtlicher Bedeutung, dass Deutschland und diese letzteren Staaten sich jetzt im Völkerbund zu dauernder friedlicher Zusammenarbeit zusammenfinden. (…) Der göttliche Baumeister der Erde hat die Menschheit nicht geschaffen als ein gleichförmiges Ganzes. (…) Aber es kann nicht der Sinn einer göttlichen Weltordnung sein, dass die Menschen ihre nationalen Höchstleistungen gegeneinander kehren und damit die allgemeine Kulturentwicklung immer wieder zurückwerfen (…). [Das] sicherste Fundament für den Frieden ist eine Politik, die getragen wird von gegenseitigem Verstehen und gegenseitiger Achtung der Völker.

b) Briand erklärte:

Was bedeutet nun dieser heutige Tag für Deutschland und Frankreich? Das will ich Ihnen sagen: Es ist Schluss mit jener langen Reihe schmerzlicher und blutiger Auseinandersetzungen, die die Seiten unserer Geschichte beflecken, es ist Schluss mit dem Krieg zwischen uns, Schluss mit den langen Trauerschleiern. Keine Kriege, keine brutalen Gewaltlösungen soll es von jetzt ab mehr geben. Ich weiß, dass Meinungsverschiedenheiten zwischen unseren Ländern auch heute noch bestehen, aber in Zukunft werden wir sie genau so wie die Einzelpersonen vor dem Richterstuhl in Ordnung bringen. Deshalb sage ich: fort mit den Gewehren, den Maschinengewehren, den Kanonen! Freie Bahn für die Versöhnung, die Schiedsgerichtsbarkeit und den Frieden!

Q 4 *Volksbegehren gegen den Young-Plan,* Plakat von 1929. DNVP und NDSAP erreichten im Volksbegehren zwar die erforderlichen 10 % der Wählerunterschriften. Doch der Volksentscheid scheiterte, weil ihn nur 13,8 % der Wähler unterstützten.

Q 3 *Der nationalsozialistische Reichstagsabgeordnete Gregor Strasser nimmt am 24. November 1925 im Reichstag Stellung zu den Locarno-Verträgen:*

Wir Nationalsozialisten, wir Frontsoldaten und wir Frontoffiziere (…) verzichten nie und nimmer auf Elsass-Lothringen. Wir verzichten nie auf Eupen und Malmedy, auf die Saar und auf unsere Kolonien. Wir verzichten auf Nordschleswig so wenig wie auf Memel und Danzig, wie auf Westpreußen und Oberschlesien. Wir jungen Deutschen kennen unsere großdeutsche Aufgabe, und wir speisen die Brüder in Österreich und in Sudetendeutschland nicht mit leeren Worten ab. (…) Unser Staat, der (…) ein in sich geschlossener geworden ist, wird einst die Verträge von Versailles, London* und Locarno wie Papierfetzen zerreißen können, weil er sich stützt auf das, was Sie bewusst im deutschen Volk zerschlagen, wofür kein Opfer gebracht werden darf, nämlich auf die Bildung eines in sich geschlossenen Volkes.

** Gemeint ist die Annahme des Dawes-Plans 1924.*

1. *Trage wichtige Stationen der deutschen Außenpolitik zwischen 1921 und 1930 auf einem Zeitstrahl ein.*
2. *Vergleiche Q1 und Q4 miteinander. Wie wird die deutsche Außenpolitik jeweils bewertet?*
3. *In den Verträgen von Locarno verzichtet das Deutsche Reich auf Elsass-Lothringen und indirekt auch auf die Ostgebiete. Rechtsnationale Politiker wie Gregor Strasser (Q3) warfen Außenminister Stresemann deshalb „Verrat an den Interessen Deutschlands" vor. Nimm dazu Stellung.*
4. *Welche Hoffnungen verknüpfen Gustav Stresemann und Aristide Briand (Q2) mit der Aufnahme Deutschlands in den Völkerbund?*

8 Goldene Zwanziger?

Q1 *„Großstadt"*, ein berühmtes Gemälde der „Neuen Sachlichkeit" von Otto Dix, 1927/28. Viele Maler und Schriftsteller machten die Metropole Berlin zum Thema ihrer Werke.

„Hoppla, wir leben!"
So heißt ein Theaterstück von Ernst Toller, das 1927 in Hamburg uraufgeführt wurde. Der Titel spiegelt den vorsichtigen Optimismus, der sich in Deutschland infolge der leichten wirtschaftlichen und politischen Erholung nach dem Krisenjahr 1923 ausbreitete. Es schien, als ginge es nun aufwärts. Mit den „Goldenen Zwanzigern" brach eine schillernde Zeit voller Lebenshunger und Modernität an, aber auch eine unruhige Zeit voller Extreme und Ungewissheiten.

Weltstadt Berlin
Vor allem die Metropole Berlin mit ihren vier Millionen Einwohnern verkörperte die neue, moderne Welt. Mitte der 1920er-Jahre existierten dort 49 Theater, 3 Opernhäuser sowie 75 Kabarett- und Varietébühnen. Das Nachtleben blühte: In Tanzhallen und Bars war Jazz- und Swingmusik aus den USA zu hören, zu der neue Tänze wie der Charleston ausprobiert wurden. Zwar konnte sich dieses aufregende Leben nur ein kleiner Kreis von Wohlhabenden leisten, doch auch für die breite Masse der Bevölkerung nahm das Freizeitangebot zu. Tageszeitungen, „Groschenromane" und die neuartigen Illustrierten warben um Leser. Hinzu kamen erste Radioprogramme und Tonfilme im Kino. Eine Massenkultur war entstanden.

Kulturelle Blütezeit
Die Umbrüche, die die Weimarer Republik hervorgerufen hatte, setzten enorme künstlerische Energie und Kreativität im Kulturleben frei. Viele Künstler ließen sich von der großstädtischen Atmosphäre inspirieren und experimentierten mit neuen Stilen und Formen. Dabei schockierten sie oftmals die Öffentlichkeit. Einige Kritiker beklagten lautstark die „Verrottung der Kunst".
Die „Neue Sachlichkeit" wurde zur dominierenden Kunstrichtung, die Großstadt zum zentralen Thema. So fingen Maler wie Otto Dix und George Grosz das Leben in den modernen Metropolen in ihren Bildern ein. Alfred Döblin schilderte in seinem Roman „Berlin Alexanderplatz" den Alltag des „kleinen Mannes", während Regisseur Fritz Lang im Science-Fiction-Film „Metropolis" seine Vision von einer Zukunftsstadt offenbarte.

A–Z

Neue Sachlichkeit
Eine in den 1920er-Jahren in Deutschland aufgekommene Kunstrichtung, die die Wirklichkeit realistisch erfasste und sich kritisch mit der Gesellschaft auseinandersetzte. Der Begriff geht auf eine Ausstellung moderner Malerei in Mannheim 1925 zurück.

Technischer Fortschritt

Der gewaltige Modernisierungsprozess wirkte sich nicht nur auf die Kunst- und Kulturszene aus. Zahlreiche Erfindungen und technische Neuerungen veränderten den Lebensalltag und die Berufswelt. Maschinen wurden nicht mehr nur für die Industrie entwickelt, auch in den Wohnungen erleichterten moderne Geräte nun die Hausarbeit. So ersetzten Gas- und Elektroherde die Kohleöfen, wodurch das mühsame Anfeuern entfiel. Ebenso wurde die Arbeit in der Verwaltung technisiert. Die Schreibmaschine zog massenweise in die Großraumbüros ein. Immer mehr Sekretärinnen und Verwaltungsangestellte wurden benötigt.

Autos, Schiffe und Flugzeuge

Die Industriebetriebe waren zum Transport ihrer Waren auf ein dichtes Verkehrsnetz angewiesen. Deshalb baute man die Bahntrassen sowie die Autostraßen aus und zog den Mittellandkanal quer durch Deutschland. 1921 wurde in Berlin die erste Autobahn fertiggestellt. Nur zehn Jahre später fuhren über eine halbe Million Autos auf deutschen Straßen.

Auch die Luftfahrt erlebte einen Aufschwung: 1926 wurde die Lufthansa gegründet und ein Jahr später überquerte Charles Lindbergh als Erster den Atlantik im Alleinflug. Auf den Weltmeeren verkehrten große Ozeandampfer wie die „Bremen" und die „Europa". Sie waren die schnellsten und modernsten Passagierschiffe ihrer Zeit.

Die Arbeitswelt verändert sich

Das Wirtschaftsleben der 1920er-Jahre stand ganz im Zeichen der Rationalisierung. Einzelne Firmen schlossen sich zu Großunternehmen zusammen und begannen, ihre Produktion zu rationalisieren. Die Massenproduktion ermöglichte es, Waren billiger herzustellen und günstiger zu verkaufen. Allerdings gerieten so kleine und mittlere Betriebe in finanzielle Nöte, weil sie mit den Preisen der Großunternehmen nicht konkurrieren konnten.

Als in der Automobilindustrie das Fließband eingeführt wurde, brach die Ära der modernen Massenfertigung an. Die Arbeiter erhielten nun Akkordlohn, d. h. sie wurden nach geschaffter Stückzahl und nicht mehr nach Arbeitsstunden bezahlt. Die monotone Fließbandarbeit, die kein selbstständiges Denken mehr verlangte, und die hohe Arbeitsbelastung machten zahlreiche Arbeiter jedoch unzufrieden und nicht wenige bekamen gesundheitliche Probleme.

Sozialpolitik – Hilfe für Arbeitnehmer

Daneben verloren auch viele Menschen in den Betrieben ihre Stellen. Denn für wen kein Platz am Fließband war oder wer im Akkord nicht mithalten konnte, wurde entlassen. Sozialpolitische Neuerungen versuchten allerdings manche Härten abzumildern. So wurde im Jahr 1927 die gesetzliche Arbeitslosenversicherung eingeführt, in die Arbeitgeber und Arbeitnehmer gemeinsam einzahlten.

TIPP

Bild- und Tondokumente zur Kultur der Weimarer Republik findest du unter www.dhm.de/lemo/home.html

A-Z

Rationalisierung
(von lat. „ratio"= Verstand)
So wird der Prozess bezeichnet, bei dem alle Arbeitsabläufe in Fabriken oder auch Unternehmen systematisch erfasst werden, um die Arbeitsabläufe zu verbessern und die Produktion zu steigern. Das Ziel dabei ist es, höhere Gewinne zu erzielen. In Deutschland begann die Rationalisierung in den 1920er-Jahren, als die Fließbandfertigung eingeführt wurde.

Q 2 *„Bandarbeit – Hetzarbeit"*, aus einem Arbeiterzeichenwettbewerb 1926/1927

Q 3 *Fließbandarbeiterinnen bei Siemens, um 1920*

Q 5 *Filmplakat zu „Metropolis".* Der Stummfilm hatte am 10. Januar 1927 im Ufa-Palast am Berliner Zoo Premiere.

Q 7 *Titelblatt einer Mode- und Frauenzeitschrift vom Mai 1922.* Das Bild eines neuen Frauentyps wurde in den 1920er-Jahren durch Werbung, Filme und Zeitschriften verbreitet.

Q 6 *Ein junger Mann aus einem Berliner Arbeiterviertel schreibt über die 1920er-Jahre:*

Von der kulturellen Metropole Europas merkten wir im Norden Berlins wenig. Die „goldenen zwanziger Jahre" fanden in den Theaterzentren, Galerien und feinen Restaurants statt, waren eine Angelegenheit sensationeller Bälle und Galas der Neureichen, der Nachtlokale und Künstler-Cafés (...). Den Kulturbedarf der breiten Massen befriedigten das Radio, der neue Unterhaltungsfilm, die Trivialliteratur sowie Revuen und Tanzlokale. Die Schlager (...) halfen Luftschlösser bauen, erleichterten die Flucht aus dem grauen Alltag.

D 1 *Über die Entstehung der modernen Massenkultur schreibt die Historikerin Ursula Becher:*

Erst in der Weimarer Republik wurde mit Arbeitszeitverkürzung und Urlaubsregelung die Voraussetzung für die moderne Freizeit geschaffen. Erst jetzt war es einer breiten Bevölkerung möglich, die nach ihrer Berufstätigkeit verbleibende Zeit nach eigenen Wünschen zu gestalten und an Vergnügungen teilzunehmen, die bisher vorwiegend dem Bürgertum vorbehalten waren. Außer den traditionellen und erweiterten Bildungsangeboten wie Theater, Bibliotheken, Museen, Konzerte, Veranstaltungen der Volkshochschulen wurde Massenspektakel populär: Boxkämpfe und Sechstagerennen zogen Zuschauermengen an. Die neuen Kinopaläste, Varietés, Tanzsäle, Sportarenen waren Hochburgen der neuen Freizeitwelt. (...) Massenkultur ist nicht zu denken ohne Massenkonsum. Die Versorgung der Bevölkerung mit neuen Produkten verbesserte sich stetig. Im Jahr 1932 kamen in Deutschland auf je 1000 Einwohner 66 Rundfunkgeräte, 52 Fernsprechanschlüsse und 8 Personenautos. Das entsprach dem europäischen Durchschnittswert.

Q 4 *Blechdose für Zigaretten, 1925–1930*

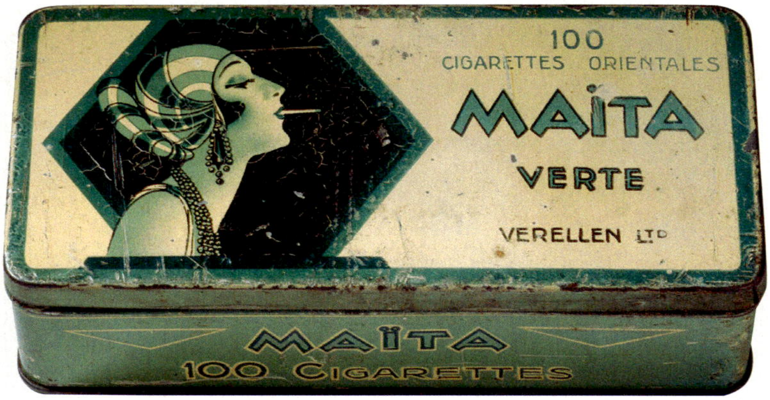

Q8 *Christa Anita Brück berichtet in ihrem Buch „Schicksale hinter Schreibmaschinen" über ihre Tätigkeit als „Schreibfräulein":*

Früher habe ich Bewegung gehabt im Büro. Ich musste bald hier, bald dort sein. Meine Arbeit war auch nicht eintönig. Jetzt hocke ich viele Stunden täglich wie festgeschraubt hinter der Schreibmaschine, mit krummem Rücken und eingefallener Brust.

Ich erfahre an mir die ganze Grausamkeit solcher Arbeitsverteilung. Es würde schon eine Erleichterung sein, wenn ich ab und zu ein Stenogramm bekäme, Post ablegen oder die Kartothek versehen dürfte. Aber ich bin rettungslos eingespannt in die Maschinerie zermalmender Eintönigkeit.

Vom vielen Schreiben schmerzen mir die Muskeln. Die körperliche Erschlaffung hält mit der seelischen Schritt. Vielleicht ist eine bedingt durch die andere. Neue Aktenschränke werden aufgestellt. Ich muss mich schräg setzen, um mit dem Ellenbogen nicht anzustoßen. Das Büro ist unerträglich eng und dumpf. Niemand wischt Staub. Er liegt finderdick auf den Regalen. Die Fenster sind verwuchert von wildem Wein. Es ist nie richtig hell bei uns. Frische Luft kann nicht ins Zimmer. Fräulein Laue hustet. Es klingt nicht gut. Stubenblass und abgespannt sehen wir alle aus. Die eine klagt über Müdigkeit, die andere über Kopfschmerzen, die dritte hat keinen Appetit. Im Grunde genommen sind alle diese Klagen nichts weiter als der Ausdruck für die unablässig quälende Sehnsucht nach Licht, Luft, Bewegung, nach freier körperlicher Entfaltung und Erlösung von dem verhassten Sklavenjoch des Erwerbs. Im Stillen hofft eine jede, früher oder später durch Heirat befreit zu werden. Ich überlege mir zuweilen, was für Mütter aus diesen vorzeitig verbrauchten, entnervten und erschlafften Geschöpfen werden sollen? Was vermögen sie dem kommenden Geschlecht an Kraft und Lebensenergie mitzugeben? Traurig für die Mütter, schlimmer für die Kinder, gefahrvoll für die Zukunft unseres Volkes, wenn nicht entscheidende Abhilfe geschaffen wird!

Abends, wenn ich meine hundertfünfzig Frachtbriefe ausgefüllt habe, bin ich so trägen, abgeleierten Geistes, dass ich nicht einmal mehr lesen mag.

D2 *Erfolge der Weimarer Sozialpolitik:* Der Ausbau des Sozialstaates galt in der Weimarer Republik als eines der wichtigsten Ziele. In vielen Bereichen brachten die Weimarer Jahre bedeutende sozialpolitische Verbesserungen.

1918	Der Achtstundentag wird eingeführt, 1923 aber wieder eingeschränkt.
1919	Die Gewerkschaften bekommen Tarifautonomie, das Grundrecht der Jugend auf Erziehung und Bildung wird festgeschrieben.
1920	Das Betriebsrätegesetz garantiert Mitsprache der Arbeitnehmer in Betrieben mit mehr als 20 Mitarbeitern.
1923	Das Mieterschutzgesetz schützt vor willkürlicher Kündigung.
1924	Heimarbeiterinnen erhalten Anspruch auf staatliche Armenfürsorge, Mindestlöhne und Sozialversicherung.
1926	Arbeitsgerichte werden eingerichtet.
1927	Das Arbeits- und Kündigungsgesetz für werdende und stillende Mütter tritt in Kraft, die Arbeitslosenversicherung und die Arbeitsvermittlung werden eingeführt.

1. *Beschreibe Q1 genau. Wie ist das Großstadtleben dargestellt?*
2. *Erläutere den Begriff „Massenkultur". Zeige auf, wie und in welchen Bereichen sich diese Kultur entwickelt hat (VT, D1, Q6).*
3. *Erläutere, wie sich der Modernisierungsschub in den 1920er-Jahren auf die Bereiche Industrie, Technik und Verkehr auswirkte.*
4. *Beschreibe mit Hilfe von Q2, Q3 und Q8, wie Rationalisierung und Spezialisierung den Arbeitsalltag veränderten. Überlege auch, welche Auswirkungen diese Veränderungen auf die körperliche und seelische Verfassung der Menschen hatten.*
5. *Lies den Abschnitt „Frauen in der Weimarer Zeit" auf S. 68 und untersuche, welche Botschaft Zeitschrift (Q7) und Werbung (Q4) von der „neuen Frau" vermitteln wollen.*
6. *Informiert euch unter der auf S. 31 angegebenen Webadresse über die Bereiche Literatur, Theater, Kino, Architektur („Bauhaus") und den Alltag der „neuen Frau". Stellt eure Ergebnisse in Kurzreferaten vor.*
7. *Goldene Zwanziger? Diskutiert nach Auswertung aller Materialien in der Klasse darüber, ob dieser Begriff die 1920er-Jahre in Deutschland treffend beschreibt.*

9 Republik im Untergang

Q 1 *Auf verzweifelter Suche nach Arbeit* waren während der Wirtschaftskrise Millionen Menschen in den Industrieländern.

Der New Yorker Börsencrash

Nachdem es Ende 1923 gelungen war, die Inflation zu stoppen, blühte die deutsche Wirtschaft in den Folgejahren auf. Allerdings war der Wohlstand auf Pump finanziert. Vor allem aus den USA flossen Anleihen und Kredite in Milliardenhöhe. Deshalb wurde Deutschland von der amerikanischen Wirtschaftskrise, die im Herbst 1929 schlagartig mit dramatischen Kurseinbrüchen an der New Yorker Börse einsetzte, besonders hart getroffen. Die Krise der USA griff aber auch auf andere Länder über und weitete sich schnell zur Weltwirtschaftskrise aus.

Die Wirtschaftskrise …

Deutschland bekam die Folgen des amerikanischen Niedergangs doppelt zu spüren. Zum einen ging der deutsche Export stark zurück. In den Überseehäfen stauten sich Schiffe, die ihre Güter nicht entladen konnten, weil die Empfänger nicht in der Lage waren, die Waren zu bezahlen. Zum anderen forderten amerikanische Banken wegen des Geldmangels in den USA Kredite zurück, die sie nach Deutschland vergeben hatten. Einige deutsche Banken wurden dadurch zahlungsunfähig. Eine verhängnisvolle Spirale setzte nun ein: Der Zusammenbruch der Banken zog den Konkurs von Betrieben nach sich, die auf die Kredite angewiesen waren. Andere Firmen mussten wegen mangelnder Aufträge ihre Produktion herunterfahren und Arbeitnehmer entlassen. Dadurch wurden weniger Waren gekauft und auch die Steuereinnahmen des Staates gingen zurück. Dieser sah sich zu Sparmaßnahmen gezwungen und konnte weniger Aufträge an die Wirtschaft vergeben.

… und ihre Folgen

Die Zahl der Arbeitslosen, die auch in den wenigen Jahren des wirtschaftlichen Aufschwungs recht hoch war, stieg nun dramatisch an. Seit 1927 gab es zwar eine Arbeitslosenversicherung, aber deren Leistungen garantierten kaum das Existenzminimum. 1932 bekamen von mehr als sechs Millionen Arbeitslosen rund 800 000 Familien überhaupt keine Unterstützung mehr. Viele dieser Menschen hungerten und mussten ihre Wohnung aufgeben. Nackte Existenzangst machte sich breit – auch unter denjenigen, die noch Arbeit besaßen.

Regierung zerbricht an den Problemen

Seit den Reichstagswahlen von 1928 regierte eine Große Koalition der gemäßigten demokratischen Parteien. Die Interessengegensätze in ihr waren groß und Kompromissbereitschaft wie so oft in jenen Jahren kaum vorhanden. Ausgangspunkt des Konflikts, an dem die Koalition schließlich zerbrechen sollte, war die verzweifelte finanzielle Lage der Arbeitslosenversicherung.

A-Z

Weltwirtschaftskrise bezeichnet die große Wirtschaftskrise, die ab 1929 alle großen Industrieländer erfasste. Sie begann mit dem „Schwarzen Freitag“ am 24. Oktober 1929 in New York. An der dortigen Börse brachen die Kurse ein, weil Aktien zuvor weit über Wert gehandelt worden waren.

Während die DVP als Vertreterin der Großindustrie eine Senkung der Leistungen forderte, beharrte die SPD auf einer Erhöhung der Beiträge. Daraufhin verließ die DVP 1930 die Koalition und die Regierung trat zurück. Danach sollte es nie mehr gelingen, eine demokratische Mehrheit im Reichstag zu finden.

Die Zeit der Notverordnungen

Fortan schlug die Stunde der Präsidialkabinette, die mit der Unterstützung des Reichspräsidenten Hindenburg regierten. Dieser war 1925 zum Staatsoberhaupt gewählt worden. Der überzeugte Monarchist und Urheber der „Dolchstoßlegende" im höchsten Staatsamt von Weimar – das war ein schwerer Schlag für die Republik. Nach dem Ende der Großen Koalition ernannte Hindenburg den Zentrumspolitiker Heinrich Brüning zum neuen Reichskanzler. Die Regierung Brüning war die erste von vier so genannten Präsidialregierungen. Sie hatten keine Mehrheit im Parlament, waren allein vom Vertrauen des Reichspräsidenten abhängig und regierten vor allem mit Hilfe von Notverordnungen nach Art. 48 der Verfassung. Als die Abgeordneten im Juli 1930 versuchten, eine Notverordnung Brünings wieder aufzuheben, löste Hindenburg den Reichstag auf und schrieb Neuwahlen aus. Dieses Vorgehen wurde zur gängigen Praxis der nächsten $2^1/_2$ Jahre.

Die Stunde der Gegner

Brüning glaubte, die Wirtschaftskrise mit einer drastischen Sparpolitik überwinden zu können. Doch Not und Arbeitslosigkeit nahmen immer weiter zu. Insbesondere diejenigen, die durch Krieg, Inflation und Wirtschaftskrise alles verloren hatten, waren zunehmend anfällig für die radikalen Parolen der Republikfeinde. So versprach die KPD das Ende aller Not, sobald der Kapitalismus vernichtet sei. Die NSDAP machte die demokratischen Politiker für die schlimme Lage verantwortlich und forderte einen autoritären „Führerstaat". Die Hetzkampagnen verfehlten ihre Wirkung nicht. Nach den Neuwahlen im September 1930 gehörten etwa 40 % der Reichstagsabgeordneten antidemokratischen Parteien an. Gleichzeitig schürten Kommunisten und Nationalsozialisten mit gewalttätigen Demonstrationen und Straßenschlachten bewusst die Furcht vor einem Bürgerkrieg. Viele riefen deshalb nach einem „starken Mann", der wieder für Ruhe und Ordnung sorgen sollte.

Das Ende der Weimarer Republik

Als bei den Reichstagswahlen im Juli 1932 NSDAP und KPD die Stimmenmehrheit im Reichstag erhielten, hatten die Demokraten den Kampf endgültig verloren. Vorher war schon Reichskanzler Brüning durch Intrigen von Beratern Hindenburgs, der so genannten Kamarilla, gestürzt worden. Führende konservative Politiker, Industrielle, Adelige und Angehörige der Reichswehr gehörten zu diesem engsten Beraterkreis des Reichspräsidenten. Sie lehnten die demokratische Republik ab und hatten maßgeblichen Einfluss auf die Politik der Präsidialkabinette seit 1930. Teile dieser Kamarilla sprachen sich Ende 1932 für Adolf Hitler als Reichskanzler aus. Sie glaubten, den Führer der NSDAP für ihre Ziele einspannen zu können. Hindenburg hatte zwar große Zweifel gegenüber Hitler, aber den Beratern gelang es, diese Bedenken zu zerstreuen. Am 30. Januar 1933 wurde Adolf Hitler zum deutschen Reichskanzler ernannt.

Q **2** *Das Hakenkreuz,* Symbol der Nationalsozialisten, Karikatur aus „Der wahre Jacob" von Anfang 1933. – Wie sah der Zeichner die NSDAP?

Q **3** *Menschenansammlung vor den geschlossenen Toren einer Berliner Bank.* In der Wirtschaftskrise gehörten Bankenzusammenbrüche zum alltäglichen Geschehen, viele Menschen verloren ihre gesamten Ersparnisse, Foto, Juli 1931.

Q 4 *Auswirkungen der Weltwirtschaftskrise auf die Bevölkerung. Der 24-jährige Günther Prien war damals immer wieder vergeblich auf Arbeitsuche:*

Ich ging auf die Straße hinaus. Nun war ich also wieder unten, ganz unten. (...) Warum? Jeder, den man fragte, zuckte die Achseln: „Ja es gibt eben keine Arbeit, das sind die Verhältnisse, mein Lieber!“ Ja, verflucht noch mal, waren denn die da oben, die Minister, die Parteibonzen, (...) nicht dazu da, die Verhältnisse zu ändern? Wie konnten sie ruhig schlafen, solange es noch Menschen gab, kräftig und gesund, willig zur Arbeit (...) und nun verrottend wie faules Stroh? Die paar elenden Pimperlinge, die sie uns hinwarfen, schützten gerade vor dem Hungertode. Sie gaben sie widerwillig her, weil sie Angst hatten vor unserer Verzweiflung und sie wickelten uns das Lumpengeld in das Papier ihrer Zeitungen, die von schönen Redensarten (...) trieften. Ein wütender Zorn (...) packte mich. In diesen Tagen wurde ich Mitglied der nationalsozialistischen Bewegung.

Bild- und Tondokumente zur Weltwirtschaftskrise auf Zeitreise multimedial „Das 20. Jahrhundert“

Q 5 *„Notverordnung:* Nach den Erfahrungen der letzten Tage ist verfügt worden, dass jeder Demonstrationszug seinen eigenen Leichenwagen mitzuführen hat.“, Karikatur aus der Zeitschrift „Simplicissimus“, 1931.

Q 6 *In einer Schulchronik aus dem Jahre 1932 findet sich folgende Eintragung:*

Immer häufiger erscheinen morgens Mütter oder Väter in der Schule mit dem Bescheid: „Ich kann meine Kinder nicht schicken; wir haben kein Stück Brot im Haus. Wir haben die Kinder im Bett gelassen, da merken sie den Hunger nicht so.“ – Oder es heißt: „Die Schuhe sind ganz durch. Gestern ging's noch, da war's trocken, aber heute ist die Straße nass.“ Am 10. November eröffnete die Schule (...) eine Frühspeisung für zunächst 25 Kinder. Ihr Appell an die noch erwerbstätigen Eltern und Freunde der Schule setzte sie in die Lage, die Zahl auf 40 bis 50 zu erhöhen (von 430 Kindern hatten noch rund 170 erwerbstätige Väter und Mütter).

Q 7 *Petition (politische Bittschrift) an den Reichspräsidenten von Vertretern der Wirtschaft, der Banken und des Großgrundbesitzes im November 1932:*

Gegen das bisherige parlamentarische Parteiregime sind nicht nur die Deutschnationale Volkspartei und die ihr nahe stehenden kleinen Gruppen, sondern auch die Nationalsozialistische Deutsche Arbeiterpartei grundsätzlich eingestellt (...).

Wir erkennen in der nationalen Bewegung, die durch unser Volk geht, den verheißungsvollen Beginn einer Zeit, die durch Überwindung des Klassengegensatzes die unerlässliche Grundlage für einen Wiederaufstieg der deutschen Wirtschaft erst schafft. Wir wissen, dass dieser Aufstieg noch viele Opfer erfordert. Wir glauben, dass diese Opfer nur dann willig gebracht werden können, wenn die größte Gruppe dieser nationalen Bewegung führend an der Regierung beteiligt wird.

Die Übertragung der verantwortlichen Leitung eines mit den besten sachlichen und persönlichen Kräften ausgestatteten Präsidialkabinetts an den Führer der größten nationalen Gruppe wird die Schwächen und Fehler, die jeder Massenbewegung notgedrungen anhaften, ausmerzen und Millionen Menschen (...) zu bejahender Kraft mitreißen.

D 1 *Die Funktionsweise der Präsidialregierungen (1930–1933).* Die Präsidialregierungen beruhten auf der Kombination der Artikel 48 und 25 der Weimarer Verfassung. Durch Androhung und Anwendung beider Artikel konnte der Reichspräsident das Parlament ausschalten.

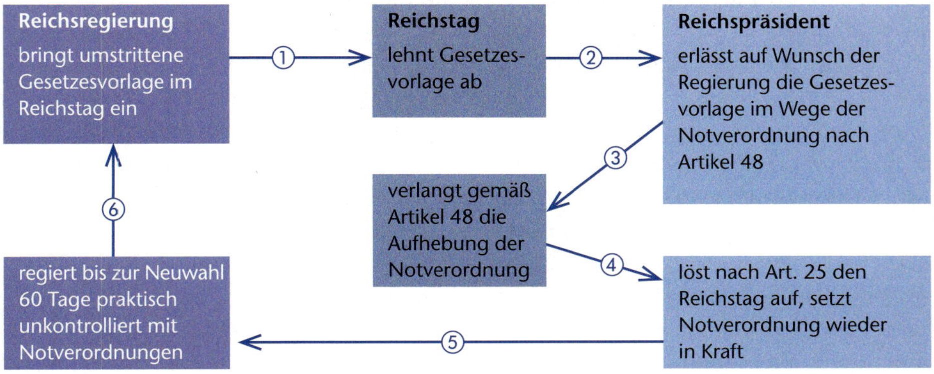

1 *Versuche, den „Teufelskreislauf", in den die deutsche Wirtschaft ab 1929 geriet, zu verdeutlichen, indem du den VT zu diesem Thema in eine Skizze umwandelst.*

2 *Beschreibe die Not der Menschen während der Krise (VT, D3, Q1, Q3, Q6).*

3 *Erkläre, welcher Zusammenhang sich zwischen Wirtschaftskrise und politischen Veränderungen erkennen lässt (Q4, Q8).*

4 *Erläutere mit Hilfe des Schaubildes (D1) und der Statistik (D4) das System der Präsidialregierungen. Inwiefern trugen sie zur Zerstörung der parlamentarischen Demokratie bei?*

5 *Beschreibe die Methoden, die die NSDAP einsetzte, um an die Regierung zu gelangen (Q2, Q5). Welche Rolle spielte dabei die Kamarilla (VT, Q7)?*

D 2 *Ergebnisse der Reichstagswahlen vom 31. Juli 1932 in %:*

	KPD	SPD	Zentrum	DVP	DNVP	NSDAP	Sonstige
Deutsches Reich	14,5	21,6	12,5	1,2	5,9	37,4	6,9
Bochum	20,8	19,2	21,8	1,2	3,9	29,4	3,7
Dortmund	27,9	23,7	18,6	1,4	4,9	19,6	3,9
Duisburg	26,9	13,6	22,4	1,2	5,8	27,5	2,6
Essen	25,1	12,7	30,7	0,7	4,0	24,0	2,8
Gelsenkirchen	29,8	13,1	24,9	1,9	4,3	23,0	3,0

D 3 *Arbeitslosigkeit in Deutschland (Jahresdurchschnitt)*

Jahr	Arbeitslose	Arbeitslosenquote
1929	1 899 000	8,5 Prozent
1930	3 076 000	14,0 Prozent
1931	4 520 000	21,9 Prozent
1932	5 603 000	29,9 Prozent

D 4 *Reguläre Gesetzgebung und Notverordnungspraxis 1930–1932*

	Gesetze	Notverordnungen	Reichstagssitzungen
1930	98	5	94
1931	34	44	41
1932	5	60	13

Q 8 *Die Bewohner der Hinterhofwohnungen in der Berliner Köpenicker Straße* treten 1932 in den Mieterstreik. – Welche Rückschlüsse auf die politischen Einstellungen der Bewohner lassen sich aus dem Foto ziehen?

10 Methode
Politische Plakate analysieren

Bei der Reichstagswahl am 31. Juli 1932 hatten sich rund 30 Parteien zur Wahl gestellt. Sie alle warben mit Wahlplakaten, die sie an Litfaßsäulen, Häuserfassaden und Bäumen anbrachten, massiv um die Gunst der Wählerstimmen. In keiner anderen Epoche hatten Plakate eine so große Bedeutung wie in der Weimarer Republik. Sie waren ein wichtiges Mittel der politischen Auseinandersetzung, denn nur gedruckte Medien boten damals die Möglichkeit, viele Menschen in Wort und Bild anzusprechen.

Für den heutigen Betrachter stellen Wahlplakate eine wertvolle Geschichtsquelle dar. Zum einen geben sie Auskunft über den politischen Standpunkt einer Partei. Zum anderen greifen die Parteien in ihren Plakaten oftmals soziale oder wirtschaftliche Probleme der Zeit auf und bieten Lösungen an. So erfährt man, was die Menschen damals bewegte, welche Ängste und Hoffnungen sie hatten.

Q 1 *Wahlplakat der NSDAP von 1932*

Q 2 *Wahlplakat der KPD aus dem Jahr 1932*

Q 3 *Wahlplakat der SPD von 1932*

Q 4 *Wahlplakat des Zentrums aus dem Jahr 1932*

Methodische Arbeitsschritte

Um Botschaft und Absicht eines politischen Plakates zu ergründen, ist es sinnvoll, dessen Wort- und Bildsprache zu analysieren:

1. Kläre die Hintergründe:
   - Von wem stammt das Plakat, an wen richtet es sich?
   - Wann und aus welchem Anlass ist es entstanden?
2. Beschreibe das Plakat genau:
   - Welche Personen, Gegenstände, Situationen sind abgebildet?
   - Wie lautet der Text des Plakates?
3. Untersuche die Gestaltungsmittel:
   - Wie sind die Personen dargestellt (Aussehen, Gesichtszüge, Körpersprache)?
   - Welche Symbole werden eingesetzt? Wofür stehen sie?
   - Welche Farben und Schriftzüge werden verwendet? Welche Wirkung wird damit erzielt?
   - Arbeitet das Plakat mit Argumenten, Gefühlen, Feindbildern?
4. Bewerte das Plakat:
   - In welcher Beziehung steht das Plakat zur damaligen politischen Situation?
   - Was will die Partei mit dem Plakat erreichen?
   - Was erfährt man durch das Plakat über die Partei und ihre Politik?

1 Analysiere die politischen Plakate mit Hilfe der methodischen Arbeitsschritte.

2 Vergleiche die Wahlplakate aus der Endphase der Weimarer Republik mit aktuellen Wahlplakaten. Worauf sind die Unterschiede zurückzuführen?

3 Liste auf, welche anderen Werbemittel Parteien heute einsetzen, um Wählerstimmen zu gewinnen.

11 Wer wählte die NSDAP?

Q 1 *„Das Firmenschild. Vor den Proleten und vor den zahlungskräftigen Kreisen“,* Karikatur aus dem „Wahren Jacob“, 1931.

Aufstieg der NSDAP zur Massenpartei

Bei der Reichstagswahl 1928 entschieden sich nur 2,6 % der Wähler für die NSDAP. Vier Jahre später konnte die Hitlerbewegung 37,4 % der Stimmen auf sich vereinigen. 13,8 Millionen Menschen hatten im Juli 1932 die NSDAP gewählt, die damit zur weitaus stärksten politischen Kraft aufstieg. Keine andere Partei in der deutschen Geschichte hat in so kurzer Zeit einen derartigen Sprung in der Wählergunst geschafft. Wie lässt sich dieser Aufstieg von einer kleinen, relativ erfolglosen Splitterpartei zur stärksten Fraktion des Reichstags erklären?

Volkspartei des Protestes

Nach dem gescheiterten Putschversuch von 1923 änderte die NSDAP ihre Taktik. Die revolutionären Bestrebungen wurden zurückgestellt, die Republik sollte von innen ausgehöhlt werden. Ziel war es, die Herrschaft im Parlament und auf der Straße zu erlangen. Dabei bemühte sich die NSDAP darum, als Partei für das ganze Volk aufzutreten und möglichst alle gesellschaftlichen Gruppen zu umwerben. Dies kam allein schon in der Namensgebung der Partei zum Ausdruck: Während das „N“ Konservative aus dem bürgerlichen Lager ansprechen sollte, zielte das „S“ darauf ab, traditionelle Wähler der Arbeiterparteien zu gewinnen. Mit Hilfe einer Propaganda, die für jede Sozialschicht spezielle „Heilsbotschaften“ bereithielt, gelang es der NSDAP, Menschen ganz unterschiedlicher Herkunft zu einen: Den Arbeitslosen versprach die NSDAP Arbeit und Brot, dem Mittelstand nahm sie die Furcht vor dem sozialen Abstieg, der Oberschicht versicherte sie Schutz vor der kommunistischen Gefahr, dem Militär gab sie die Hoffnung auf eine neue große Armee. Beharrlich schürte die NSDAP in der Bevölkerung das Feuer aus Angst und Unzufriedenheit. Hitler wurde zum Heilsbringer aufgebaut, seine Bewegung zur Sammelpartei des sozialen und wirtschaftlichen Protestes.

Zwischen Attraktivität und Immunität

Insbesondere junge Menschen fühlten sich von der NSDAP angezogen. Für sie stellte die Partei, die sich besonders dynamisch und aggressiv gab, eine Art Aufbruchsbewegung in eine bessere Zukunft dar. 1933 war fast jedes zweite Parteimitglied zwischen 18 und 30 Jahre alt. Als einigermaßen immun gegenüber den nationalsozialistischen Versprechungen erwiesen sich hingegen Katholiken und Kommunisten, die ihren angestammten Parteien zumeist die Treue hielten. Offensichtlich verfügten das katholische Zentrum und die KPD über eine stärkere Bindekraft zu ihren Wählern als die übrigen Parteien.

Unter dem Stichwort „Reichstagswahlen“ findest du auf der Internetseite www.dhm.de/lemo/suche/index.html Statistiken und Diagramme zur Entwicklung der einzelnen Parteien zwischen 1919 und 1933.

Q2 *Der Journalist Helmut von Gerlach kommentiert in einem Zeitungsartikel vom 6. Oktober 1930 den Erfolg der NSDAP bei den Septemberwahlen:*

Die Welt zerbricht sich den Kopf darüber, worauf die Verneunfachung der Hitlerstimmen zurückzuführen ist. (...) „Deutschland hat drei Millionen Arbeitslose, sie haben fast sämtlich nationalsozialistisch gewählt. Ergo." So konnte man wörtlich in Paris und anderswo lesen.

Irrtum! Von den drei Millionen Erwerbslosen hat nur ein verschwindend geringer Prozentsatz Hitler seine Stimme gegeben. Diese drei Millionen stellen vielmehr das Gros der kommunistischen Wähler dar. (...) Die Arbeitslosen waren also nicht die Hauptwähler Hitlers. Wohl aber ist richtig, dass die Wirtschaftskrisis, deren äußeres Symptom die riesenhafte Arbeitslosigkeit ist, die Grundlage des hitlerischen Sieges war. Die Hitlerwähler setzen sich aus zwei Kategorien zusammen: einer kleinen Minderheit von Nationalsozialisten, die auf das Hakenkreuz eingeschworen sind, und einer riesigen Mehrheit von Mitläufern.

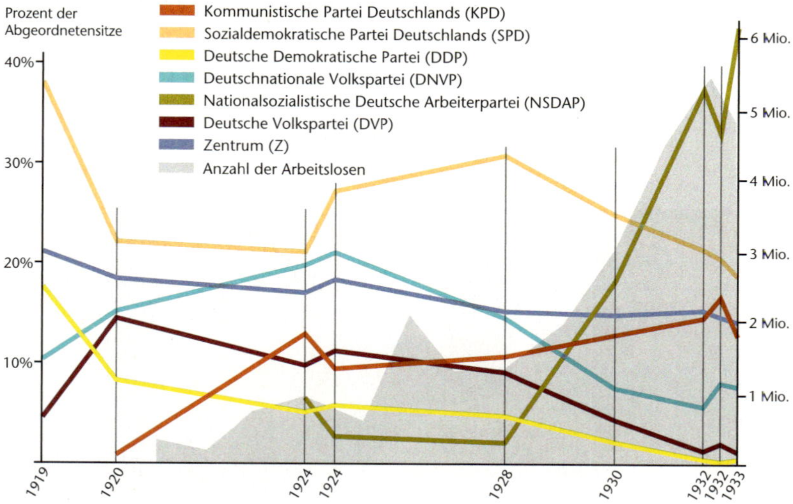

D1 *Entwicklung der Parteien bei den Reichstagswahlen*

D2 *Die soziale Zusammensetzung der NSDAP-Wählerschaft nach Berufsgruppen.*
1932J = Juli; *1932N* = November; *Alle* = Anteil der Berufsgruppe an allen Wahlberechtigten; *Berufslose* = davon ca. 90 % Rentner und Pensionäre (1933);
Lesebeispiel: 26 % der NSDAP-Wähler im Jahre 1928 gehörten zur Berufsgruppe der Selbstständigen und mithelfenden Familienangehörigen, 1933 waren es 31 %. Der Anteil dieser Berufsgruppe an allen Wahlberechtigten lag in diesem Zeitraum bei 24 %.

	1928	1930	1932J	1932N	1933	Alle
Selbstständige/Mithelfende	26	27	31	30	31	24
Angestellte/Beamte	12	13	11	12	12	15
Arbeiter	30	26	25	26	26	32
Berufslose	13	17	17	17	16	13
Hausfrauen usw.	17	17	16	16	16	17

D3 *Der Wahlerfolg von NSDAP und KPD in Gebieten mit extrem hoher und extrem niedriger Arbeitslosigkeit*

Kreis / Bezirksamt	Arbeitslose	NSDAP 1930	NSDAP 1932J	NSDAP 1933	KPD 1932N
Neustadt b. Coburg	30	37	45	48	13
Berlin-Wedding	26	8	16	23	39
Berlin-Friedrichshain	26	9	18	25	35
Bochum (Stadt)	25	16	26	33	20
Nördlingen (Land)	2	10	43	55	1
Königshofen / Grabfeld	2	18	37	52	1
Gerabronn	2	12	46	64	2
Rothenburg / T. (Land)	2	29	76	79	0

1 Worauf führt der Karikaturist (Q1) den Wahlerfolg der Nationalsozialisten zurück?

2 Historiker haben den Aufstieg der NSDAP in der Weimarer Republik unterschiedlich erklärt. Überprüfe mit Hilfe der Materialien folgende Theorien:

- *Die NSDAP ist fast ausschließlich von Angehörigen der Mittelschicht gewählt worden (VT, D2).*
- *Die Wirtschaftskrise hat die Arbeitslosen in die Arme der NSDAP getrieben (D1, D3, Q2).*
- *Durch den Niedergang der Wirtschaft und die Massenarbeitslosigkeit verloren viele Menschen das Vertrauen in das Weimarer System und wählten aus Protest die NSDAP (VT, D1, Q2).*

12 Warum scheiterte die erste deutsche Demokratie?

Auf der Suche nach Gründen

Mit der nationalsozialistischen Machtübernahme am 30. Januar 1933 war die Weimarer Republik gescheitert. Vorausgegangen waren ihr Kaiserreich und Monarchie, abgelöst wurde sie nun von einer faschistischen Diktatur. Nicht einmal 15 Jahre hatte die erste deutsche Demokratie Bestand gehabt. In dieser kurzen Zeit verschliss die Republik 20 Regierungen mit einer Durchschnittsdauer von 8 Monaten. 4 von ihnen überstanden nicht einmal die ersten 100 Tage. 12 Reichskanzler versuchten in insgesamt 8 Koalitionsvarianten, die Geschicke der Republik zu lenken. Allein diese Zahlen lassen erahnen, wie instabil und zerrüttet das politische Leben in den Weimarer Jahren war. Nicht zuletzt deshalb konnte die NS-Diktatur errichtet werden, durch die Millionen Menschen auf der Welt Krieg und Massenmord erlitten. Was waren die Gründe für das Scheitern, welche Fehler wurden gemacht? Das fragten sich Zeitgenossen und Historiker immer wieder und führten dabei bis heute verschiedene Ursachen an. Aus der Vielzahl von Büchern zu diesem Thema findest du im Standpunkte-Teil zwei unterschiedliche Positionen.

Q 1 *„Stützen der Gesellschaft"?:*
Viele Historiker sehen in der Ablehnung der republikanischen Staatsform durch breite Teile der Bevölkerung eine der Hauptursachen für das Scheitern der Weimarer Republik. Sie prägten deshalb das Schlagwort von der „Republik ohne Republikaner". Der Künstler George Grosz porträtierte in seinem Gemälde „Stützen der Gesellschaft" aus dem Jahr 1926 die gesellschaftlichen Kräfte, die in der Weimarer Republik einen großen Einfluss hatten. – Ordne die abgebildeten Figuren der Gesellschaft den Bereichen Kirche, Presse, Parlament, Justiz und Militär zu. Welche Grundhaltung der Gruppen zur Republik kommt auf dem Bild zum Ausdruck?

Standpunkte: Wie kam es zum Untergang der Weimarer Republik?

D 1 *Karl Dietrich Erdmann (1973):*

Durch den Bruch der Großen Koalition am 27. März 1930 schaltete der deutsche Reichstag sich selber aus. Damals waren von 491 Abgeordneten nur 12 Nationalsozialisten und 54 Kommunisten. Der Parlamentarismus der Weimarer Republik ist nicht von außen zu Fall gebracht worden. Er ging an sich selber zugrunde, als die Flügelparteien der Großen Koalition nicht mehr die Kraft und den Willen aufbrachten, über den widerstreitenden Interessen der hinter ihnen stehenden Gruppen eine zum Kompromiss fähige (...) Staatsgesinnung zur Geltung zu bringen. (...)

Erst in dem Machtvakuum, das durch das Versagen der Parteien der Großen Koalition geschaffen wurde, konnte sich die Präsidialgewalt, gestützt auf die Reichswehr, entwickeln. Die Geschichte der Präsidialregierungen zeigte, dass es zum Parteienstaat schließlich nur die Alternative der Diktatur einer Partei gab. Es war eine Illusion zu glauben, dass sich in der Person des Staatsoberhauptes ein überparteilicher Staatswille verkörpere. Unter den Bedingungen des Parteienstaates konnte der Staatswille sich nicht anders artikulieren [äußern] als dadurch, dass die (...) Interessengruppen sich zum Interessenausgleich bereit und fähig zeigten. Das Versagen der demokratischen Parteien vor dieser Aufgabe machte den Weg frei für Hitler.

Q 2 *„Der Reichstag wird eingesargt.“*, Collage von John Heartfield, 1932.

D 2 *Eberhard Kolb (2002):*

Gewiss war die erste deutsche Republik im Ergebnis der Gründungsphase mit einer fundamentalen Schwäche behaftet. In ihrer 1919 konstituierten konkreten Gestalt wurde die parlamentarische Demokratie nur von einer Minderheit der Bevölkerung wirklich akzeptiert und mit kämpferischem Elan verteidigt, breite Bevölkerungsschichten verharrten in Distanz, Skepsis und offener Ablehnung, bereits im Verlauf der Gründungsphase organisierten sich auf der politischen Rechten und der äußersten politischen Linken die antidemokratischen Kräfte zum Kampf gegen die Republik. Unter diesen Umständen muss es als ein kleines Wunder – und als eine beachtliche Leistung – gelten, dass es den republikanischen Politikern gelang, die Weimarer Demokratie durch die von komplexen innen- und außenpolitischen Gefährdungen erfüllten Anfangsjahre hindurchzuretten und schließlich einen bemerkenswerten Grad von politischer und wirtschaftlicher „Normalisierung“ zu erreichen. (...)

Mit dem Übergang zum Präsidialsystem wurde eine Abwendung von der parlamentarischen Regierungsweise vollzogen und die Position gerade der republiktreuen und staatsbejahenden Kräfte empfindlich geschwächt, (...) sodass die extrem nationalistische und demokratiefeindliche NSDAP jenen Auftrieb erhielt, der sie zur Massenbewegung machte. Aber trotz aller Erfolge bei der Massenmobilisierung und an den Wahlurnen war die NSDAP nur deshalb schließlich siegreich, weil die alten Eliten in Großlandwirtschaft und Industrie, Militäraristokratie und Großbürgertum zur autoritären Abkehr von Weimar entschlossen waren und glaubten, die nationalsozialistische Massenbewegung für sich benutzen zu können.

1 *Stelle die in den beiden Texten genannten Gründe für den Untergang von Weimar tabellarisch gegenüber.*

2 *Nimm Stellung zu den Aussagen der Historiker. Welche Position erscheint dir überzeugender?*

3 *Sammelt in der Klasse weitere Punkte, die zum Scheitern der ersten deutschen Demokratie beigetragen haben könnten.*

13 Abschluss
Die Zwischenkriegszeit im Spiegel von Karikaturen

In den 1920er- und 1930er-Jahren hatten politische Karikaturen in aller Welt Hochkonjunktur. Mit spitzer Feder kommentierten die Zeichner wichtige Ereignisse der Zwischenkriegszeit und spiegelten so den Zeitgeist der Epoche. Wenn du die einzelnen Karikaturen auf diesen Seiten analysierst, entsteht ein Gesamtbild jener Jahre.

Q 1

Geschichtlicher Zusammenhang:

Q ___ *Der Versailler Vertrag stellte eine schwere Bürde für die junge Republik dar. Staatsfeindliche Parteien gewannen mit ihrem Versprechen, den „Schandfrieden" aufzuheben, viele Sympathien.*

Q ___ *In der Endphase der Weimarer Republik bestimmten die Präsidialkabinette die Politik. Die Reichskanzler Brüning, von Papen und von Schleicher regierten ohne parlamentarische Mehrheit. Sie waren von der Gunst des Reichspräsidenten abhängig.*

Q ___ *In der Endphase der Republik folgten immer mehr Menschen den Versprechungen der Nationalsozialisten. Der Weg in die Diktatur war der Weg in die Katastrophe.*

Q ___ *Ungeliebte Republik: Die Mehrheit der Weimarer Gesellschaft empfand die parlamentarische Demokratie als ein von den Siegermächten des Ersten Weltkrieges aufgezwungenes Übel.*

Q 2

Texte:

Q ___ ***„Sie tragen die Buchstaben der Firma – wer aber trägt den Geist?"***
Karikatur von Th. Th. Heine, 1927.

Q ___ ***„Versailles – Auch Sie haben noch ein Selbstbestimmungsrecht: Wünschen Sie, dass Ihnen die Taschen vor oder nach dem Tode ausgeleert werden?"***
Karikatur von Th. Th. Heine, 1919. Dargestellt sind die Staatschefs David Lloyd George (Großbritannien), Georges Clemenceau (Frankreich) und Woodrow Wilson (USA).

Q ___ ***„Das Verhängnis"***
Zeichnung von A. Paul Weber, 1932.

Q ___ ***„Deutsche Zauberwerke AG – Kein Grund zum Verzagen, solange noch Kanzler am laufenden Band produziert werden."***
Karikatur von Karl Arnold, 1933.

1 *Füge zunächst Zeichnungen und Texte zusammen, sodass die Originalkarikaturen entstehen.*

2 *Ordne dann die Karikaturen in den jeweiligen geschichtlichen Zusammenhang ein.*

3 *Analysiere anschließend die einzelnen Karikaturen. (Tipp: Im Methodenglossar auf S. 162 findest du hierzu Hilfestellungen.) Nutze dein Wissen über die Zwischenkriegszeit für deine Analyse.*

Q 3

Q 4

Machtausdehnung des Deutschen Reiches
vom Regierungsantritt Hitlers bis Kriegsbeginn (1933–31.8.1939)

- Deutsches Reich 1933–1937
- Januar 1935: Wiedereingliederung des Saarlandes nach Abstimmung der Bevölkerung
- 1935: Besetzung der entmilitarisierten Rheinlandzone
- März 1938: Eingliederung Österreichs
- Grenze der Tschechoslowakei bis März 1938
- Oktober 1938: Eingliederung des Sudetenlandes
- März 1939: Besetzung und Annexion Böhmens und Mährens
- März 1939: Annexion des Memellandes
- Grenze der Slowakei seit November 1938 bzw. März 1939
- Grenze des Deutschen Reiches am 31.8.1939

0 100 200 300 km

1933

Die Nationalsozialisten übernehmen die Macht.

1935

Die „Nürnberger Gesetze“ grenzen Juden aus der Gesellschaft aus.

1938

In der Pogromnacht werden jüdische Bürger misshandelt, terrorisiert und ermordet.

Der Nationalsozialismus

Zwölf Jahre dauerte die nationalsozialistische Diktatur in Deutschland. Jahre, die geprägt waren von Krieg, Terror und Völkermord. Von Anfang an strebten die Nationalsozialisten nach Machtausdehnung (siehe Karte). Dies führte zum Weltkrieg, in dem Millionen Menschen ihr Leben ließen. Juden und andere Minderheiten wurden von den Nationalsozialisten systematisch ausgegrenzt, verfolgt und schließlich vernichtet.
Wie konnte es zu dieser Schreckensherrschaft in Deutschland kommen? Wie gelang es den Nationalsozialisten, so viele Anhänger unter den Deutschen zu gewinnen? Und warum wehrten sich so wenig Menschen gegen die nationalsozialistischen Verbrechen?

Deportation einer jüdischen Familie in ein Vernichtungslager, 1942

1939

Mit dem Einmarsch in Polen löst Deutschland den Zweiten Weltkrieg aus.

ab 1941

Beginn des Völkermords, Deportationen von Juden in Vernichtungslager

1944

Stauffenbergs Attentat auf Hitler scheitert.

1945

Kapitulation: Ende des Zweiten Weltkriegs und der NS-Herrschaft

1 Spuren der NS-Vergangenheit

Q1 *Das Holocaust-Mahnmal in unmittelbarer Nähe des Reichstagsgebäudes in Berlin.* Das Mahnmal ist begehbar und besteht aus 2700 Betonstelen. Dazu gehört ein unterirdischer „Ort der Informationen".

Gedenken – aber wie?

Von 1933 bis 1945 errichteten die Nationalsozialisten eine Schreckensherrschaft. Erst mit der Niederlage im Zweiten Weltkrieg fand der Terror des NS-Regimes ein Ende. Das Kapitel des Nationalsozialismus in Deutschland war damit jedoch nicht abgeschlossen. Fragen taten sich auf, über die bis heute gestritten wird: Warum hatten die Deutschen solch ein Unrechtsregime in ihrem Land geduldet, ja sogar unterstützt? Warum hatten so viele Menschenrechtsverletzungen, Terror und Völkermord tatenlos hingenommen? Kurz nach dem Krieg scheuten die meisten Deutschen die Antwort auf solche Fragen. Sie wollten die NS-Diktatur möglichst schnell vergessen. Zu groß waren die Scham und das Entsetzen über die begangenen Verbrechen.

Bis heute ist der Prozess der Auseinandersetzung mit dem Unrecht der NS-Herrschaft nicht abgeschlossen. Dabei geht es auch um die Frage des angemessenen Gedenkens der Opfer. 1996 erklärte der damalige Bundespräsident Roman Herzog den 27. Januar zum Tag des Gedenkens an die Opfer des Nationalsozialismus. An diesem Tag hatten 1945 sowjetische Truppen das Konzentrations- und Vernichtungslager Auschwitz befreit. 1999 entschied der Bundestag, in Berlin ein Mahnmal für die Opfer des Holocaust (dieser Begriff bezeichnet den Völkermord an den Juden zur Zeit des Nationalsozialismus) zu errichten. Die Debatte, die dieser Entscheidung vorausging, hatte mehr als 10 Jahre gedauert. Sie zeigt, wie schwierig für die Deutschen nach wie vor das Thema der Auseinandersetzung mit ihrer NS-Vergangenheit ist. Im Mai 2005, also 60 Jahre nach dem Ende der Nazi-Herrschaft, wurde das Mahnmal offiziell eingeweiht.

Gefahr von rechts

Schon lange vor der Einweihung des Mahnmals wurden Stimmen laut, die eine Beschädigung des Denkmals durch Rechtsextremisten befürchteten. Nach wie vor gibt es in Deutschland rechtsradikale Gruppen und Parteien, die ähnliche Ziele wie die Nationalsozialisten verfolgen. Rassismus, Ablehnung der Demokratie, hohe Gewaltbereitschaft, ein überzogener Nationalismus und ausgeprägte Ausländerfeindlichkeit kennzeichnen die Einstellung der Neonazis. Manche von ihnen leugnen sogar, dass es einen Holocaust gegeben hat. Auch wenn es nach Kriegsende nie einer rechtsextremen Partei gelungen ist, in der Bundespolitik Fuß zu fassen, konnten sie bei manchen Landtagswahlen die 5-Prozent-Hürde überspringen.

Seit ein paar Jahren versuchen die Neonazis verstärkt, Nachwuchs unter Jugendlichen zu ködern. Kostenlos verteilen die Rechtsextremen Musik-CDs vor deutschen Schulen, um auch unpolitische Jugendliche „einzufangen". Die menschenverachtenden Texte predigen Hass und Gewalt und schimpfen auf eine angeblich „antideutsche Geschichtsschreibung".

Q2 *Paul Spiegel, der Vorsitzende des Zentralrats der Juden in Deutschland, im Jahr 2005 über den Umgang mit der NS-Vergangenheit:*

Es kann keine Rede davon sein, dass Menschen, die während des Holocaust oder danach geboren sind, mit irgendeiner Schuld in Zusammenhang stehen. Aber dieser Personenkreis trägt dennoch eine Verantwortung. Nicht für die Vergangenheit und für das, was damals geschehen ist. Diese Menschen tragen Verantwortung für die Gegenwart und die Zukunft. Denn ohne die Kenntnisse dessen, was gewesen ist, kann es eine verantwortungsbewusste Zukunft nicht geben.

Q3 *Hajo Funke, Professor für Politik und Kultur, zu der rechtsextremen Partei NPD:*

Die NPD ist eine lange Zeit unterschätzte, braune Gefahr gewesen. Man hat nicht mal geglaubt, dass sie eine neonazistische Partei ist. Erst mit dem Erfolg im Jahre 2004 im Landtag von Sachsen ist man aufgeschreckt. 200 000 Menschen haben der Partei ihre Stimme gegeben. In den Hochburgen der NPD entsteht geradezu ein Klima der Angst: Gewaltbereite, rechte Jugendliche bedrohen dort ausländische Mitbürger sowie die, die eine andere politische Einstellung haben. Problematisch ist vor allem, dass die NPD die Perspektivlosigkeit vieler junger Menschen ausnutzt – und so in den Jugendkulturen Fuß fassen konnte.

Q4 *In dem Buch „Was bleibt von der Vergangenheit?" schildert die 17-jährige Sue eine Begegnung mit zwei Neonazis in der S-Bahn:*

Mit einem lauten Plauz lassen sie die S-Bahntüren auseinander krachen, senden starre giftige Blicke in die Gegend und beginnen, den Gang entlangzuschreiten. Ihre Schuhe krachen Viervierteltakt auf den Boden. Niemandem blicken sie wirklich ins Gesicht. (...) Sie setzen sich mir gegenüber. Der größere mit der grünen Jacke stößt sein Knie unwirsch an meinem, und es knistert in der Luft. (...) „Na ... Zecke!", zischt er leise und lässt mich zusammenzucken. Ich denke an den unsicheren, gebrochenen Blick; er weiß von meiner Angst. (...) „Hi", sage ich und lächle. „Haste was zu melden?" (...) „Das heißt nicht ‚Hi', das heißt ‚Heil'. Oder haste da mal irgendwo nicht aufgepasst?" (...) Wo soll ich denn nicht aufgepasst haben? Ich glaube, der irrt sich in der Zeit. (...) Einfach wäre es, jetzt „Heil Hitler" zu sagen und dann in Ruhe gelassen zu werden. Aber nein, einfach wäre es keineswegs; ich würde mich mies fühlen und mir ins Gesicht spucken wollen. Sie sind kräftig, gefährlich und im Unrecht, aber ich sehe es nicht ein, wegen ihnen einem Diktator Heil zu wünschen, der Millionen von Menschen auf dem Gewissen hat. (...) Ich will nicht aufgeben, will protestieren. Der Protest und der Widerstand gegen neue nationalsozialistische Strukturen – ist das nicht alles, was meine Generation leisten kann? (...) Andere setzen Mahnmale und bauen Gedenkstätten, und ich ... ja, ich weigere mich halt, ‚Heil Hitler' zu grüßen. Der vielleicht dümmste Widerstand auf Erden, aber es geht nicht anders. (...) Es steht nicht in meiner Macht, glatzköpfige Idioten zu ändern, natürlich nicht. Aber ich kann ihnen so wenig Macht wie möglich zugestehen und ihnen einfach nicht nachgeben. Verdammt noch mal, nicht den Kopf in die Zeitung stecken, sondern ihnen kühn in die Augen sehen!

Q5 *Neonazis vor dem Brandenburger Tor,* Foto, Januar 2000

1 Überlegt und diskutiert, warum die nationalsozialistische Vergangenheit gern verdrängt wird.

2 „Ist es richtig, am Denkmal für die ermordeten Juden Europas ein Richtfest zu feiern?" fragte eine Berliner Senatorin anlässlich einer offiziellen Feier. Was meinst du?

3 Lies Q2. Welche Meinung hat der Autor zum Umgang mit der NS-Vergangenheit?

4 Diskutiert das Verhalten von Sue in Q4. Was würdet ihr in einer solchen Situation tun?

5 Überlege, warum Neonazis versuchen, vor allem Jugendliche zu gewinnen.

6 Erkundige dich, welche Gedenkstätten oder Mahnmale zur NS-Vergangenheit es in deiner Region gibt. Wähle einen Ort aus und stelle ihn deiner Klasse vor.

2 Kam Hitler legal an die Macht?

Q1 *„Der 30. Januar 1933"*, Gemälde von Arthur Kampf (1938); Fackelzug durch das Brandenburger Tor anlässlich der Machtübernahme Hitlers. – Welchen Eindruck vom Geschehen will der Maler beim Betrachter erzeugen?

SA
(Abkürzung für Sturm-Abteilung)
Die SA war die Parteiarmee der NSDAP. Sie zählte 1932 rund 400000 braun uniformierte Mitglieder – meist arbeitslose, unzufriedene junge Männer, die bereit waren jederzeit Gewalt anzuwenden.

Reichskanzler Hitler

Am Abend des 30. Januar 1933 fand in Berlin ein gewaltiger Fackelzug statt: Die Nationalsozialisten feierten die Ernennung Hitlers zum Reichskanzler. Einflussreiche Personen aus Politik, Wirtschaft, Adel und Reichswehr hatten Reichspräsident Hindenburg so zugesetzt, dass dieser zustimmte und Hitler zum Reichskanzler ernannte. Diese konservativen Kreise glaubten, Hitler kontrollieren, ja sogar „zähmen" zu können. Hitler war zwar der Führer der stärksten Partei im Reichstag (Novemberwahl 1932: 33,1 % für die NSDAP), doch in der neuen Regierung gab es neben ihm nur zwei weitere Nationalsozialisten als Minister. Hitler aber wollte die ganze Macht. Er setzte für den 5. März Neuwahlen an. Dort wollte er die absolute Mehrheit für die NSDAP erreichen.

Der Reichstagsbrand und seine Folgen

In der Nacht vom 27. auf den 28. Februar 1933 brannte das Reichstagsgebäude in Berlin. Die Nationalsozialisten machten die Kommunisten dafür verantwortlich und schürten die Furcht vor einem kommunistischen Aufstand. Mit Zustimmung des Reichspräsidenten wurde eine von den Nationalsozialisten vorbereitete Notverordnung erlassen. Diese setzte wichtige Grundrechte der Weimarer Verfassung außer Kraft. Die so genannte „Reichstagsbrandverordnung" blieb bis 1945 in Kraft. Sie war die Grundlage des NS-Terrors: Unliebsame politische Gegner wurden nun verhaftet, Zeitungen verboten, die Versammlungs- und Meinungsfreiheit eingeschränkt. Die SA konnte ungestört den Wahlkampf anderer Parteien behindern. Trotzdem verfehlte die NSDAP bei den Wahlen mit 43,9 % die absolute Mehrheit.

Entmachtetes Parlament

Noch war Hitlers Macht nicht unbeschränkt. Die Nationalsozialisten wollten deshalb den Reichstag ausschalten. Am 23. März legte Hitler dem Parlament ein „Gesetz zur Behebung der Not von Volk und Staat" vor. Dieses so genannte „Ermächtigungsgesetz" sah für die Regierung Hitler das Recht vor, Gesetze ohne Zustimmung des Parlaments zu erlassen. Allerdings war dazu eine Zweidrittelmehrheit im Reichstag notwendig. Schon Tage vor der Abstimmung warben die Nationalsozialisten mit Terror und Drohungen für das Gesetz. SA-Männer verhafteten in der Funktion von Hilfspolizisten willkürlich politische Gegner.
Am Tag der Abstimmung selbst war das Parlamentsgebäude von SA-Leuten umstellt. Die Drohkulisse verfehlte ihre Wirkung nicht: Zwei Drittel der Abgeordneten sprachen sich für das Gesetz aus. Nur die SPD stimmte dagegen. Die Abgeordneten der KPD konnten an der Sitzung nicht teilnehmen, da sie bereits verhaftet oder auf der Flucht vor den Nazis waren. Das Parlament war damit entmachtet: Gesetze konnten künftig ohne Zustimmung des Reichstags beschlossen werden.

Q2 *Aus der „Verordnung des Reichspräsidenten zum Schutz von Volk und Staat" vom 28. Februar 1933:*

§1 Es sind daher Beschränkungen der persönlichen Freiheit, des Rechts der freien Meinungsäußerung, einschließlich der Pressefreiheit, des Vereins- und Versammlungsrechts, Eingriffe in das Brief-, Post- und Fernsprechgeheimnis, Anordnungen von Hausdurchsuchungen und von Beschlagnahme sowie Beschränkungen des Eigentums auch außerhalb der sonst hierfür bestimmten gesetzlichen Grenzen zulässig.

Q3 *Die Abstimmung über das „Ermächtigungsgesetz".*

a) Otto Wels spricht für die SPD:

Freiheit und Leben kann man uns nehmen, die Ehre nicht. Nach den Verfolgungen, die die Sozialdemokratische Partei in der letzten Zeit erfahren hat, wird billigerweise niemand von ihr verlangen oder erwarten können, dass sie für das hier eingebrachte Ermächtigungsgesetz stimmt. Die Wahlen vom 5. März haben den Regierungsparteien die Mehrheit gebracht und damit die Möglichkeit gegeben, streng nach Wortlaut und Sinn der Verfassung zu regieren. Wo diese Möglichkeit besteht, besteht auch die Pflicht. Kritik ist heilsam und notwendig. Noch niemals, seit es einen Deutschen Reichstag gibt, ist die Kontrolle der öffentlichen Angelegenheiten durch die gewählten Vertreter des Volkes in solchem Maße ausgeschaltet worden, wie es jetzt geschieht, und wie es durch das neue Ermächtigungsgesetz noch mehr geschehen soll.

b) Aus der Regierungserklärung Hitlers vor der Abstimmung zum „Ermächtigungsgesetz":

Es würde dem Sinn der nationalen Erhebung widersprechen, (...) wollte die Regierung sich für ihre Maßnahmen von Fall zu Fall die Genehmigung des Reichstages erhandeln oder erbitten. Die Regierung wird dabei nicht von der Absicht getrieben, den Reichstag als solchen aufzuheben, im Gegenteil, sie behält sich auch in Zukunft vor, ihn von Zeit zu Zeit über ihre Maßnahmen zu unterrichten oder aus bestimmten Gründen, wenn zweckmäßig, auch seine Zustimmung einzuholen (...). [Die Regierung] bietet den Parteien des Reichstags die Möglichkeit einer ruhigen Entwicklung (...). Mögen Sie, meine Herren, nunmehr selbst die Entscheidung treffen über Frieden oder Krieg.

Q4 *Aus dem Ermächtigungsgesetz vom 23. März 1933:*

Artikel 1 Reichsgesetze können (...) auch durch die Reichsregierung beschlossen werden.

Artikel 2 Die von der Reichsregierung beschlossenen Reichsgesetze können von der Reichsverfassung abweichen.

Artikel 3 Die von der Reichsregierung beschlossenen Reichsgesetze werden vom Reichskanzler ausgefertigt und im Reichsgesetzblatt verkündet.

Q5 *Joseph Goebbels, Reichsminister für Volksaufklärung und Propaganda, erklärt in seinem Buch 1934:*

Wir Nationalsozialisten haben niemals behauptet, dass wir Vertreter eines demokratischen Standpunktes seien, sondern wir haben offen erklärt, dass wir uns demokratischer Mittel nur bedienen, um die Macht zu gewinnen.

1 *Erkläre, welche Folgen der Reichstagsbrand für den Wahlkampf und die Abschaffung der Demokratie hatte (VT, Q2).*

2 *Fasse die Aussagen von Wels und Hitler (Q3a, Q3b) in eigenen Worten zusammen und vergleiche sie. Was stellst du fest?*

3 *Erläutere die Auswirkungen des Ermächtigungsgesetzes für die Regierung und für die Opposition (VT, Q4).*

4 *Diskutiert, welcher der Begriffe für Hitlers Regierungsantritt am besten passt:*
- *Machtergreifung*
- *Machterschleichung*
- *Machtübertragung*

5 *Kam Hitler legal an die Macht? Nimm Stellung zur Überschrift dieser Doppelseite.*

Q6 *Wer den Brand gelegt hat, weiß man bis heute nicht genau.*
– Welche Wirkung sollte das Plakat vom 29. Februar 1933 erzielen?

3 Auf dem Weg in den Führerstaat

Q1 *Die SA marschiert.* Die Aufmärsche sollten Stärke und Entschlossenheit zeigen und politischen Gegnern Furcht einflößen. Nach der „Gleichschaltung" wurde die SA von Hitler entmachtet.

SS
(Abkürzung für Schutzstaffel)
Sie stand als Leibwache und Elitetruppe zur persönlichen Verfügung Hitlers. Nach der Entmachtung der SA beherrschte sie unter Führung Heinrich Himmlers die gesamte Polizei.

Ausschaltung der Opposition

Das Ermächtigungsgesetz gab Hitler beim Aufbau seiner Diktatur freie Hand. Ohne Kontrolle des Parlaments schufen die Nationalsozialisten einen Staat, in dem sich alles dem „Willen des Führers" unterzuordnen hatte. Für anderes Denken oder gar eine Opposition sollte im künftigen „Führerstaat" kein Platz mehr sein. In diesem Sinne wurden wichtige Bereiche des Staates und der Gesellschaft „gleichgeschaltet". Einer der ersten Schritte auf diesem Weg war das „Gesetz zur Wiederherstellung des Berufsbeamtentums" vom April 1933. Es erlaubte die Entlassung missliebiger Beamter. Im gleichen Monat beseitigte das „Gesetz zur Gleichschaltung der Länder mit dem Reich" die bisherige Eigenständigkeit der Länder.
Auch die Arbeiterbewegung blieb nicht verschont. Anfang Mai wurden sämtliche freien Gewerkschaften zerschlagen. Leichtes Spiel hatten die Nationalsozialisten mit den politischen Parteien: Die meisten lösten sich selbst auf oder traten gar der NSDAP bei, die SPD wurde im Juni 1933 verboten. Im Gesetz gegen die Neubildung von Parteien vom 14. Juli wurde die NSDAP schließlich zur einzigen politischen Partei in Deutschland erklärt.

Morde vollenden die Diktatur

Nach der Ausschaltung jeglicher Opposition drohte der NSDAP nun lediglich Gefahr aus den eigenen Reihen. Grund dafür war ein Konflikt zwischen SA und Reichswehr. Der Führer der SA, Ernst Röhm, wollte die Reichswehr mit der bewaffneten Parteiarmee unter seiner Führung „gleichschalten". Dies lehnte die Reichswehrführung strikt ab. Hitler brauchte aber die Reichswehr für seine Aufrüstungspläne. So schlug er sich in diesem Streit auf die Seite der Generale und ließ im Morgengrauen des 30. Juni 1934 Röhm und andere wichtige SA-Führer verhaften und ohne Gerichtsurteil ermorden. Dabei schaltete Hitler auch andere politische Gegner aus.

Führer und Reichskanzler

Als am 2. August 1934 Reichspräsident Hindenburg starb, ernannte Hitler sich selbst als „Führer und Reichskanzler" zum Staatsoberhaupt. Mit diesem Amt übernahm er auch den Oberbefehl über die Wehrmacht, die auf seine Person vereidigt wurde. Innerhalb weniger Monate hatten die Nationalsozialisten in Deutschland eine Diktatur errichtet und jegliche Opposition ausgeschaltet.

Q2 *„Gleichschaltung" auf allen Gebieten,* Schild bzw. Schmuckblatt des Deutschen Roten Kreuzes. Das Hakenkreuz wurde zum Symbol des NS-Staates.

Q3 *Ernst Niekisch, ein sozialistisch orientierter Schriftsteller, der 1937 verhaftet und zu lebenslänglichem Zuchthaus verurteilt wurde, schrieb 1935:*

Der Punkt, an dem der Hebel ansetzt, welcher den Menschen gleichschaltet, ist die Existenzfrage. Wenn der Mann nicht richtig liegt, bekommt er kein Futter mehr. Unverhüllter wurde noch niemals auf den Magen gedrückt, um die richtige Gesinnung herauszupressen. Der Beamte zittert um Gehalt und Versorgung. (…) Angestellten und Arbeitern erging es nicht besser; sie verloren die Arbeitsplätze, wenn ihr Eifer der Gleichschaltung enttäuschte. Entzog sich ein Arbeiter dem anbefohlenen Aufmarsch, wurde er fristlos entlassen: Er war als Staatsfeind nicht würdig, wirtschaftlich geborgen zu sein. (…) Wurden sie [die freien Berufe wie Architekten, Ärzte, Rechtsanwälte; Gewerbetreibende, Handwerker und Kaufleute] aus ihrer Berufskammer entfernt, war ihnen das Recht auf Berufsausübung genommen; sie waren brotlos und ins wirtschaftliche Nichts verstoßen. Die nationalsozialistische Weltanschauung zog ihre überzeugende Kraft aus der Sorge um den Futterplatz; weil der nationalsozialistische Herr den Brotkorb monopolisiert hatte [weil er alleiniger Arbeitgeber war], sang jedermann sein Lied.

Q4 *In einem Bericht des Regierungspräsidenten von Schwaben vom August 1933 heißt es:*

Ein größerer Teil der Bevölkerung hat allzu schnell und offenkundig die Farbe gewechselt, um mit Sicherheit sagen zu können, dass sie aus innerster Überzeugung hinter der nationalen Regierung steht. Da Denuntiantentum und Schutzhaft [Verhaftung politisch Andersdenkender] gefürchtet werden, ist es oft sehr schwierig, die wahre Einstellung kennen zu lernen.

Q5 *Eine an den Ortsverband der SPD gerichtete Erklärung vom 29. März 1933:*

Die Machtverhältnisse haben sich in ungeahnter Weise überschlagen. Deshalb komme ich dem Verbot – der SPD als Mitglied noch weiter anzugehören – zuvor und erkläre hiermit meinen Austritt aus der Partei.

1 Liste auf, welche demokratischen Grundlagen der Weimarer Republik von den Nationalsozialisten zerstört wurden. Berücksichtige auch die Seiten 50/51.

2 Erläutere den Begriff „Gleichschaltung" mit Hilfe von VT, Q2 und Q3.

3 Beschreibe die Auswirkungen der „Gleichschaltung" auf die Menschen. Beachte insbesondere D1, Q3 und Q5.

4 Nenne Gründe, warum sich die Bevölkerung ohne große Gegenwehr „gleichschalten" ließ (Q3–Q5).

D1 *Das Herrschaftssystem der Nationalsozialisten.*

Die Doppelung von Ämtern in Staat und Partei führte zwar zu einer oft unübersichtlichen Überschneidung der Aufgaben und Machtbereiche, die Beibehaltung der alten Instanzen wirkte aber beruhigend auf die Bevölkerung.

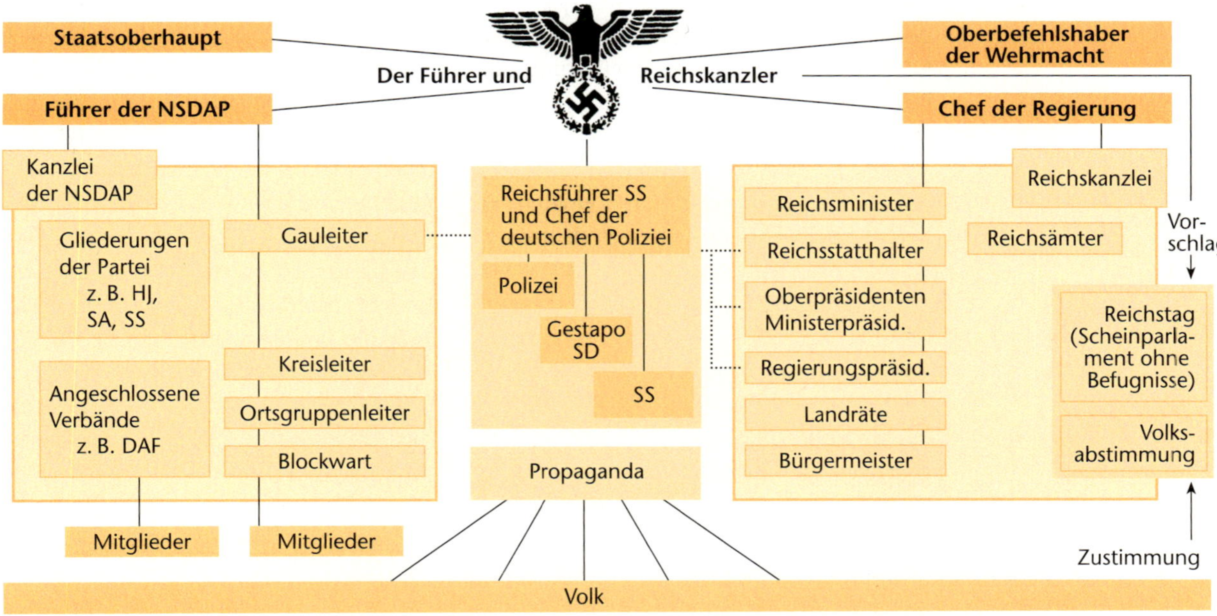

4 Adolf Hitler – Führerkult und Propaganda

Q1 *Führerkult* – die NS-Propaganda nutzte jede Möglichkeit, Hitler werbewirksam zu präsentieren, Foto aus einem Sammelbildalbum, 1933.

Propaganda
(von lat. propagare = weiter ausdehnen, ausbreiten)
Versuch, mit Werbemethoden die Meinung anderer zu beeinflussen. Die Nationalsozialisten errichteten nach der Machtübernahme das „Reichsministerium für Volksaufklärung und Propaganda“, das Joseph Goebbels leitete.

Führerkult

Hitlers öffentliche Auftritte lösten in den ersten Regierungsjahren häufig Jubel und Begeisterung aus. Oft warteten die Menschen stundenlang, um den „Führer“ einmal „live“ zu sehen. Hinter den Kulissen war die Wirkung seiner Auftritte zwar geschickt geplant. Doch bei aller Steuerung durch die NS-Propaganda war die Begeisterung der Bevölkerung meist echt. Mit seinem Talent als Redner verstand er es, große Menschenmassen zu faszinieren. Hitler sprach aus, was viele dachten oder hören wollten. Er redete über die Sehnsucht des deutschen Volkes nach Ordnung, Arbeit und Frieden oder hetzte gegen die Demokratie.

Wer war dieser Hitler?

Adolf Hitler wurde 1889 in Braunau am Inn in Österreich geboren. Ohne Abschluss verließ er die Realschule und bewarb sich vergeblich an der Wiener Kunstakademie. Später zog er nach München und meldete sich 1914 freiwillig für den Ersten Weltkrieg. Als Gefreiter wurde er mehrfach verwundet, erhielt zwei Auszeichnungen. Den Politikern der Weimarer Republik gab er die Schuld an der Kriegsniederlage. 1919 trat er in die Deutsche Arbeiterpartei (DAP) ein und übernahm 1921 deren Führung. Am 9. November 1923 versuchte er einen Putsch in München, der jedoch niedergeschlagen wurde. Hitler wurde verhaftet, des Hochverrats angeklagt und verurteilt. Im Gefängnis schrieb er das Buch „Mein Kampf“, ein Bekenntnis seiner politischen Überzeugungen. Bereits nach neun Monaten wurde er vorzeitig entlassen. Hitler übernahm die Führung der neu gegründeten NSDAP. 1930 konnte er mit der Partei einen ersten großen Wahlerfolg feiern. Drei Jahre später wurde er zum Reichskanzler ernannt. Am 30. April 1945 beging er kurz vor dem Ende des Zweiten Weltkriegs Selbstmord.

Propaganda für den „Führer“

Die Nationalsozialisten verstanden es geschickt, Hitler und seine öffentlichen Auftritte zu inszenieren. Auf Plakaten, Fotos und in Filmen wurde der Eindruck erzeugt, Hitler werde von allen geliebt, insbesondere von den Frauen. Verantwortlich für die NS-Propaganda war Joseph Goebbels. Er war der Leiter des Ministeriums für Volksaufklärung und Propaganda. Für seine Ansprachen nutzte er häufig das für die Menschen damals noch neue Radio. Der „Volksempfänger“, ein preiswertes Radiogerät, wurde bald zum Verkaufsschlager und gelangte so in nahezu jedes Wohnzimmer. Dadurch war die nationalsozialistische Propaganda allgegenwärtig. Sogar traditionelle christliche Feiertage sollten durch neue Festtage, wie beispielsweise den 20. April, Geburtstag des „Führers“, oder den 1. Mai, Tag der deutschen Arbeit, verdrängt werden.
Presse- und Meinungsfreiheit gab es im NS-Staat nicht. Wer öffentlich widersprach, riskierte Freiheit und Leben.

Q2 *Faszination Hitler?*

a) Emil Kolb, Jahrgang 1917:

Ich bin 1933 aus meiner Heimatstadt Graslitz im Sudetenland mit dem Zug nach Zwickau gefahren, um Hitlers Rede zu hören. Als ich um neun Uhr morgens im Stadion ankam, waren bereits 50 000 Menschen da. Seine Rede war für halb elf Uhr angekündigt, aber er kam erst um vier Uhr an und kein Mensch ist weggegangen. Die Musik spielte, und es herrschte ein unglaublicher Jubel, eine tolle Stimmung. Dann kam Hitler mit dem Flugzeug, wurde begeistert begrüßt und hielt seine Rede. Sie handelte vom Versailler Vertrag, von der Arbeitslosigkeit, von Reparationszahlungen und von der Rheinlandbesetzung. Ich war von diesem Mann beeindruckt und von dem, was er sagte. Als junger Mensch war ich begeistert und viele andere auch, ob Arbeiter, Bauern, Handwerker oder Intellektuelle.

b) Sybill Gräfin Schönfeld, Jahrgang 1927:

Hitlers Gegenwart löste eine unglaubliche Begeisterung aus. Das wirkte wie eine ansteckende Krankheit. Besonders bei älteren Mädchen, die gerade in die „Schwärm"-Phase kamen, konnte man das beobachten. Schon die Tatsache, Hitler gesehen zu haben oder gar vom ihm berührt zu werden, galt so viel wie ein Besuch beim Heiligen Vater in Rom. Wie beim Papst fühlten die Leute sich schon durch die Berührung gesegnet. Mir ist es heute nicht mehr erklärlich, wie es den Nationalsozialisten gelungen ist, Hitler zu einem solchen Idol zu machen.

Q3 *Der Historiker Hans-Ulrich Thamer schreibt über die Faszination Hitlers:*

Wann immer Zweifel an Hitlers Politik entstanden und in der Bevölkerung Klage über die immer wieder auftretenden Engpässe in der Versorgung mit Lebensmitteln geführt wurden (...), wurden diese Unmutsäußerungen durch die Wirkungsmacht des Hitler-Mythos oder durch die (...) Überredungsgabe Hitlers aufgefangen. Das bewirkte weniger die vielzitierte Ausstrahlungskraft Hitlers als die (...) Anpassungsbereitschaft und Selbsttäuschung. Sie sahen in Reichskanzler Adolf Hitler den Retter und sozialen Wohltäter, den sie nach Jahren der [Krise] erwartet hatten, und machten die vermeintlich radikaleren und unfähigen Unterführer für die Unzuträglichkeiten und Zumutungen im Herrschaftsalltag verantwortlich. „Wenn das der Führer wüsste", war ein geflügeltes Wort, das diese Ablenkung und Selbsttäuschung zum Ausdruck brachte.

Q4 *Werbeplakat für den Volksempfänger*

Q5 *So wurde 1936 der Reichsparteitag in Nürnberg inszeniert:* Das Gelände wurde nachts durch Scheinwerfer wirkungsvoll beleuchtet; Fackel- und Fahnenträger zogen auf; Trommelwirbel und Fanfarenstöße ertönten; uniformierte Parteimitglieder bildeten geschlossene Blocks, andere ein Spalier, durch das Hitler zum Podium schritt.

1. *Überlege, welchen Eindruck von Hitler die Bilder Q1 und Q5 bei der Bevölkerung vermitteln sollten.*
2. *Stelle zusammen, welche Mittel die NS-Propaganda einsetzte, um die Bevölkerung zu beeinflussen (VT, Q1, Q2, Q4, Q5).*
3. *Erläutere in deinen eigenen Worten, wie der Historiker Thamer die Führerbegeisterung erklärt (Q3).*

5 NS-Wirtschaftspolitik – den Krieg im Visier

Q1 *Autobahnbau in Handarbeit,* Foto von 1936

Ein Wirtschaftswunder?

Die von der Weltwirtschaftskrise ausgelöste hohe Arbeitslosigkeit war ein Grund, warum die Nationalsozialisten in Deutschland an die Macht gekommen waren. Wie würde die Regierung Hitler nun mit dem Problem von sechs Millionen Arbeitslosen fertig werden?
Tatsächlich sank die Zahl der Arbeitslosen in den ersten drei Jahren der NS-Herrschaft stark: Im Herbst 1936 waren in Deutschland nur noch rund eine Million Menschen ohne Arbeit. Wie war das möglich?

Arbeitsbeschaffung ...

Die NS-Regierung vergab als Sofortprogramm gegen die Arbeitslosigkeit große Staatsaufträge: Autobahnen, öffentliche Gebäude, Kasernen und Flugplätze wurden gebaut. Dabei griffen die Nationalsozialisten meist auf Pläne aus der Weimarer Zeit zurück. Die Bauten fanden zum Großteil ohne Maschinen statt und erforderten den Einsatz von vielen Menschen. Das schuf Arbeitsplätze und kurbelte die Wirtschaft an.

... und geschönte Statistiken

1935 trat das „Reichsarbeitsdienstgesetz" in Kraft. Alle 18–25-jährigen Jugendlichen mussten für ein halbes Jahr gemeinnützige Arbeit, etwa in der Landwirtschaft oder beim Straßenbau leisten. Rund 200 000 bis 300 000 junge Männer und Frauen befanden sich ständig in den Lagern des Reichsarbeitsdienstes und verschwanden aus der Statistik der Arbeitslosen. Auch die Wiedereinführung der Wehrpflicht im März 1935 ließ die Zahl der Arbeitslosen sinken. Schließlich sorgte auch das so genannte Ehestandsdarlehen für eine geschönte Statistik. Frisch verheiratete Paare bekamen ein günstiges Darlehen vom Staat unter der Bedingung, dass die Frau ihren Arbeitsplatz aufgab. Bis 1935 wurden so rund 370 000 Frauen aus dem Berufsleben gedrängt.
Die zahlreichen Arbeitsbeschaffungsmaßnahmen führten zu einem raschen Absinken der Arbeitslosenzahlen. Die Menschen schöpften neue Hoffnung und die Mehrzahl der Deutschen war zufrieden. Dementsprechend konnten die Nationalsozialisten ihre Macht weiter festigen.

Aufrüstung für den Krieg

Zahlreiche neue Arbeitsplätze gab es zudem durch die seit 1934 voll anlaufende Aufrüstung des Staates in den Betrieben der Rüstungsindustrie. Im Herbst 1936 verkündete Hitler den Vierjahresplan. Dieser sollte die deutsche Wirtschaft auf die beschleunigte Rüstung und Autarkie ausrichten und Deutschland somit kriegsfähig machen.
Den meisten Deutschen erschien die Wirtschaftspolitik Hitlers in diesen Jahren erfolgreich. Nur wenige erkannten die Schattenseiten: Um die staatlichen Großaufträge, die Maßnahmen zur Senkung der Arbeitslosigkeit und die Ankurbelung der Rüstungsindustrie zu finanzieren, machte der Staat enorme Schulden, die er unter normalen Umständen gar nicht zurückzahlen konnte. Doch längst hatten die führenden Nationalsozialisten beschlossen, dieses Problem durch Krieg und Eroberung zu lösen.

A-Z

Autarkie
(Selbstgenügsamkeit) bedeutet die wirtschaftliche Versorgung eines Staates aus eigenen Kräften (Rohstoffe, Landwirtschaft, Industrie), ohne Inanspruchnahme ausländischer Märkte.

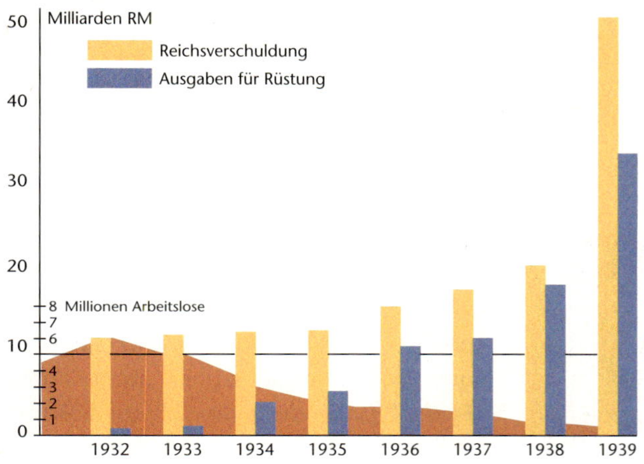

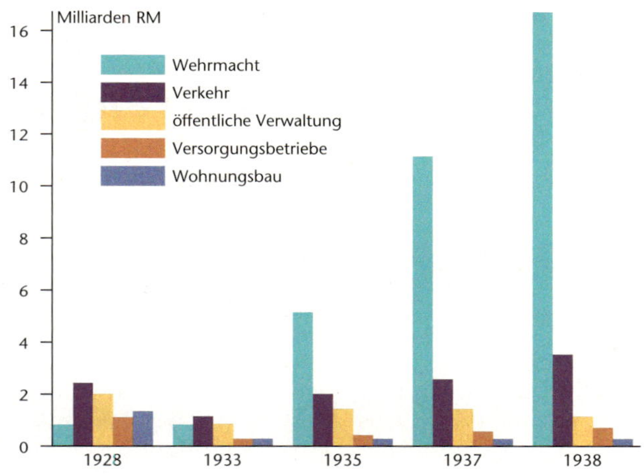

D3 *Statistiken*
links: Arbeitslosigkeit, Rüstung, Staatsschulden
rechts: Öffentliche Investitionen in Deutschland

Q2 *Im August 1936 legte Hitler eine geheime Schrift zur Wirtschaftspolitik vor. Darin heißt es unter anderem:*

Es hat eine Mobilmachung der Wirtschaft zu erfolgen, und zwar mit Tempo, mit Entschlossenheit und wenn nötig auch mit Rücksichtslosigkeit. (...) In diesem Sinne ist die deutsche Brennstofferzeugung im schnellsten Tempo vorwärts zu treiben. Diese Aufgabe ist mit derselben Entschlossenheit wie die Führung eines Krieges anzufassen und durchzuführen; denn von ihrer Lösung hängt die kommende Kriegsführung ab. (...)

Ich stelle damit folgende Aufgabe:
1. Die deutsche Armee muss in vier Jahren einsatzfähig sein.
2. Die deutsche Wirtschaft muss in vier Jahren kriegsfähig sein.

	1928	1937
Fleisch (kg)	146,5	118,5
Eier (Stück)	472	258
Milch (l)	481	358
Kartoffel (kg)	507,8	530,3
Gemüse (kg)	127,3	117,8
Obst (kg)	96,2	64,9

D4 *Lebensmittelverbrauch im Vergleich.*
Durchschnittlicher Jahreskonsum in einem Vier-Personen-Haushalt.

Standpunkte: Die NS-Wirtschaftspolitik

D1 *Der Historiker Sebastian Haffner emigrierte 1938 von Deutschland nach England. Er kehrte 1954 nach Deutschland zurück. In seinem Buch „Anmerkungen zu Hitler", das 1978 erschien, schreibt er:*

Unter den positiven Leistungen Hitlers muss an erster Stelle, alles andere in den Schatten stellend, sein Wirtschaftswunder genannt werden. Den Ausdruck gab es damals noch nicht; er ist erst für die überraschend schnelle Wiederaufbauleistung nach dem Zweiten Weltkrieg geprägt worden. Aber er passt noch viel besser auf das, was im Deutschland der mittleren dreißiger Jahre unter Hitler vor sich ging. Im Januar 1933, als Hitler Reichskanzler wurde, gab es in Deutschland sechs Millionen Arbeitslose. Drei kurze Jahre später, 1936, herrschte Vollbeschäftigung.

D2 *Der Historiker Werner Bührer schreibt in einem Aufsatz über die Wirtschaftspolitik Hitlers, 1997:*

Die wirtschaftliche Entwicklung Deutschlands unter dem Nationalsozialismus (...) war gekennzeichnet durch einen raschen, kontinuierlichen und lang anhaltenden Aufschwung, der sich vor allem in den Investitions- und Produktionsgüterindustrien bemerkbar machte, verbunden mit einem deutlichen Rückgang der Arbeitslosigkeit bis zum Erreichen der Vollbeschäftigung im Jahr 1936. Ohne die spätestens seit 1935 unübersehbare einseitige Ausrichtung der staatlichen Wirtschaftspolitik auf die Aufrüstung wären diese Erfolge freilich kaum möglich gewesen.

1 *Erkläre mit eigenen Worten die Ziele der nationalsozialistischen Wirtschaftspolitik (VT, Q1, Q2).*
2 *Stelle fest, inwieweit sich die Kosten für die Aufrüstung auf den Lebensstandard der Bevölkerung ausgewirkt haben (D3, D4).*
3 *War Hitlers Wirtschaftspolitik erfolgreich? Nimm Stellung dazu.*
4 *Zwei deutsche Historiker bewerten die Wirtschaftspolitik (D1, D2). Vergleiche die Aussagen. Was stellst du fest?*

6 Ziele und Ideen der Nationalsozialisten – wie reagierten die Deutschen?

Q1 *Empfang Hitlers auf dem Berliner Wilhelmplatz* nach dem Waffenstillstand mit Frankreich 1940

Ideologie
(griech. = Lehre von den Ideen)
Man versteht darunter die Weltanschauung gesellschaftlicher oder politischer Gruppen. Zu einer Art Religionsersatz gesteigert, soll sie alle Vorgänge in der Welt erklären.

Volksgemeinschaft: das Versprechen
Mit viel Propaganda verkündeten die Nationalsozialisten ihre Idee der Volksgemeinschaft, in der alle gesellschaftlichen Gruppen verschmelzen sollten. Das klang für viele Deutsche verlockend. Egal ob arm oder reich, Mann oder Frau, Arbeiter oder Unternehmer – die Nationalsozialisten versprachen anscheinend eine Gesellschaft ohne Klassenunterschiede. Standesgegensätze und Parteienstreit sollte es nicht mehr geben. Gemäß der Parole „Du bist nichts, dein Volk ist alles" sollten sich Einzelinteressen dem Gemeinwohl unterordnen. Mit solchen Vorstellungen wollten die Nationalsozialisten die Deutschen für ihre Politik gewinnen.

Verführung durch soziale Verlockungen
Unterstützung der Bevölkerung erhoffte sich die NS-Regierung auch durch sozialpolitische Maßnahmen: So bot die 1933 gegründete Organisation „Kraft durch Freude" (KdF) allen, die sich zur Volksgemeinschaft bekannten, ein kulturelles und touristisches Freizeitprogramm. Besonders begehrt waren die zu günstigen Preisen angebotenen Ausflüge und Auslandsreisen, die auch für weniger wohlhabende Bevölkerungsteile erschwinglich sein sollten. Dies sollte den Eindruck erwecken, alle seien Teil einer großen Volksgemeinschaft. Die Aktionen des Winterhilfswerks (WHW) verfolgten ein ähnliches Ziel. Die Organisation sammelte Geld für Arme und Arbeitslose. An den einmal im Monat stattfindenden „Eintopf-Sonntagen" sollten die Deutschen auf Fleisch verzichten. Das eingesparte Geld wurde dem WHW gespendet.

Volksgemeinschaft: die Wirklichkeit
Die Nationalsozialisten strebten mit der Volksgemeinschaft jedoch nicht tatsächlich die Gleichheit aller Deutschen an. Im Gegenteil: Volksgemeinschaft bedeutete verstärkte Kontrolle und „Gleichschaltung". Sowohl im Beruf als auch im Privatleben sollte sich der „Volksgenosse" nur nach den Vorstellungen der Nationalsozialisten richten. Tat er das nicht, machte er sich verdächtig. Er drohte ebenso aus der Volksgemeinschaft ausgeschlossen zu werden wie all jene, die den nationalsozialistischen Rassevorstellungen nicht entsprachen.

Rassenlehre
Die Rassenlehre war das Kernstück der NS-Ideologie. Danach gehörten alle Menschen unterschiedlich wertvollen Rassen an. Als hochwertigste Rasse galten die Arier. Zu ihnen wurden die germanischen Völker und somit auch die Deutschen gezählt. Arier wa-

ren angeblich groß, blond, blauäugig und besonders klug und mutig. Als Gegenstück dazu galten die Juden. Sie waren in den Augen der Nationalsozialisten eine wertlose Rasse. Den Juden gab man die Schuld an allem Übel der Welt.
Als „rassisch minderwertig" galten außerdem Behinderte sowie Sinti und Roma. Sie waren ebenso wie die Juden von Anfang an Ziel der menschenverachtenden, grausamen Hetze der Nationalsozialisten.

„Lebensraum"
Die Nationalsozialisten predigten das Recht des Stärkeren. Sie waren überzeugt, dass sich die in ihren Augen höherwertigen Rassen im so genannten Lebenskampf durchsetzen würden. Sich selbst sahen sie als „Herrenrasse", die über andere Völker herrschen werde. Aus diesen Ideen entstand die Vorstellung, mehr „Lebensraum" für das deutsche Volk zu erobern. Dieser müsse durch Kriege im Osten erkämpft werden, denn die im Osten lebenden Völker galten als minderwertig. Diese ideologischen Grundgedanken der Nationalsozialisten hatte Hitler bereits 1924 in seinem Buch „Mein Kampf" niedergeschrieben.

Terror gegen Andersdenkende
Wer dem Rasseideal der Nazis nicht entsprach, wer es wagte, Kritik zu üben, oder wer eine andere Meinung vertrat, bekam den Terror der Nationalsozialisten zu spüren. Viele Schriftsteller, Künstler, Wissenschaftler und politisch Andersdenkende verließen Deutschland nach 1933. Sie sahen sich in ihrer Meinungsfreiheit beschränkt oder fürchteten gar um ihr Leben.
Schon in den ersten Tagen nach dem Regierungsantritt Hitlers konnten Menschen ohne gerichtliche Anordnung verhaftet werden. Diese so genannte Schutzhaft stützte sich auf die Reichstagsbrandverordnung. Da die Verhafteten kein Recht auf richterliche Anhörung oder einen Anwalt hatten, waren sie völlig der Willkür und der Gewalt der als Hilfs-Polizei agierenden SA-Schlägertrupps ausgesetzt. In dieser Zeit entstanden die ersten Konzentrationslager.

Q 2 *Politische Gegner werden in einer Berliner SA-Kaserne zusammengetrieben,* Foto 1933.

Die Deutschen – überzeugte Nazis?
Die Mehrheit der Bevölkerung nahm den Terror widerspruchslos hin. Die ersten Gewalttaten gegen politische Gegner und Andersdenkende wurden als notwendige Maßnahmen auf dem Weg zur nationalen Erneuerung akzeptiert. Die Hetze gegen die Juden fiel bei vielen Deutschen auf fruchtbaren Boden. Die Juden waren als Sündenböcke für alles in den letzten Jahren Erlittene hochwillkommen. Und auch die Forderung nach mehr „Lebensraum" war populär. Sie kam all jenen entgegen, die sich nach dem verlorenen Weltkrieg nach mehr nationaler Größe sehnten.
Waren also alle Deutschen begeisterte Nationalsozialisten? Eine große Anzahl war anfangs wohl vom Nationalsozialismus überzeugt. Viele ließen sich dabei von den sozialen Versprechungen blenden, glaubten an die Volksgemeinschaft. Groß war auch die Zahl derjenigen, die den Staat unterstützten, weil sie sich davon persönliche Vorteile versprachen. Manche profitierten von der Ausgrenzung anderer, etwa im Beruf. Aus diesem Grund akzeptierten sie die verbrecherische NS-Politik.
Natürlich gab es auch Menschen, die Terror und NS-Ideologie vollständig ablehnten. Viele unternahmen jedoch nichts, weil sie fürchteten, sich selbst in Gefahr zu bringen. Jeder, selbst in der eigenen Familie, konnte ein Denunziant sein und von der NS-Gesinnung abweichendes Verhalten anzeigen.

A-Z

Arier
(altindisch = der Edle)
Nach der NS-Rassenideologie stellten die Arier durch ihre körperlichen (groß, blond, blauäugig) und geistig-seelischen (tapfer, heldisch, opferbereit) Eigenschaften die höchste Rasse dar. Den Kern der arischen Rasse bildeten nach dieser „Lehre" die germanischen Völker und hier vor allem die meisten Deutschen.

Q5 *Hitler in „Mein Kampf" über Rasse:*

Die völkische Weltanschauung (...) glaubt somit keineswegs an eine Gleichheit der Rassen, sondern erkennt mit ihrer Verschiedenheit auch ihren höheren oder minderen Wert und fühlt sich (...) verpflichtet, (...) den Sieg des Besseren, Stärkeren zu fördern, die Unterordnung des Schlechteren und Schwächeren zu verlangen. (...) Sie sieht nicht nur den verschiedenen Wert der Rassen, sondern auch den verschiedenen Wert der Einzelmenschen. (...)

Was nicht gute Rasse ist auf dieser Welt, ist Spreu. Alles weltgeschichtliche Geschehen ist aber nur die Äußerung des Selbsterhaltungstriebs der Rassen im guten oder schlechten Sinne. (...) Menschliche Kultur und Zivilisation sind auf diesem Erdteil unzertrennlich gebunden an das Vorhandensein des Ariers. Sein Aussterben oder Untergehen wird auf diesen Erdball wieder die dunklen Schleier einer kulturlosen Zeit senken.

Q3 *Titelblatt eines Werbeprospekts für den KdF-Wagen von 1938.* Die KdF warb für den Kauf eines preisgünstigen Autos. Wöchentlich konnten Interessenten Sparmarken erwerben, bis der Kaufpreis von 990 Reichsmark erreicht war. Zwar zahlten viele Deutsche ein, einen Wagen bekamen sie aber nicht. Für den Zweiten Weltkrieg wurde die Produktion nämlich auf Militärfahrzeuge umgestellt.

Q4 *Anzeige in einer Hildesheimer Zeitung,* März 1936. Unter dem Druck der Ausgrenzungspolitik sahen sich die jüdischen Inhaber der Firma Gebrüder Alsberg gezwungen, ihr Geschäft weit unter Wert zu verkaufen. – Wie beurteilst du das Verhalten Wilhelm Fiedlers?

Neues deutsches Geschäft!

Dadurch, daß ich Ende Februar die weit über Hildesheims Grenzen hinaus bekannte Firma Gebrüder Alsberg käuflich erworben habe, ist dieses Unternehmen deutsch geworden.

Sie können in diesem Hause wieder angenehm und vorteilhaft kaufen. Meine Leistungsfähigkeit findet den stärksten Ausdruck in der Mittelpreislage. Ich führe Ware, die allen Anforderungen an Qualität, Verarbeitung und der neuesten Moderichtung entspricht.

Bitte besuchen Sie mich. Ich verspreche Ihnen im voraus, daß ich mir jede erdenkliche Mühe geben werde, um Sie zufriedenstellend zu bedienen.

Modehaus **Wilhelm Fiedler**

Hildesheim

Q6 *Hitlers Menschenbild:*

Was für ein Glück für die Regierenden, dass die Menschen nicht denken! Denken gibt es nur in der Erteilung oder im Vollzug eines Befehls. Wäre es anders, so könnte die menschliche Gesellschaft nicht bestehen. (...) Der Mensch ist von Geburt aus schlecht. Man bändigt ihn nur mit Gewalt. Um ihn zu leiten, sind alle Mittel zulässig. Man muss auch lügen, verraten, ja sogar morden können, wenn es die Politik erfordert.

Q7 *Hitler über seine „Lebensraum"-Politik:*

Wir Nationalsozialisten [müssen] unverrückbar an unserem außenpolitischen Ziel festhalten, nämlich dem deutschen Volk den ihm gebührenden Grund und Boden auf dieser Erde zu sichern. Und diese Aktion ist die einzige, die vor Gott und unserer deutschen Nachwelt einen Bluteinsatz gerechtfertigt erscheinen lässt. (...)

Wir (...) weisen den Blick nach dem Land im Osten. Wir (...) gehen über zur Bodenpolitik der Zukunft. Wenn wir aber heute in Europa von neuem Grund und Boden reden, können wir in erster Linie nur an Russland und die ihm untertanen Randstaaten denken.

Q8 *Denunziationsschreiben vom 22. Juni 1935 (Auszug):*

Wir hatten geschäftlich in Wiesbaden zu tun und begaben uns (...) in das Lokal des Hauser. (...) Kurze Zeit darauf betrat ein Jude das Lokal und bestellte sich ein Glas Wein. Einige Minuten später kam aus einem Raum hinter dem Büffet ein Mädchen (...). Das Mädchen nahm bei dem Juden am Tisch Platz. Selbiger unterhielt sich mit dem Mädchen in freundschaftlicher Form. Nach ungefähr einer halben Stunde verließ der Jude das Lokal, das Mädchen verschwand hinter dem Büffet. Daraufhin baten wir die Wirtin mit ruhigen Worten um Auskunft, ob das Mädel ihre Tochter sei und ob der Herr ein Jude. Die Wirtin tat entrüstet und erwiderte: „Das ist kein Jude, der ist längst vor dem Krieg getauft." Wir erwiderten: „Ob getauft, Jude bleibt Jude." Die Wirtin erwiderte, daraufhin: „Gestatten Sie, wir sind schon lange mit dem Herrn befreundet, und er verkehrt sehr oft bei uns." In diesem Augenblick betrat der Wirt das Lokal und mischte sich sofort erregt in das Gespräch (...). Ich verbat mir die Äußerungen des Wirtes mit den Worten: „Ich bin SA-Mann, Parteigenosse und Amtsverwalter." Daraufhin erwiderte der Wirt: „Ich bin auch Untergruppenführer im Luftschutz." Mein Kamerad erwiderte. „Es ist eine große Zumutung für uns als Gäste, dass Sie in Ihrem Lokal Juden bewirten." (...)

Q11 *Im Mai 1933 organisierte das Propagandaministerium eine großangelegte Bücherverbrennung* (im Bild eine Szene aus Hamburg). In ganz Deutschland wurden Bücher von berühmten deutschen Schriftstellern und Denkern verbrannt (z. B. von Ernst Bloch, Bertolt Brecht, Thomas Mann, Heinrich Mann, Stefan Zweig, Erich Kästner, Anna Seghers und vielen anderen).

Q9 *Lina Haag war mit einem Kommunisten verheiratet. 1933 wurde sie mit ihrem Mann verhaftet und über vier Jahre in ein KZ gesperrt. Sie berichtet:*

Am Ostersonntag peitscht er eigenhändig drei Frauen aus. Die Genossin Steffie ist dabei. Sie hatte ihrem Freund, einem Juden, zur Flucht verholfen. Bald darauf stirbt sie. Sie hält das nicht aus. So feiert der Kommandant des Konzentrationslagers Ostern. Mit drei, auf dem Holzpflock geschnallten Frauen, die er auspeitscht, bis er nicht mehr kann. Würde das draußen ein Mensch glauben? Angenommen es würde einer glauben, vielleicht sogar weitererzählen – ein Gestapodaumennagel genügt, um ihn augenblicklich alles vergessen zu lassen. Die leiseste Drohung genügt und das Volk schweigt. Schweigt nicht nur, jubelt, marschiert, denunziert, steht geschlossen hinter dem Führer, wie es der Führer will.

Q10 *„Eintopfsonntag":* Einmal im Monat sollten alle Deutschen auf Fleisch verzichten und Eintopf essen. Das eingesparte Geld wurde dem Winterhilfswerk gespendet.

1. *In seinem Buch „Mein Kampf" erläutert Hitler seine Ideologie. Fasse sie mit Hilfe von Q5–Q7 zusammen und nimm kritisch Stellung dazu.*
2. *Stelle zusammen, wie die Nationalsozialisten die Bevölkerung für ihre Politik gewinnen wollten (VT, Q3, Q10).*
3. *Liste auf, wer zur Volksgemeinschaft gehörte und wer nicht (VT, Q2, Q5, Q9, Q11).*
4. *Schildere, wie die Nazis mit Andersdenkenden umgingen. Beachte dabei VT, Q2, Q9, Q11.*
5. *Überlege, welche Motive hinter Anzeigen wie Q8 wohl standen.*
6. *Suche in der Bücherei nach Texten von Dichtern, deren Werke die Nazis verbrannten. Warum bekämpften sie diese Autoren?*

7 Jugend unter dem Hakenkreuz

Q1 *Plakat, um 1938.*
– Wie sollen hier die Jugendlichen angesprochen werden?

Die Hitler-Jugend

Von Anfang an schenkten die Nationalsozialisten der Jugend und deren Erziehung große Aufmerksamkeit. Nach dem Grundsatz „Wer die Jugend besitzt, hat die Zukunft" sollten Jungen und Mädchen schon früh auf die Ideologie des Staates eingeschworen werden.
Das sollte vor allem mit der Hitler-Jugend (HJ) erreicht werden. 1926 als nationalsozialistische Jugendorganisation gegründet, zählte die HJ Anfang 1933 rund 100 000 Mitglieder. Nach der Machtübernahme wurden andere Jugendgruppen zwangsweise „gleichgeschaltet", also aufgelöst oder in die HJ übernommen. Ende 1934 war die Hitler-Jugend dadurch mit 3,5 Millionen Jugendlichen zu einer regelrechten Massenorganisation angewachsen. Ab Dezember 1936 wurde die HJ zur Pflichtorganisation für alle Jungen und Mädchen zwischen 10 und 18 Jahren.

Erziehungsziel: Krieg

Die Nationalsozialisten wollten umfassende Kontrolle über die Jugend. Mädchen und Jungen sollten zu treuen Gefolgsleuten erzogen werden. Zugleich sollten sie auf die Aufgabe vorbereitet werden, die Hitler für Deutschland und „sein Volk" vorgesehen hatte: den Krieg. Die körperliche und militärische Ausbildung stand daher gleichberechtigt neben der ideologischen Schulung. Die Nationalsozialisten wollten mutige, vor allem aber anpassungsfähige und gehorsame Menschen.

Anziehungskraft …

Viele Jugendliche waren in den ersten Jahren mit Begeisterung bei der HJ, denn sie bot durch Zeltlager, Geländespiele, Lagerfeuer und Ausflüge abenteuerliche Erlebnisse mit Freunden und eine Abwechslung vom Alltag. Auch der Gemeinschaftsgedanke, die Gruppenabende oder das Tragen der Uniform faszinierte einige Jugendliche.
Die Veranstaltungen der HJ, die oft die Wochenenden belegten, entfremdeten Kinder und Jugendliche von den Eltern. Tatsächlich hat es Fälle gegeben, in denen Kinder ihre eigenen Eltern wegen negativer Äußerungen über die NSDAP angezeigt haben.

… und Abneigung

Doch nicht alle Jugendlichen ließen sich von der HJ vereinnahmen. Manche störte die politische oder militärische Gesinnung, andere fühlten sich durch den Zwangscharakter der HJ schlicht in ihrer Freiheit eingeschränkt. Doch nur wenige wagten es, diesen Protest auch offen zu zeigen. Sie schlossen sich in eigenen Cliquen zusammen, die unter Namen wie „Edelweißpiraten", „Meuten" oder „Swing-Jugend" bekannt wurden. Diese Jugendlichen distanzierten sich von der HJ und beteiligten sich teilweise sogar an Widerstandsaktionen.

Jungvolk
Unterabteilung der Hitler-Jugend (HJ). Das Jungvolk war die Jugendorganisation für die 10- bis 14-jährigen Jungen. Die 14- bis 18-Jährigen waren in der eigentlichen HJ zusammengefasst.

BDM
Abkürzung für „Bund Deutscher Mädel". Jugendorganisation für die 14- bis 18-jährigen Mädchen innerhalb der Hitler-Jugend. Die 10- bis 14-Jährigen waren im Jungmädelbund organisiert.

Q2 *In einer Rede vom 2. Dezember 1938 hat Hitler die Erziehungsziele der Nationalsozialisten dargelegt:*

Diese Jugend, die lernt ja nichts anderes als deutsch denken, deutsch handeln, und wenn diese Knaben mit 10 Jahren in unsere Organisation hineinkommen und dort oft zum ersten Mal überhaupt eine frische Luft bekommen und fühlen, dann kommen sie vier Jahre später vom Jungvolk in die Hitlerjugend, und dort behalten wir sie wieder vier Jahre. Und dann (...) nehmen wir sie sofort in die Partei, in die Arbeitsfront, in die SA oder SS, in das NSKK und so weiter. Und wenn sie dort zwei Jahre oder anderthalb Jahre sind und noch nicht ganz Nationalsozialisten geworden sein sollten, dann kommen sie in den Arbeitsdienst und werden dort wieder sechs Monate geschliffen, alle mit einem Symbol, dem deutschen Spaten. Und was dann nach sechs oder sieben Monaten noch an Klassen- oder Standesdünkel (...) vorhanden sein sollte, das übernimmt die Wehrmacht. (...) Und wenn sie (...) zurückkehren, dann nehmen wir sie, damit sie auf keinen Fall rückfällig werden, sofort wieder in die SA, SS und so weiter, und sie werden nicht mehr frei ihr ganzes Leben.

Q4 *Plakat, um 1940*

Q3 *Erika Martin, eine ehemalige Jungmädelführerin, berichtet:*

Wir machten eine Fahrt, wir wanderten, wir machten eine Schnitzeljagd, wir veranstalteten eine Fuchsjagd. Das waren so Wald- und Feldspiele, wie man sie vielleicht heute gar nicht mehr so spielt, aber die massig Spaß machten. Und hinterher wurde dann

Bild- und Tondokumente über Jugendliche im Nationalsozialismus auf Zeitreise multimedial „Das 20. Jahrhundert"

Q5 *Das Frauenideal der NS-Ideologie* wurde im Bund Deutscher Mädel (BDM) propagiert.

auch irgendwo ein Lagerfeuer entfacht und ein ordentlicher Kessel Erbsensuppe aufgesetzt. Und dieses alles, dieses Neue, dieses freie In-der-Natur-sich-bewegen-Dürfen ohne Zwang, ohne den strengen Blick des Vaters oder die Sorge der Mutter hinter sich zu spüren, dieses freie Selbstgestalten, das war es eigentlich, was sehr glücklich machte.

Q7 *Werner Brölsch aus Mülheim erinnert sich 2003 an die Erlebnisse seines Bruders bei der HJ:*

Mein jüngerer Bruder wurde eines Tages zu einem Pimpfenabend geladen. Ihm gefiel die Gemeinschaft und er wurde Mitglied des Jungvolks. Er machte schon nach einigen Jahren Karriere und wurde Fähnleinführer. Er, der fünfzehnjährige Junge, durfte den anderen Befehle erteilen. Ich weiß genau, wie begeistert er anfangs zu den Übungen ging, besonders dann, wenn Sport oder Schießen auf dem Plan stand. Auch das Exerzieren, mit den Kommandos wie „ Stillgestanden", „Rührt euch", „Rechts um", „Marsch Marsch", wurde von den Jungen hingenommen. Neben den Oster- und Pfingstfahrten veranstaltete die HJ auch Fahrten ins Ausland. Erst nach und nach wurde mein jüngerer Bruder nachdenklicher. Die zunehmende Militarisierung der Veranstaltungen und die offene Vorbereitung auf den Krieg wurden ihm immer bewusster.

Q6 *„Jungvolk" bei Schießübungen* mit dem Kleinkalibergewehr

Q8 *Karl-Heinz Schnibbe (geb. 1924) wurde 1942 vom Volksgerichtshof wegen „Hochverrats" zu Gefängnis verurteilt. Er hat seine Lebensgeschichte aufgeschrieben. Hier Auszüge:*

Als ich in die Hitler-Jugend überschrieben wurde, hatte ich keine Lust mehr, und jetzt gefiel mir der Druck und der Zwang nicht mehr so. Zuerst ging es vielleicht noch, aber dann passte mir die Schreierei und das Kommandieren nicht mehr. (...)

Ich habe auch keine HJ-Uniform gehabt, weil meine Eltern mir keine gekauft haben. Sie haben immer gesagt: „Wenn die euch drin haben wollen, dann sollen die euch auch eine Uniform kaufen." Die HJ-Führung hat das zwar dann für mich gemacht, aber trotzdem habe ich die Uniform nicht angezogen. (...) Einmal tauchte ich wieder hübsch in Zivil beim Dienst in unserm Hitler-Jugendheim auf. Alle waren in Uniform und mit blank geputzten Stiefeln da, und unserm Scharführer passte es nicht. (...) Ein Wort gab das andere, und schließlich habe ich ihm eine geschoben. (...) Am Ende habe ich ihn vor all den anderen verprügelt. Ein paar Wochen später kriegte ich ein Schreiben vom Gebietsführer und musste zu einer Ehrenverhandlung. Man legte keinen Wert mehr auf meine Mitgliedschaft. Ich wurde wegen Befehlsverweigerung aus der Hitlerjugend ausgeschlossen. Was ich natürlich nicht ahnte, war, dass die Gestapo mir später diese Episode übel nehmen und vorhalten würde.

Q9 *Ein ehemaliger Edelweißpirat aus Düsseldorf berichtet:*

In dem Jahr, in welchem der Krieg begann, beendete ich die allgemeine Volksschule und begann eine Dreherlehre bei der Firma Losenhausen. Trotz der verschiedenen Formen des Drucks und Schikanen, denen ich ausgesetzt war, weigerte ich mich, der HJ beizutreten. Es war keine politisch motivierte Weigerung: Ich hasste nur den militärischen Drill und die Erziehung zum Krieg, die in der HJ betrieben wurde. Sicher hat dabei die Erziehung durch meine Eltern, die Sozialdemokraten und bewusste

Antimilitaristen waren, eine große Rolle gespielt. In Gerresheim wo ich aufgewachsen bin, fand sich bald ein Kreis gleichgesinnter Jugendlicher zusammen. Bald wurden der Ostpark und der Floragarten beliebte Treffpunkte. Dorthin fuhren wir an den Wochenenden, wenn wir keine Wanderungen unternahmen.

Q10 *Für Jugendliche, die sich von der HJ nicht vereinnahmen ließen, gab es spezielle Konzentrationslager. Mädchen und Jungen im Alter von 10 bis 25 Jahren wurden in diese „Jugendschutzlager" eingeliefert. Die 14-jährige B. mit der Lagernummer 26 berichtete über ihr Schicksal:*

Ich weiß noch, als ich eingeliefert wurde, kam ich zuerst ins KZ Ravensbrück. Da mussten wir uns ausziehen und dann unter die eiskalte Dusche. Anschließend mussten wir vor zwei oder drei SS-Ärzten aufmarschieren, die uns ganz oberflächlich anschauten. Der eine schaute nur mal kurz auf meine langen schönen Haare und sagte: Läuse! Ich hatte bestimmt keine Läuse. Aber die haben erst alles abgeschnitten und den Rest mit dem Rasierapparat. Eine totale Glatze. Da stand ich nun splitternackt vor diesen SS-Leuten mit einer Glatze. Bisher hatte mich noch niemand außer meinen Eltern nackt gesehen. Das war grauenhaft.

Q11 *Aus einem Schreiben des Reichsführers der SS Heinrich Himmler an den Leiter der Gestapo Reinhard Heydrich vom Januar 1942 zu Maßnahmen gegen die „Swing-Jugend", die durch lässige Haltung und Kleidung sowie ihre Vorliebe für Jazz und Swing auffiel:*

Anliegend übersende ich Ihnen einen Bericht, den mir der Reichsjugendführer Axmann über die „Swing-Jugend" in Hamburg zugesandt hat.
Ich weiß, dass die Geheime Staatspolizei schon einmal eingegriffen hat. Meines Erachtens muss jetzt das ganze Übel radikal ausgerottet werden. Ich bin dagegen, dass wir hier nur halbe Maßnahmen treffen.
Alle Rädelsführer, und zwar die Rädelsführer männlicher und weiblicher Art, unter den Lehrern diejenigen, die feindlich eingestellt sind und die Swing-Jugend unterstützen, sind in ein Konzentrationslager einzuweisen. Dort muss die Jugend zunächst einmal Prügel bekommen und dann in schärfster Form exerziert und zur Arbeit angehalten werden, irgendein Arbeitslager oder Jugendlager halte ich bei diesen Burschen und diesen nichtsnutzigen Mädchen für verfehlt. Die Mädchen sind zur Arbeit im Weben und im Sommer zur Landarbeit anzuhalten. Der Aufenthalt im Konzentrationslager für diese Jugend muss ein längerer, 2–3 Jahre, sein. Es muss klar sein, dass sie nie wieder studieren dürfen. Bei den Eltern ist nachzuforschen, wie weit sie das unterstützt haben. Haben sie es unterstützt, sind sie ebenfalls in ein KL. zu verbringen und das Vermögen ist einzuziehen.
Nur wenn wir brutal durchgreifen, werden wir ein gefährliches Umsichgreifen dieser anglophylen (sic!) Tendenz in einer Zeit, in der Deutschland um seine Existenz kämpft, vermeiden können.

1. *Liste die Ziele der Jugenderziehung im NS-Staat auf (VT, Q1, Q2, Q4–Q6). Diskutiert, ob sie erreicht wurden.*
2. *Nenne Gründe, warum viele Mädchen und Jungen Gefallen an der HJ und dem BDM fanden (VT, Q3, Q5–Q7).*
3. *Überlege: Was hätte dich an der HJ fasziniert, was hätte dir nicht gefallen?*
4. *„Und sie werden nicht mehr frei ihr ganzes Leben." Erläutere, was Hitler damit meint (Q2).*
5. *Überlege, warum die Nationalsozialisten gegenüber Jugendlichen, die sich nicht vereinnahmen ließen, so brutal reagierten (Q10, Q11).*

Q12 *Die „Kittelbachpiraten" von Gladbeck.* Sie verweigerten sich der HJ. – Vergleiche das Bild mit Q5 und Q6.

8 Schule im NS-Staat

Nationalsozialistische Schulbildung

Die HJ stand im Mittelpunkt der NS-Jugenderziehung. Doch auch auf den Schulunterricht versuchten die Nationalsozialisten Einfluss zu nehmen. Schule und Unterricht sollten gemäß der NS-Ideologie gestaltet werden. Ein erster Schritt auf diesem Weg war ein Gesetz vom April 1933. Es ermöglichte die Entlassung von jüdischen, regimekritischen und demokratisch gesinnten Lehrern aus dem Schuldienst.

Änderungen gab es auch bei den Unterrichtsinhalten. Die Lehrpläne der Fächer Deutsch, Geschichte, Biologie und Erdkunde wurden zum Teil auf die NS-Ideologie abgestimmt. Die nationalsozialistische „Rassenlehre" war künftig Pflichtunterricht. Im neu geschaffenen Fach „Rassenkunde" lernten Jungen und Mädchen, dass die Einteilung der Menschen in höher- und minderwertige Rassen angeblich wissenschaftlich nachzuweisen sei. Als besonders wichtig galt auch die körperliche Ertüchtigung im Sportunterricht. Manche Schüler hatten fünf Stunden Sport pro Woche.

Q1 *Schule im Dritten Reich.* – Vergleiche den Raum mit deinem Klassenzimmer.

Die Klassenzimmer waren häufig mit nationalsozialistischen Symbolen ausgestattet. An den Wänden befanden sich Hakenkreuzfahnen oder Gemälde von Hitler. Morgens begrüßte man sich mit dem Hitlergruß, an manchen Schulen gab es auch einen Fahnenappell, bei dem feierlich eine Hakenkreuzflagge gehisst wurde.

Viele Schulbücher enthielten Darstellungen über Gewalt, Krieg und Soldaten. Selbst in Fächern wie Mathematik und den Naturwissenschaften wurde der Krieg verherrlicht und die Landesverteidigung in Aufgaben thematisiert. Im Chemieunterricht an höheren Schulen waren beispielsweise über 100 Versuche mit Kampfstoffen Bestandteil des Lehrplans.

NS–Eliteschulen

Die zukünftige männliche Elite des Staates sollte auf besonderen Schulen ausgebildet werden: den so genannten „Adolf-Hitler-Schulen" und den „Nationalpolitischen Erziehungsanstalten" (Napola). Nur unter bestimmten Voraussetzungen wurden die Jungen dort aufgenommen. Sie mussten eine Aufnahmeprüfung bestehen, in der neben Wissen und Gesinnung auch körperliche Fähigkeiten überprüft wurden.

Neben der wissenschaftlichen Ausbildung und der Erziehung zu nationalsozialistischem Denken wurde besonderer Wert auf die „körperliche" Ertüchtigung gelegt. Geländesport sowie Fechten, Reiten, Rudern, Schwimmen, Auto- und Motorradfahren gehörten zum Unterrichtsangebot. In den Anfangsjahren der Eliteschulen bestand noch ein ausgewogenes Verhältnis in der Vermittlung von Wissen, NS-Ideologie und Sport. Nach und nach verlagerte sich jedoch die Gewichtung zu reiner militärischer Schulung und Ausbildung.

Q2 *Lehrer unter Beobachtung.*
a) Beurteilung einer Lehrerin durch einen Ortsgruppenleiter in Trier, Januar 1935:
A. ist erst seit 1. Juli 1934 Mitglied des Opferrings und der NS-Frauenschaft. Sie bezieht unsere Presse nicht und steht in engster Verbindung mit dem Klerus [Kirche] (…). Wie mir vertraulich mitgeteilt wurde, ist A. alles andere, nur nicht Nationalsozialist. Ihre ganze jetzige Einstellung uns gegenüber ist nur als Schein zu betrachten, um ihre Stellung zu behaupten.

b) Beurteilung einer Turnlehrerin durch einen Ortsgruppenleiter in Trier, Mai 1935:
A. ist nicht Mitglied der NSDAP, gehört aber dem BDM an. Der Vater, Lehrer B., gehört dem Opferring, zwei weitere Söhne der SA an. An Spenden usw. beteiligt sich die Familie B. sehr rege. In politischer Hinsicht kann die Familie B. und insbesondere auch die Tochter A. als politisch zuverlässig angesehen werden.

Q3 *Ein NS-Rechenbuch lieferte Zahlen zur militärischen Stärke benachbarter Länder und stellte unter der Überschrift „Luftangriffe drohen überall“ folgende Fragen:*
a) Wie viele Kriegsflugzeuge haben die angegebenen Staaten, soweit sie Nachbarn Deutschlands sind, insgesamt?
c) Ein moderner Nachtbomber kann 1800 Brandbomben tragen. Auf wie viel Kilometern Streckenlänge kann er diese Bomben verteilen, wenn er bei einer Stundengeschwindigkeit von 250 Kilometern in jeder Sekunde eine Bombe wirft?

Q4 *1934 schrieben die Schülerinnen und Schüler einer dritten Volksschulklasse in München folgendes Diktat:*
Wie Jesus die Menschen von der Sünde und Hölle befreite, so rettete Hitler das deutsche Volk vor dem Verderben. Jesus und Hitler wurden verfolgt, aber während Jesus gekreuzigt wurde, wurde Hitler zum Kanzler erhoben. Während die Jünger Jesu ihren Meister verleugneten und ihn im Stich ließen, fielen 16 Kameraden für ihren Führer. Die Apostel vollendeten das Werk ihres Herrn. Wir hoffen, dass Hitler sein Werk selbst zu Ende führen darf. Jesus baute für den Himmel, Hitler für die deutsche Erde.

Q5 *Nicht immer herrschte Kasernenton im Klassenzimmer. Über ihre Schulzeit während des Nationalsozialismus an der Essener Helene-Lange-Realschule berichtete Helga Breil 1998:*
Eines Tages wurden die Kreuze aus jedem Klassenzimmer herausgeholt. Das übliche Gebet vor dem Unterricht wurde verboten, stattdessen sollten nationalsozialistische Lieder gesungen werden. Erst später wurde mir bewusst, wie viel Mut meine Lehrerinnen bewiesen, die einfach die Anweisungen missachteten und weiterhin das Morgengebet beibehielten. Mir sind nur drei Lehrer in Erinnerung, die mit dem Hitlergruß vor die Klasse traten, bei den anderen blieb es beim „Guten Morgen, meine lieben Kinder“. (…) Im Geschichtsunterricht hatten wir zwar Bücher von der Schule bekommen, meine Lehrerin benutzte sie nie, sie gab sich große Mühe, stellte selbst Texte zusammen und diktierte sie uns.

Q6 *Rassenkunde in der Schule.* Schulhelferinnen, die als Maßnahme gegen den Lehrermangel ausgebildet wurden, vermitteln mit Hilfe von Schautafeln die nationalsozialistische Rassenlehre, Bild von 1943.

1 *Heinrich Böll schrieb über seine Schulzeit: „Wir lernten nicht fürs Leben in der Schule, sondern für den Tod.“ Nimm Stellung zu diesem Ausspruch und versuche, die Aussage mit Hilfe des VT und Q3 zu belegen.*
2 *Nenne Beispiele, wie die Nationalsozialisten den Unterricht beeinflussten (VT, Q1, Q3, Q4, Q6).*
3 *Es gab auch Lehrerinnen und Lehrer, die versuchten, der Beeinflussung zu entgehen. Mit welchen Mitteln (Q5)?*
4 *Diskutiert, wie unser Staat heute Einfluss auf die Jugend und die Erziehung nimmt.*

9 Frauen im NS-Staat

Q1 *Unterschiedliche Frauenbilder.*
links: Werbeplakat aus den 1920er-Jahren.
rechts: Nationalsozialistisches Idealbild einer Familie von Paul Hermann Schoedder aus dem Jahre 1938.

Frauen in der Weimarer Zeit

Während der Weimarer Republik fielen überall in größeren Städten die „neuen Frauen" auf: Sie hatten einen „Bubikopf", trugen kurze Röcke und rauchten in der Öffentlichkeit – Zeichen für das gestiegene Selbstbewusstsein und den eigenständigen Lebensstil von meist jungen, unverheirateten Frauen. Neue Frauenberufe wie Stenotypistin, Telefonistin oder Sekretärin ermöglichten ihnen ein eigenes Einkommen.

Zwar galt der Typ der neuen Frau als Leitbild – etwa in der Werbung, auf Illustrierten, in Kinofilmen und Romanen. Für die Konservativen jedoch kam dieses Frauenbild einem Kulturverfall gleich.

NS-Idealbild der Frau …

Die Nationalsozialisten hatten andere Vorstellungen von der Rolle der Frau: Sie sollte eine treue Gattin und eine fürsorgliche Mutter sein, die sich ganz dem Haushalt und der Kindererziehung widmet. Die NS-Propaganda bemühte sich, die Frauen von diesem Idealbild zu überzeugen und sie zum Verzicht auf Beruf oder Studium zu bewegen. Frauen sollten ihre Arbeit aufgeben und somit die Arbeitslosigkeit senken.

… und die Wirklichkeit

Allenfalls als Kindergärtnerinnen, in Pflegediensten oder in landwirtschaftlichen Berufen wurden Frauen noch geduldet. Im Schulwesen wurden sie aus Leitungsposten verdrängt, ab 1936 durften Frauen weder Richterinnen noch Staats- oder Rechtsanwältinnen werden. Kinderreiche Mütter wurden dagegen mit Orden und Auszeichnungen belohnt.

Als in der Rüstungsindustrie zunehmend Arbeitskräfte gebraucht wurden, klafften das Idealbild der Frau und die Wirklichkeit jedoch weit auseinander: Um die Produktion während der Kriegsjahre aufrechterhalten zu können, sollten die Frauen nun auch in den „Männerberufen" arbeiten.

Q2 *Hitler zur Rolle der Frau:*
Analog der Erziehung des Knaben kann der völkische Staat auch die Erziehung des Mädchens von den gleichen Gesichtspunkten aus leiten. Auch dort ist das Hauptgewicht vor allem auf die körperliche Ausbildung zu legen, erst dann auch die Förderung der seelischen und zuletzt der geistigen Werte. Das Ziel der weiblichen Erziehung hat unverrückbar die kommende Mutter zu sein.

Q3 *Gerda Zorn erzählte 1980 zum Thema „Frauen unter dem Hakenkreuz":*
Nach ihrer Heirat musste meine Mutter ihre Sekretärinnenstelle aufgeben, weil es so genannte Doppelverdiener nicht geben durfte. (…) Die Nazis machten eine Religion daraus, den Frauen die Rolle als Hausfrau und Mutter zuzuweisen. Meine Mutter hasste die „Drei-K-Rolle" [Kinder–Küche–Kirche]. Als geselliger Mensch sehnte sie sich nach Kontakten mit anderen Menschen. Da sie sich weder mit der Nazi-Ideologie noch mit der Nachbarschaft, die dieser Ideologie mehr oder weniger verfallen war, anfreunden konnte, blieben ihr nur Haushalt und Garten.

Q4 *Eine emigrierte Deutsche schrieb 1939 aus Paris:*
Jahrelang haben die Nazis sich als Retter der deutschen Familie ausgegeben und Märchen darüber verbreitet, dass andere Ideologien die Familien zerstören. Während in anderen Ländern der Wohlstand der Familien gesichert wird, werden in Hitlers Reich durch die Kriegspolitik die Familien gewaltsam auseinander gerissen und zerstört. (…) Die Ehe ist für die Nazis keine Gemeinschaft zweier Menschen, die das Glück ihrer Familie und ihre Zukunft gestalten und darum gerne Kinder haben wollen. Im Dritten Reich wird die Ehe als Zuchtanstalt und die Frau als Gebärmaschine betrachtet.

Q5 *Mann sucht Frau. Inserat aus den „Münchener Neuesten Nachrichten":*
Zweiundfünfzig Jahre alter, rein arischer Arzt, Teilnehmer an der Schlacht bei Tannenberg, der auf dem Lande zu siedeln beabsichtigt, wünscht sich männlichen Nachwuchs durch eine standesamtliche Heirat mit einer gesunden Arierin, jungfräulich, jung, bescheiden, sparsame Hausfrau, gewöhnt an schwere Arbeit, breithüftig, flache Absätze, keine Ohrringe, möglichst ohne Eigentum.

Q7 *NS-Plakat von 1944.*
– Was sagt das Plakat darüber aus, welche Tätigkeiten Frauen in den Augen der Nationalsozialisten ausüben sollten? Beachte auch die Jahreszahl.

Q6 *Frau sucht Mann. Heiratsannonce aus dem „Völkischen Beobachter":*
Deutsche Minne, BDM-Mädel, gottgläubig, aus bäuerlicher Sippe, artbewusst, kinderlieb, mit starken Hüften, möchte einem deutschen Jungmann Frohwalterin seines Stammhalters sein (niedere Absätze – kein Lippenstift). Nur Neigungsehe mit zackigem Uniformträger.

Q8 *Das Mutterkreuz* wurde Frauen mit mehr als vier Kindern verliehen und sollte einen Anreiz geben, möglichst viele Kinder zu gebären und sich für die Familie aufzuopfern.

1. *Erläutere mit Hilfe der Quellen und des VT das nationalsozialistische Frauenbild.*
2. *Nenne Gründe dafür, warum die Nationalsozialisten dem Muttertag, den es schon in der Weimarer Republik gab, so große Beachtung schenkten.*
3. *Erkläre, inwiefern Q5 und Q6 das NS-Frauenbild widerspiegeln.*
4. *Begründe, warum die Nationalsozialisten heimlich, still und leise von ihrer ursprünglichen Frauenpolitik abrückten (VT, Q7).*

10 Ausgegrenzt, verfolgt, ermordet

Q1 *Brennende Essener Synagoge* einen Tag nach den Ausschreitungen am 9. November 1938

Antisemitismus bedeutet feindselige Einstellung gegenüber Juden, insbesondere aus so genannten „rassischen“ Gründen.

Unterdrückung im NS-Staat

Die Nationalsozialisten duldeten in ihrem Staat keine Menschen, die nicht ihren Vorstellungen entsprachen. Wer nicht in das Schema der Volksgemeinschaft passte, wurde unterdrückt, ausgegrenzt oder gar ermordet. Vor allem für die jüdischen Bürger begann mit der Machtübernahme der Nationalsozialisten ein unvorstellbarer Leidensweg. Judenfeindliche Einstellungen hatte es in Deutschland auch schon zuvor gegeben. Aber noch nie hatte eine Partei den Antisemitismus so konsequent und so fanatisch propagiert wie die Nationalsozialisten.

Boykott gegen Juden

Im Jahr 1932 lebten rund 550000 Juden in Deutschland. Mit dem Regierungsantritt Hitlers begannen die Nationalsozialisten, deren bürgerliches Leben systematisch zu zerstören. Am 1. April 1933 rief die NSDAP zum Boykott jüdischer Läden, Anwaltskanzleien und Arztpraxen auf. SA-Mitglieder versperrten den Zugang zu jüdischen Geschäften und beschmierten Schaufenster mit Sprüchen wie „Juden raus“. Dabei kam es mehrfach zu Gewalttaten. Bereits eine Woche später trat ein Gesetz in Kraft, das es ermöglichte, jüdische Beamte aus dem Staatsdienst zu entlassen.

Ausgrenzung per Gesetz

Mit den Nürnberger Rassegesetzen von 1935 wurden die Juden zu Bürgern zweiter Klasse. Sie durften nicht mehr wählen und kein öffentliches Amt übernehmen. Eheschließungen zwischen Juden und Nichtjuden wurden verboten. Während der Olympischen Spiele in Berlin 1936 nahmen die Nazis Rücksicht auf die ausländische Öffentlichkeit und versuchten, die Entrechtung der Juden zu verschleiern. Danach jedoch kaum noch: Jüdische Unternehmen mussten an Nichtjuden verkauft werden, jüdische Ärzte und Rechtsanwälte durften ihre Berufe nicht mehr ausüben, die Reisepässe von Juden wurden mit einem „J“ gekennzeichnet.

Die Pogromnacht

In der Nacht vom 9. auf den 10. November 1938 organisierten die Nationalsozialisten die bis dahin schlimmste Verfolgung von jüdischen Bürgern. Als Vorwand diente das Attentat eines jüdischen Jugendlichen auf einen deutschen Diplomaten. Der 17-Jährige wollte mit seinem Anschlag gegen die Ausweisung seiner Eltern nach Polen protestieren.

Aufgestachelt von einer wüsten Hetzrede Goebbels prügelten SA-Männer Tausende von Juden durch die Straßen. Jüdische Menschen wurden verhöhnt, gedemütigt und misshandelt, ihre Geschäfte wurden geplündert, Synagogen gingen in Flammen auf. Hunderte Juden wurden bei diesen Terroraktionen kaltblütig ermordet oder starben an den Folgen. Doch damit nicht genug: In den folgenden Tagen sperrte man annähernd 30 000 jüdische Männer in Konzentrationslager (KZ). Und es gab weitere Schikanen: Juden durften keine öffentlichen Verkehrsmittel mehr benutzen, Autos oder Motorräder besitzen, keine Kinos, Theater oder Konzerte besuchen.

Was tat die Bevölkerung?

Die Deutschen reagierten unterschiedlich auf Ausgrenzung und Verfolgung ihrer Mitbürger. Auch wenn ein nicht geringer Teil der Bevölkerung mit der Diskriminierung der Juden grundsätzlich einverstanden war, lehnten die meisten jedoch Gewalttaten, Verfolgungen oder gar Morde ab. Nur wenige beteiligten sich direkt an den Boykottaktionen oder dem Pogrom.
Öffentlichen Protest gegen den Nazi-Terror gab es aber auch nur selten. Die große Mehrheit schwieg, schaute weg, unternahm nichts – aus Angst, Anpassung oder Gleichgültigkeit. Allmählich entstand so eine Kluft zwischen Juden und Nichtjuden: Freundschaften wurden gelöst, Nachbarn nicht mehr gegrüßt, jüdische Kinder gehänselt und verspottet.

Jüdische Auswanderung

Bis 1938 wanderten etwa 130 000 Juden aus Deutschland aus. Diese Zahl erscheint sehr gering, wenn man den Terror und die Gewalttaten gegen die Juden betrachtet. Auszuwandern war jedoch eine schwerwiegende Entscheidung: Man verließ die Heimat, Verwandte, Freunde und wusste nicht, was einen in der Fremde erwartete. Die Beschlagnahmung von jüdischem Vermögen und hohe Auswanderungsabgaben stellten weitere Hindernisse dar.
Als 1938 eine neue Auswanderungswelle einsetzte, weigerten sich mehrere Staaten, weitere Juden aufzunehmen. 1941 wurde den Juden schließlich eine Auswanderung aus Deutschland verboten. Zu diesem Zeitpunkt lebten noch rund 170 000 Juden in Deutschland.

„Artfremd" und „asozial"

Neben den Juden gab es weitere Minderheiten, die bis in den Tod verfolgt wurden. Zu ihnen zählten die Sinti und Roma, die im Sinne des NS-Rassenwahns als „artfremd" oder „asozial" galten. Nach ersten Ausgrenzungsmaßnahmen wie Schul- und Berufsverboten wurden sie ab 1938 in Konzentrationslager verschleppt. Während des Zweiten Weltkriegs kam es dort zur systematischen Vernichtung.
Verfolgt, verhaftet und teils ermordet wurden auch jene Menschen, deren Glaubensrichtung (Zeugen Jehovas) oder Lebensführung (Homosexuelle) den Nationalsozialisten nicht passte.

Behinderte werden ermordet

Auch für Behinderte war in der nationalsozialistischen Volksgemeinschaft kein Platz. Psychisch kranke, missgebildete oder geistig behinderte Menschen durften im Staate Hitlers weder heiraten noch Kinder bekommen. 1939 ordnete Hitler die so genannte Vernichtung „unwerten Lebens" an. In einer Geheimaktion wurden über 100 000 körperlich und geistig behinderte Menschen ermordet. Nach öffentlichen Protesten stellten die Nazis den Massenmord 1941 zwar ein. Einzeltötungen gab es aber weiter.

Q2 *Judenstern.*
Ab 1941 mussten alle Juden in Deutschland dieses Zeichen auf ihrer Kleidung tragen.

Q3 *„Rassenschande".*
Ein Paar wird öffentlich gedemütigt.

Q5 *Während des Parteitags in Nürnberg 1935 wurden die so genannten „Nürnberger Rassegesetze“ beschlossen. Darin heißt es:*

§1 Eheschließungen zwischen Juden und Staatsangehörigen deutschen oder artverwandten Blutes sind verboten. Trotzdem geschlossene Ehen sind nichtig (…)

§2 Außerehelicher Verkehr zwischen Juden und Staatsangehörigen deutschen oder artverwandten Blutes ist verboten.

§3 Juden dürfen weibliche Staatsangehörige deutschen oder artverwandten Blutes unter 45 Jahren in ihrem Haushalt nicht beschäftigen.

Q6 *In den „Amtlichen Mitteilungen für die Stadtverwaltung Mülheim an der Ruhr“ Nr. 11 vom 28. November 1935 heißt es unter der Überschrift „Ausschaltung des jüdischen Einflusses“:*

Als Abwehrmaßnahme der Stadt habe ich in der Stadthalle, in der Stadtbücherei und im Lesesaal, an den städtischen Sportplätzen und im Museum Schilder anbringen lassen, die darauf hinweisen, dass der Besuch der städtischen Veranstaltungen und die Benutzung der städtischen Einrichtungen durch Juden unerwünscht ist. Ferner verbiete ich den Verkauf von städtischen Häusern und Grundstücken oder sonstigem städtischen Eigentum an Juden. Dass jüdische Ärzte und Rechtsanwälte nicht in Anspruch genommen werden, ist selbstverständlich.

Q4 *Reisepass von Susanne Blumenthal* mit „J-Stempel“ und dem Zwangsnamen „Sara“. In den Ausweisen wurde ein „J“ (für Jude) gestempelt und die zusätzlichen Vornamen „Sara“ bzw. „Israel“ eingetragen.

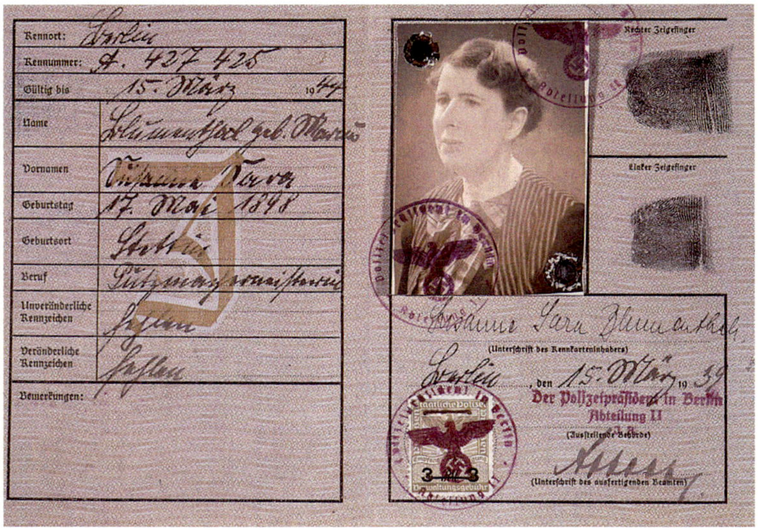

Q7 *Ein Deutscher beschwert sich 1936:*

Wie ich heute Morgen feststellen musste, waren im Hansabad 3 Juden und zwar 1 Jude und 2 Jüdinnen. Es ist mir unverständlich, dass Juden dort zugelassen sind. Der Wärter sagte, es bestände dort (…) kein Judenverbot. Es ist aber höchste Zeit, dass ein solches Verbot in Kraft tritt, da auch in anderen Städten derartige Verbote für Juden bestehen. Vielleicht lässt sich dieses auch in Bremen durchführen.

Q8 *Aus Berichten der „Rheinisch-Westfälischen Zeitung“ vom 10. November 1938:*

Nach Bekanntwerden des Ablebens des durch feige jüdische Mörderhand niedergestreckten Diplomaten haben sich im ganzen Reich spontane judenfeindliche Kundgebungen entwickelt. Die tiefe Empörung des deutschen Volkes machte sich dabei auch vielfach in starken antijüdischen Aktionen Luft.

(…) [Im] Verlaufe der antijüdischen Demonstrationen in der Essener Innenstadt wurden die Schaufenster jüdischer Einzelhandelsgeschäfte zerstört und zwar sowohl der noch bestehenden jüdischen Geschäfte in den Hauptgeschäftsstraßen wie auch der zahlreichen kleinen Geschäfte im alten Gänsemarktviertel.

Q9 *Aus den Berichten der Sopade [Exil-SPD], November 1938:*

Alle Berichte stimmen dahin überein, dass die Ausschreitungen von der großen Mehrheit des deutschen Volkes scharf verurteilt werden. In den ersten Pogromtagen sind im ganzen Reich viele hundert Arier verhaftet worden, die ihren Unwillen laut geäußert haben. Oft wird die Frage gestellt: „Wer kommt nach den Juden an die Reihe?“ – Man muss sich allerdings – wie groß die allgemeine Empörung auch sein mag – darüber klar werden, dass die Brutalitäten der Pogromhorden die Einschüchterung gesteigert und in der Bevölkerung die Vorstellung gefestigt haben, jeder Widerstand gegen die uneingeschränkte nationalsozialistische Gewalt sei zwecklos. (...) Bemerkenswert ist übrigens, dass, wie nach jeder früheren

Welle von Ausschreitungen so auch diesmal wieder, das Gerede auftaucht, Hitler habe das nicht gewollt. „Hitler will zwar, dass die Juden verschwinden, aber er will doch nicht, dass sie totgeschlagen und so behandelt werden" usw. usw.

Q10 *Aus einem Polizeibericht, März 1939:*

Der evangelische Pfarrer F. Seggel aus dem Landkreis Bayreuth wurde am 28. Februar 1939 angezeigt. Seggel hatte am 16. November 1938 bei seiner Predigt die Juden in Schutz genommen. Dabei sagte er u. a.: „Die in den vergangenen Tagen gegen die Juden durchgeführten Empörungsaktionen seien vom christlichen Standpunkt aus zu verurteilen. Ein Christenmensch mache so etwas nicht, das seien Untermenschen gewesen."

Q11 *Das „Gesetz zur Verhütung erbkranken Nachwuchses" vom 14. Juli 1933:*

§ 1 (1) Wer erbkrank ist, kann durch chirurgischen Eingriff unfruchtbar gemacht (sterilisiert) werden, wenn nach den Erfahrungen der ärztlichen Wissenschaft mit großer Wahrscheinlichkeit zu erwarten ist, dass seine Nachkommen an schweren körperlichen oder geistigen Erbschäden leiden werden. (…)

(3) ferner kann unfruchtbar gemacht werden, wer an schwerem Alkoholismus leidet.

Q13 *Wie Menschenverachtung gelehrt wird, zeigt diese Mathematikaufgabe:*

Ein Geisteskranker kostet täglich RM 4,–, ein Krüppel RM 5,50, ein Verbrecher RM 3,50. In vielen Fällen hat ein Beamter täglich nur etwa RM 4,–, ein Angestellter kaum RM 3,50, ein ungelernter Arbeiter noch keine RM 2,– auf den Kopf der Familie.

a) Stelle diese Zahlen bildlich dar. Nach vorsichtiger Schätzung sind in Deutschland 300 000 Geisteskranke, Epileptiker usw. in Anstaltspflege.

b) Was kosten diese jährlich insgesamt bei einem Satz von RM 4,–?

c) Wie viel Ehestandsdarlehen zu je RM 1000,– könnten – unter Verzicht auf spätere Rückzahlung – von diesem Geld jährlich ausgegeben werden?

Q12 *Ausmerzung des Kranken und Schwachen in der Natur,* Propagandamaterial für die Schule

Bild- und Tondokumente über die Verfolgung und Entrechtung der Juden im NS-Staat auf Zeitreise multimedial „Das 20. Jahrhundert"

1. *Liste auf, wer im NS-Staat Opfer von Terror und Verfolgung werden konnte (VT). Berücksichtige auch die Seiten 58 bis 61.*
2. *Stelle die staatlichen Maßnahmen zur Ausgrenzung der jüdischen Bevölkerung zusammen (VT, Q2–Q7).*
3. *Beschreibe, wie sich die Bevölkerung zur Ausgrenzung und Verfolgung verhielt (VT, Q7, Q9, Q10). Überlege, welche Motive dahinter standen.*
4. *Der Bericht der Exil-SPD (Q9) und der Zeitungsartikel (Q8) schildern die Pogromnacht völlig unterschiedlich. Erkläre, warum.*
5. *Wie und mit welchen Mitteln begründeten die Nationalsozialisten die Vernichtung „unwerten Lebens" (VT, Q11–Q13)?*

11 Der Weg in den Krieg

Q 1 *Hitler fährt nach dem „Anschluss" Österreichs,* der in Wirklichkeit eine militärische Besetzung war, durch Wien.

A-Z

Selbstbestimmungsrecht der Völker
meint den Anspruch eines Volkes auf Unabhängigkeit und Entscheidungsfreiheit über seine Angelegenheiten. Hitler missbrauchte dieses Recht für seine Eroberungspläne.

Appeasement-Politik
(von engl. to appease = beschwichtigen)
Politik der englischen Regierung bis 1938: Zugeständnisse gegenüber Hitlers Aufrüstungsplänen und Gebietsansprüchen sollten ihn davon abhalten, Gewalt anzuwenden.

Ziel: Weltmacht

In seinem Buch „Mein Kampf" hatte Hitler als Ziel der nationalsozialistischen Außenpolitik formuliert: „Deutschland wird entweder Weltmacht oder überhaupt nicht mehr sein." In Hitlers Vorstellungen spielte dabei der Gedanke von „mehr Lebensraum im Osten" eine große Rolle. Das bedeutete die gewaltsame Ausdehnung Deutschlands nach Osten, also Krieg. Hitler verstand es jedoch, seine Ziele nach außen hin zu verbergen. Obwohl er Krieg plante, sprach er in der Öffentlichkeit immer nur vom Frieden.

Deutschland rüstet auf

Anfangs verfolgte die NS-Außenpolitik vor allem ein Ziel: die Rücknahme der Bestimmungen des Versailler Vertrages. Das war bei vielen Deutschen populär, die sich nach alter Macht und Größe sehnten. Bereits 1933 trat Deutschland aus dem Völkerbund aus. Die Nationalsozialisten konnten sich so internationaler Kontrolle entziehen und heimlich aufrüsten. 1935 verletzte die NS-Regierung gleich zweimal die Rüstungsbeschränkungen des Versailler Vertrags: Im März wurde die Wehrpflicht wiedereingeführt, im Juli kam es zu einem Flottenabkommen mit England. Ein Jahr später besetzten deutsche Truppen das entmilitarisierte Rheinland. Die ausländischen Regierungen protestierten nur schwach.

Großdeutsches Reich

1938 befahl Hitler den Einmarsch in Österreich. Dabei berief er sich auf das Selbstbestimmungsrecht der Völker. Während die österreichische Regierung protestierte, jubelten die meisten Österreicher über die Vereinigung mit Deutschland zum „Großdeutschen Reich".

Noch im selben Jahr forderte Hitler auch für die in der Tschechoslowakei lebenden Sudetendeutschen das Selbstbestimmungsrecht: Das Sudetenland sollte Deutschland angegliedert werden. Als Hitler mit Krieg drohte, gaben die Staatsmänner Englands, Frankreichs und Italiens nach. Auf der Münchener Konferenz beschlossen sie, dass die Tschechoslowakei das Sudetenland abtreten musste. Dafür wurde die Existenz der übrigen Tschechoslowakei garantiert. Hitler erklärte, keine weiteren Forderungen zu stellen. Der Frieden in Europa schien gerettet.

Am Vorabend des Krieges

Als im März 1939 deutsche Truppen in die Tschechoslowakei einmarschierten, war die britische Appeasement-Politik gescheitert. England und Frankreich gaben nun Polen eine Garantieerklärung, denn dieser Staat schien als Nächster ins Visier Hitlers zu geraten. Ende August 1939 überraschten Deutschland und die Sowjetunion die übrige Welt mit der Unterzeichnung eines Nichtangriffspaktes. In einem geheimen Zusatzprotokoll teilten sie bereits Polen als Kriegsbeute auf. Am 1. September griffen deutsche Soldaten Polen an. England und Frankreich hielten sich an ihre Garantiezusage und erklärten Deutschland den Krieg. Der Zweite Weltkrieg hatte begonnen.

Q2 *Aus der Regierungserklärung Hitlers vor dem Deutschen Reichstag am 23. März 1933:*
Das deutsche Volk will mit der Welt in Frieden leben (...). Die Begriffe von Siegernationen und von Besiegten können nicht als eine dauernde Basis freundschaftlicher Beziehungen der Völker untereinander gelten (...). Die nationale Regierung ist bereit, jedem Volke die Hand zu einer aufrichtigen Verständigung zu reichen, das gewillt ist, die traurige Vergangenheit endlich einmal grundsätzlich abzuschließen (...). Die Reichsregierung wird jede Bemühung unterstützen, die darauf gerichtet ist, einer allgemeinen Abrüstung wirksam zu dienen und den dabei schon längst fälligen Anspruch Deutschlands zur Gleichberechtigung sicherzustellen (...). Wir sind (...) der Überzeugung, dass ein solcher Ausgleich in unserem Verhältnis zu Frankreich möglich ist.

Q3 *Auf einer Besprechung äußerte sich Hitler 1937 zur Außenpolitik. Sein Adjutant Oberst Hoßbach notierte diese Gedanken:*
Das Ziel der deutschen Politik sei die Sicherung und Erhaltung der Volksmasse und deren Vermehrung, somit handle es sich um das Problem des Raumes. (...) Dass jede Raumerweiterung nur durch Brechen von Widerstand und unter Risiko vor sich gehen könne, habe die Geschichte aller Zeiten – römisches Weltreich, englisches Empire – bewiesen. Auch Rückschläge seien unvermeidbar. Weder früher noch heute habe es herrenlosen Raum gegeben, der Angreifer stoße stets auf den Besitzer. Für Deutschland laute die Frage, wo größter Gewinn unter geringstem Einsatz zu erreichen sei. (...) Zur Lösung der deutschen Frage könne es nur den Weg der Gewalt geben.

Q6 *„Der Mann mit den zwei Gesichtern“,* Karikatur aus der französischen Zeitung „Le Rempart“ von 1933. – Erläutere die Aussage der Karikatur mit Hilfe des VT. Achte auf die Einzelheiten der Zeichnung.

1. *Liste die Schritte der NS-Außenpolitik zwischen 1933 und 1939 auf. Nimm dabei die Karte auf S. 46 zu Hilfe.*
2. *Erläutere, inwieweit das Motto „Den Frieden verkünden, den Krieg vorbereiten“ auf die Außenpolitik Hitlers zutrifft (VT, Q2, Q3, Q5).*
3. *Erkläre die Aussage der Karikatur Q4.*
4. *Die NS-Propaganda bezeichnete den Einmarsch in Österreich als „Anschluss“. Diskutiert über diese Denkweise.*

Q4 *Karikatur zum „Hitler-Stalin-Pakt“, USA 1939.* Polen (Rotkäppchen) trifft auf Deutschland (Wolf) und die Sowjetunion (Bär).

Q5 *Bewohner Prags beim Einmarsch deutscher Truppen 1939.* – Mit welchen Gesten werden die Soldaten empfangen? Vergleiche mit Q1.

12 Der Krieg in Europa – Völkervernichtung

Q1 *Jüdische Zwangsarbeiter im Dienste der Wehrmacht in Mogilew (Weißrussland),* Foto einer Propaganda-Kompanie der Wehrmacht, 1944

„Blitzkriege" in Europa

Der Krieg in Polen dauerte nur wenige Wochen. Zwar hatten England und Frankreich, gemäß ihrem Bündnisversprechen, Deutschland den Krieg erklärt, doch sie beteiligten sich nicht an den Kämpfen. Beide Länder fürchteten, einem Krieg noch nicht gewachsen zu sein. So standen die polnischen Truppen alleine einer überlegenen, hochgerüsteten deutschen Wehrmacht gegenüber. Als Mitte September 1939 zudem sowjetische Soldaten in Polen eindrangen, war das polnische Schicksal endgültig besiegelt. Wie im „Hitler-Stalin-Pakt" verabredet, wurde das Land zwischen Deutschland und der Sowjetunion aufgeteilt.

Nach der Eroberung Polens verlagerte sich der Krieg zunächst nach Nord- und Westeuropa. Da die Erzimporte aus Schweden für die deutsche Kriegswirtschaft sehr wichtig waren, ließ Hitler Dänemark und Norwegen besetzen. Im Mai 1940 begann der so genannte Westfeldzug. Die deutschen Truppen besetzten zunächst die Niederlande und Belgien. Im Juni griff die Wehrmacht dann Frankreich an. Mit Hilfe der überlegenen Panzer- und Luftwaffe wurde es binnen weniger Wochen zur Kapitulation gezwungen. Im Mittelmeerraum kämpften deutsche Truppen gemeinsam mit ihren italienischen Verbündeten. Die Wehrmacht besetzte den Balkan, Griechenland und Nordafrika.

Weite Teile Europas standen 1941 unter nationalsozialistischer Besatzung. Einzig England wehrte sich erfolgreich gegen die Angriffe. Die von Hitler geplante Eroberung der britischen Insel ließ sich nicht verwirklichen.

Vernichtungskrieg im Osten

Am 22. Juni 1941 brach die deutsche Regierung ihren Nichtangriffspakt mit Stalin: Deutsche Truppen fielen in die Sowjetunion ein. Der Kampf im Osten war von Anfang an ein Vernichtungskrieg. Er wurde mit äußerster Brutalität geführt. Vor allem SS-Einheiten ermordeten Millionen Kriegsgefangene und Zivilisten. Aber auch Soldaten der Wehrmacht waren an Hinrichtungsaktionen von Widerstandskämpfern und am Völkermord gegen die Juden beteiligt. Sie hatten Massengräber ausgehoben sowie Erschießungen und Vergeltungsaktionen an Zivilisten durchgeführt. Die Nationalsozialisten führten diesen Krieg nicht, um einen Staat zu erobern, sondern um das Land auszubeuten und die in ihren Augen „rassisch minderwertige" Bevölkerung zu vernichten.

Bereits im Oktober 1939 hatten deutsche Sondereinheiten in Polen mit der Vernichtung der dortigen Intelligenz und Führungsschicht begonnen. Bis Kriegsende starben dabei mindestens eine Million Polen. Das Gleiche wiederholte sich nun in der Sowjetunion. Mehr als 20 Millionen Russen kostete der Kampf gegen die Nationalsozialisten das Leben. Rund 3,3 Millionen sowjetische Soldaten kamen allein in deutscher Kriegsgefangenschaft ums Leben. Sie starben an Hunger, Erfrierungen, Seuchen oder den Folgen der Zwangsarbeit.

Q2 *Hinrichtungsopfer* wurden in Belgrad zur „Abschreckung" öffentlich aufgehängt, Foto, August 1941.

Q3 *Aus einem Brief des Generalmajors Hellmuth Stieff vom 31. Oktober 1939 (Stieff gehörte später zum Widerstand gegen Hitler und wurde hingerichtet):*

Es ist eine Stadt und eine Bevölkerung [in Warschau], die dem Untergang geweiht ist. (...) Man bewegt sich dort nicht als Sieger, sondern als Schuldbewusster. (...) Dazu kommt noch all das Unglaubliche, was dort am Rande passiert und wo wir mit verschränkten Armen zusehen müssen! Die blühendste Fantasie einer Gräuelpropaganda ist arm gegen die Dinge, die eine organisierte Mörder-, Räuber- und Plünderbande unter angeblich höchster Duldung dort verbricht. (...) Diese Ausrottung ganzer Geschlechter mit Frauen und Kindern ist nur von einem Untermenschentum möglich, das den Namen Deutsch nicht mehr verdient. Ich schäme mich, ein Deutscher zu sein!

Q4 *Der ehemalige Wehrmachtssoldat Bruno Schneider berichtet:*

1941 gehörte ich zur 4. Kompanie. Mit dieser Einheit kam ich Ende Juni 1941 von Frankreich nach Russland. Kurz vor unserem Abmarsch wurden wir von unserem Kompaniechef, dem Oberleutnant Prinz, in einer Scheune versammelt. Hier erhielten wir folgenden Geheimbefehl: „Kriegsgefangene sind von der Roten Armee nur in Ausnahmefällen, d. h. wenn es unvermeidlich ist zu machen. Im Übrigen sind gefangene Sowjetsoldaten zu erschießen. Stets zu erschießen sind Frauen, die in den Einheiten der Roten Armee dienen." Ich kann nun noch sagen, dass sich der große Teil der Soldaten meiner Einheit nicht so verhielt, wie es der obige Befehl von ihnen forderte. Ich sah aber auch, wie sich die deutsche Armee ein grauenhaftes Ansehen erwarb.

1 Betrachte die Bilder und beschreibe mögliche Reaktionen der Bevölkerung (Q1, Q2).

2 Erläutere, worin sich der Krieg im Westen vom Krieg im Osten unterschied (VT, Q3, Q4).

3 Erkläre mit eigenen Worten, warum bei den Völkern Osteuropas die Taten der SS-Männer und der Soldaten nicht vergessen und wohl auch nicht vergeben werden können.

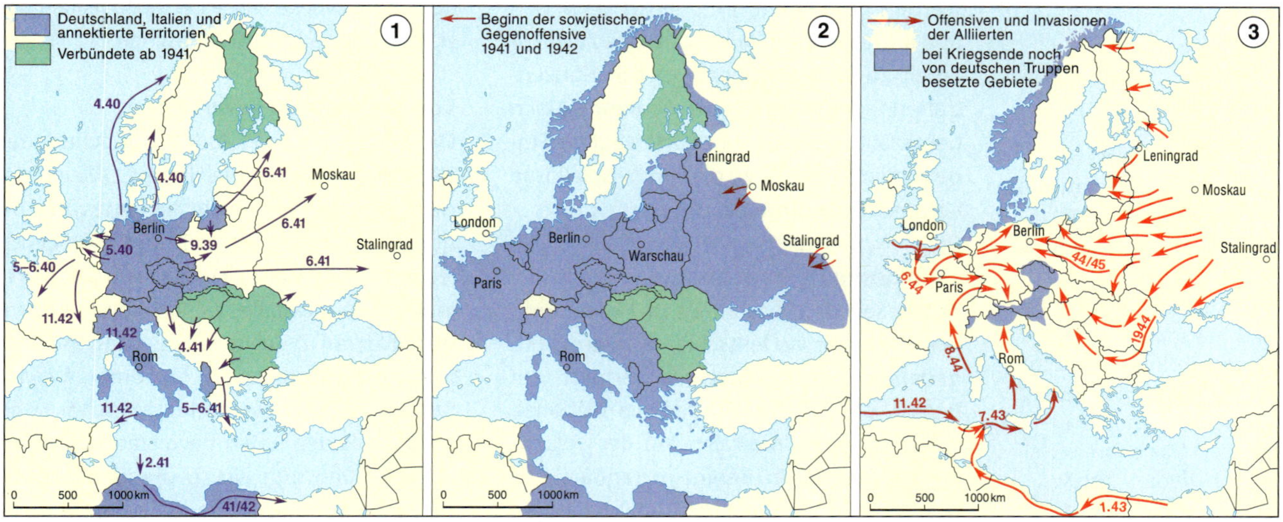

D1 *Der Krieg in Europa 1939 bis 1945:*
① Phase der deutschen „Blitzkriege";
② größte Ausdehnung der deutschen und italienischen Mächte während des Krieges im Jahre 1942;
③ die Zeit der alliierten Invasion und Offensiven, die am 8. Mai 1945 zur Kapitulation des Deutschen Reiches führten.

13 Holocaust – Shoa

Q 1 *Auf dem Bahnsteig des Vernichtungslagers Auschwitz-Birkenau* sortierten SS-Ärzte und Wachpersonal die Ankommenden in zwei Gruppen: Schwangere, Mütter mit Kindern, Invaliden und alte Menschen kamen sofort in die Gaskammern. Alle anderen wurden dem Lager zur „Vernichtung durch Arbeit" zugewiesen.

Holocaust/Shoa
(von griech. „holocaustos"= „völlig verbrannt")
Mit dem Begriff Holocaust bezeichnet man heute die Ermordung der Juden während der nationalsozialistischen Diktatur. Häufig wird für dieses Verbrechen auch der Begriff „Shoa" verwendet. Das hebräische Wort bedeutet „großes Unheil, Katastrophe".

Unfassbare Verbrechen

Wer sich mit dem Holocaust beschäftigt, gerät schnell an die Grenze seines Vorstellungsvermögens. Sechs Millionen Menschen jüdischer Abstammung wurden unter dem Nazi-Regime systematisch ermordet. Die Leiden der Opfer sind kaum vorstellbar. Sie wurden erschossen, in Ghettos getrieben und ausgehungert, durch schwere Zwangsarbeit zu Tode gebracht oder in Konzentrationslagern vergast und verbrannt. Noch heute fällt es schwer, Antworten auf die Frage zu finden, wie es zu diesem beispiellosen Verbrechen kommen konnte.

„Endlösung der Judenfrage"

Schon seit dem Machtantritt Hitlers wurden die Juden in Deutschland unterdrückt, gedemütigt, entrechtet und verfolgt. Mit Beginn des Krieges wurden die Nationalsozialisten noch radikaler. Auf der „Wannsee-Konferenz" in Berlin im Januar 1942 besprachen führende Nationalsozialisten die Organisation der „Endlösung der Judenfrage". Gemeint war damit die systematische Vernichtung aller Juden in Europa. Der Völkermord an den Juden war zu diesem Zeitpunkt schon beschlossene Sache. Seit Herbst 1941 wurden Juden aus Deutschland und den seit Kriegsbeginn besetzten Ländern in Konzentrationslager und Vernichtungslager in den eroberten Ostgebieten verschleppt.

„Todesfabrik" Auschwitz

Das Vernichtungslager Auschwitz war die größte Mordmaschine, die je erdacht und verwirklicht wurde. In Güterwaggons zusammengepfercht wurden die Menschen in das Lager gebracht und sofort bei der Ankunft in Arbeitsfähige und Todeskandidaten aussortiert. Es waren Frauen, Kinder, alte Menschen, die man sofort in den Tod schickte. Sie wurden vergast, ihre Leichen verbrannt. Die Arbeitsfähigen wurden als billige Arbeitskräfte eingesetzt. Doch auch sie starben an Unterernährung, Seuchen, Misshandlungen und den unmenschlichen Bedingungen im Lager.
Neben Auschwitz gab es etliche weitere Vernichtungslager, in denen systematisch gemordet wurde. Allein in Auschwitz starben über eine Million Menschen.

Von allem nichts gewusst?

Die Vernichtung der Juden war schon vor 1933 ein erklärtes Ziel Hitlers. Allein mit dem wahnhaften Rassismus eines mächtigen Diktators lässt sich der Holocaust jedoch nicht erklären. Die Vernichtung hatte industrielle Ausmaße, zahlreiche Menschen waren daran beteiligt: Planer, Ingenieure, Buchhalter, Lieferanten, Lokführer, Wachpersonal und viele mehr. Mancher, der ahnte, was den Juden bevorstand, schaute bewusst weg, um ein so übergroßes Verbrechen überhaupt ertragen zu können.

Q5 *Großunternehmen und Konzerne* – darunter Siemens, Krupp, IG Farben – errichteten Fabriken neben den Vernichtungslagern und liehen sich von der SS Häftlinge als billige Arbeitskräfte, Zeichnung eines Häftlings des Lagers Sachsenhausen.

Q2 *Aus dem Protokoll der Wannsee-Konferenz, 20. Januar 1942:*

Unter entsprechender Leitung sollen im Zuge der Endlösung die Juden im Osten zum Arbeitseinsatz kommen. In großen Arbeitskolonnen, unter Trennung der Geschlechter, werden die arbeitsfähigen Juden Straßen bauend in diese Gebiete geführt, wobei zweifellos ein Großteil durch natürliche Verminderung ausfallen wird. Der allfällig endlich verbleibende Restbestand wird, da es sich bei diesem zweifellos um den widerstandsfähigsten Teil handelt, entsprechend behandelt werden müssen, da dieser, eine natürliche Auslese darstellend, bei Freilassung als Keimzelle eines neuen jüdischen Aufbaues anzusprechen ist.

Q3 *Ruth Klüger, eine Jüdin, die das Konzentrationslager überlebte, beschreibt in ihren Erinnerungen den Transport nach Auschwitz:*

Noch jetzt, wenn ich Güterwagen sehe, überläuft es mich. Es ist ja üblich, Viehwaggons zu sagen, aber auch Tiere werden normalerweise nicht so befördert und wenn, so sollte es nicht sein. Die Türen waren abgeschlossen, Luft kam durch ein kleines Viereck von einem Fenster. Waren es 60 oder 80 Menschen? Bald stank der Wagen nach Urin und Kot, es gab nur eine Luke, um Gefäße zu entleeren. Ich weiß nicht, wie lange die Reise gedauert hat. Aber die Fahrt war für mich die längste. Vielleicht hat der Zug auch mehrmals gehalten und ist herumgestanden. Bestimmt nach der Ankunft in Auschwitz, doch wohl auch schon vorher standen die Waggons und die Temperatur drinnen stieg. Panik, Ausdünstungen der Körper, die es nicht mehr aushielten in der Hitze und in einer Luft, die mit jeder Minute zum Atmen ungeeigneter wurde. Von daher glaube ich eine Ahnung zu haben, wie es in den Gaskammern gewesen sein muss.

Q4 *Rudolf Höß, der 1947 hingerichtete ehemalige Lagerkommandant von Auschwitz, beschreibt den Gastod:*

Die zur Vernichtung bestimmten Juden wurden möglichst ruhig – Männer und Frauen getrennt – zu den Krematorien geführt. Im Auskleideraum wurde ihnen (...) gesagt, dass sie hier nun zum Baden und zur Entlausung kämen, dass sie ihre Kleider ordentlich zusammenlegen sollten und vor allem den Platz zu merken hätten, damit sie nach der Entlausung ihre Sachen schnell wiederfinden könnten (...). Nach der Entkleidung gingen die Juden in die Gaskammer, die mit Brausen und Wasserleitungsrohren versehen, völlig den Eindruck eines Baderaumes machte. Zuerst kamen die Frauen mit den Kindern hinein, hernach die Männer (...). Die Tür wurde schnell zugeschraubt und das Gas sofort durch die (...) Decke der Gaskammer in einen Luftschacht bis zum Boden geworfen. Dies bewirkte die sofortige Entwicklung des Gases. Durch das Beobachtungsloch in der Tür konnte man sehen, dass die dem Einwurfschacht am nächsten Stehenden sofort tot umfielen. Man kann sagen, dass ungefähr ein Drittel sofort tot war. Die anderen fingen an zu taumeln, zu schreien und nach Luft zu ringen. Das Schreien ging aber bald in ein Röcheln über und in wenigen Minuten lagen sie alle. Nach mindestens 20 Minuten regte sich keiner mehr (...). Eine halbe Stunde nach Einwurf des Gases wurde die Tür geöffnet und die Entlüftungsanlage eingeschaltet (...). Den Leichen wurden nun (...) die Goldzähne entfernt und den Frauen die Haare abgeschnitten. Hiernach [wurden sie] durch den Aufzug nach oben gebracht vor die inzwischen angeheizten Öfen. Je nach Körperbeschaffenheit wurden bis zu drei Leichen in eine Ofenkammer gebracht. Auch die Dauer der Verbrennung war durch die Körperbeschaffenheit bedingt. Es dauerte im Durchschnitt 20 Minuten (...). Die Asche fiel (...) durch die Roste und wurde laufend entfernt und zerstampft. Das Aschenmehl wurde mittels Lastwagen nach der Weichsel gefahren und dort schaufelweise in die Strömung geworfen, wo es sofort abtrieb und sich auflöste.

D1 *Vernichtungslager und die Herkunftsländer der ermordeten Juden*

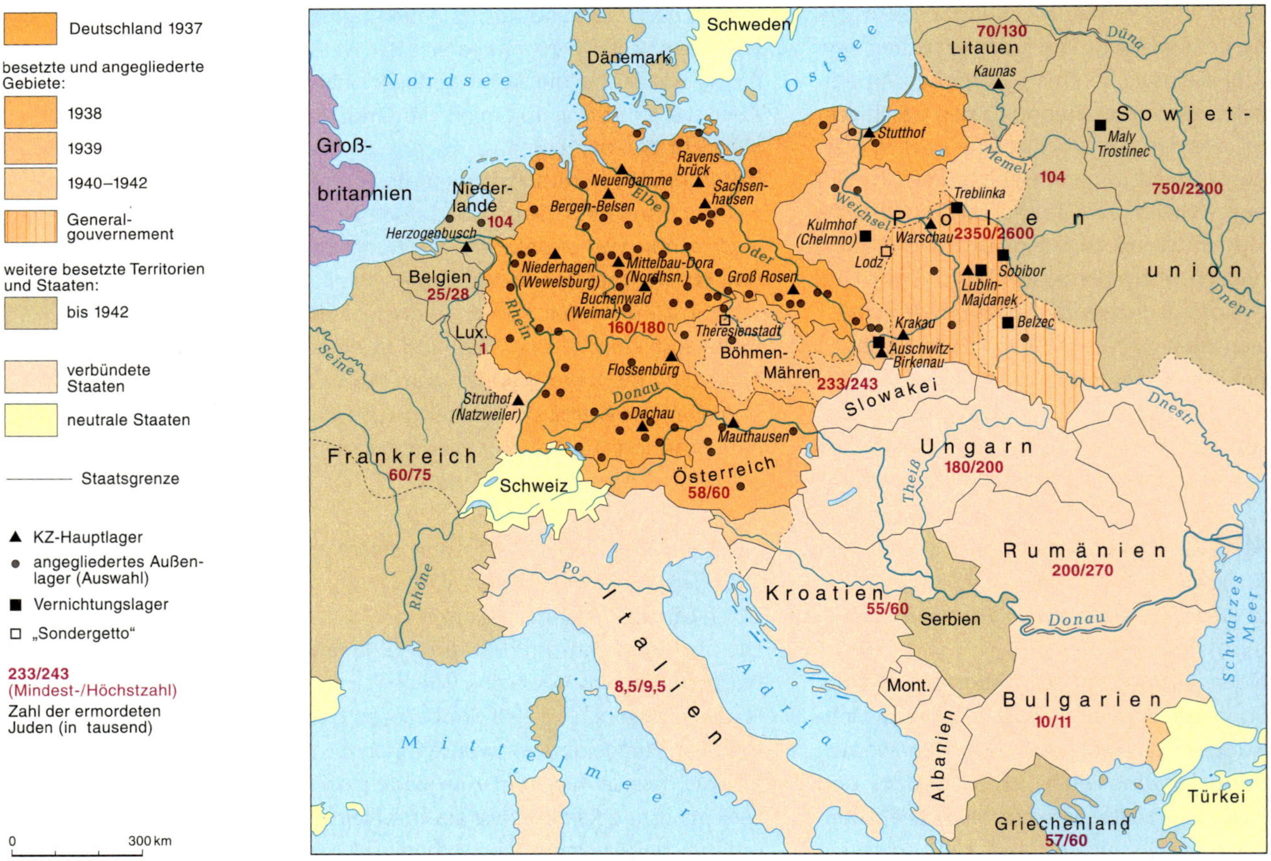

Q8 *„Wandelnde Leichen“,* Tuschezeichnung von Alfred Kantor. Kantor war gelernter Werbegrafiker, als er in ein KZ gebracht wurde, weil er Jude war.

Q6 *In einer Rede vor SS-Führern erklärte Heinrich Himmler, der Reichsführer der SS, am 4. Oktober 1943 in Posen:*

Ich will hier vor Ihnen in aller Öffentlichkeit auch ein ganz schweres Kapitel erwähnen. Unter uns soll es einmal ganz offen ausgesprochen sein und trotzdem werden wir in der Öffentlichkeit nie darüber reden (…). Ich meine jetzt die Judenevakuierung, die Ausrottung des jüdischen Volkes. Es gehört zu den Dingen, die man leicht ausspricht – „Das jüdische Volk wird ausgerottet“, sagt ein jeder Parteigenosse, „ganz klar, steht in unserem Programm, Ausschaltung der Juden, Ausrottung, machen wir.“ Und dann kommen sie alle an, die braven 80 Millionen Deutschen, und jeder hat seinen anständigen Juden. Es ist ja klar, die anderen sind Schweine, aber dieser eine ist ein prima Jude. Von allen, die so reden, hat keiner zugesehen, keiner hat es durchgestanden. Von euch werden die meisten wissen, was es heißt, wenn 100 Leichen beisammenliegen, wenn 500 daliegen oder (…) 1000 (…). Dies durchgehalten zu haben und dabei – abgesehen von Ausnahmen menschlicher Schwächen – anständig geblieben zu sein, das hat uns hart gemacht. Dies ist ein niemals geschriebenes und niemals zu schreibendes Ruhmesblatt unserer Geschichte.

Q7 *Was wussten die Deutschen vom Holocaust? Der Historiker Wolfgang Benz schreibt 1995 dazu:*

[Es] gab viele Möglichkeiten, davon zu erfahren – und man konnte sich dem Wissen kaum entziehen. Soldaten der Wehrmacht erzählten im Urlaub von der Ostfront oder schrieben nach Hause, was sie gesehen hatten. Die Existenz der Ghettos und Konzentrationslager konnte ebenso wenig verborgen bleiben wie die Deportation der Juden aus allen Teilen Europas „zur Siedlung im Osten“.

Dass es – über die Gerüchte hinaus – mehr oder weniger deutliches Wissen um den organisierten Völkermord am Ostrand des deutschen Herrschaftsgebiet gab, ist evident [klar]. Aber die Deutschen wussten von den Gaskammern und Vernichtungslagern, ohne davon wissen zu wollen. Was vielen Selbstschutz war, wurde nach dem Zusammenbruch des Hitlerstaats zur Lebenslüge einer Generation. Weil sie entsetzt und beschämt waren über die Verbrechen, wollten sie nicht durch Wissen mitschuldig gewesen sein und beteuerten nach 1945 gemeinsam, nichts gewusst zu haben, redeten sich ein, der Völkermord sei das Geheimnis einer kleinen Clique von Verbrechern gewesen.

1. *Vergleiche das Protokoll Q2 und den Bericht von Höß (Q4) mit der Schilderung von Ruth Klüger (Q3). Beachte vor allem die Sprache.*
2. *Stelle fest, wo sich die Vernichtungslager befanden (D1). Was kann man daraus schließen? Versuche zu klären, ob es auch in der Nähe deines Ortes ein Konzentrationslager gab.*
3. *Versuche, Stellung zu nehmen zu dem unmenschlichen Leid, das den Menschen angetan wurde (Q1, Q3, Q4, Q8).*
4. *Der Historiker Benz schreibt, die Deutschen wussten vom Völkermord, „ohne davon wissen zu wollen“ (Q7). Erkläre, was er damit meint.*
5. *Diskutiert, warum es auch heute noch Menschen gibt, die den Massenmord der Nationalsozialisten leugnen.*

14 Sinti und Roma – eine verfolgte Minderheit

Q1 *„Rassenbiologische" Untersuchungen.* Eine Frau muss sich den Fragen des Leiters der Rassenhygienischen Forschungsstelle, dem Nervenarzt Dr. Robert Ritter (rechts) stellen.

Zigeuner
ist die traditionelle deutsche Bezeichnung für Sinti und Roma. Das Wort kommt aus dem Griechischen und bedeutet „die Unberührbaren". Heute empfinden viele Sinti und Roma den Begriff „Zigeuner" als herabwürdigend.

Sinti und Roma
Die deutschen „Zigeuner" bezeichnen sich selbst als „Sinti". „Zigeuner" aus Ost- oder Südosteuropa werden im Deutschen als „Roma" bezeichnet. Bis heute gibt es eine gemeinsame Sprache aller Sinti und Roma, das Romanes.

Ein Volk mit eigener Kultur

Seit über 600 Jahren leben Sinti und Roma in Europa. Das Volk wanderte im Mittelalter aus Indien ein. Doch viele deutsche Landesherren gaben den Eingewanderten keine Aufenthaltsgenehmigung, sodass sie zu einem Wanderleben gezwungen waren. Bei der Bevölkerung entstand dadurch das Vorurteil, „Zigeuner" seien nicht sesshaft. Ihr Geld verdienten sie als Handwerker oder Händler, z. B. als Kunstschmiede, Geigenbauer, Korbflechter, Kesselflicker oder Pferdehändler. Andere zogen über Land, wo sie Waren für den alltäglichen Gebrauch verkauften. In den 1920er-Jahren betrieben viele Sinti-Familien fahrende Theater- oder Musikgruppen oder einen Zirkus. In Dörfern und kleinen Städten waren ihre Aufführungen eine Attraktion.

Unterdrückung und Ausgrenzung

Seit dem Mittelalter litten Sinti und Roma immer wieder unter Verfolgungen: Sie wurden aus dem Land vertrieben, gejagt, eingesperrt oder getötet. Seit etwa 1900 wurden Sinti und Roma in Deutschland von der Polizei systematisch überwacht. Als die Nationalsozialisten an die Macht kamen, bauten sie diese Bestimmungen aus. Sie sahen die „Zigeuner" als „minderwertige Rasse" an und schlossen sie aus der Gesellschaft aus. Seit den Nürnberger Rassegesetzen von 1935 war es Sinti verboten, Nicht-Sinti zu heiraten. Ihnen wurde nicht mehr erlaubt, ihre traditionellen Berufe auszuüben. Kindern wurde die Schul- und Berufsbildung verwehrt.

Zwangssterilisationen

Seit 1937 reisten „Rassenforscher" durchs Land, um alle „Zigeuner" nach rassischen Merkmalen zu erfassen. Sie ließen Frauen, Männer und Kinder am ganzen Körper vermessen und fotografieren. Außerdem nahmen sie Finger-, Hand- und manchmal auch Kopfabdrücke und erstellten Stammbäume über die Familienverhältnisse der untersuchten Personen. Alle Angaben wurden in der eigens gegründeten „Rassenhygienischen Forschungsstelle" in Berlin gesammelt. Auf der Grundlage dieser Daten wurden viele Frauen, Männer und sogar Kinder zwangsweise sterilisiert (= unfruchtbar gemacht), um die Sintifamilien auszurotten.

Völkermord

Zuständig für die Verfolgung der Sinti und Roma war die Kriminalpolizei. Sie inhaftierte seit 1938 Sinti und Roma in Konzentrationslagern, wo sie zu schwerer Zwangsarbeit verpflichtet wurden. Im Vernichtungskrieg in Osteuropa starben zahlreiche Roma bei den Massenerschießungen durch deutsche Einsatzgruppen. Der systematische Völkermord begann 1942 mit dem „Auschwitz-Erlass" von SS- und Polizeichef Heinrich Himmler: Darin beauftragte er die Polizei, ganze Familien in das „Zigeunerlager" Auschwitz-Birkenau zu deportieren, wo Zehntausende Sinti und Roma ermordet wurden.

Q2 *Über die Verschleppung in ein Sammellager am Stadtrand von Hannover berichtet ein Kind der Familie Weiss:*

In der Bockstraße haben wir gewohnt bis 1942, dann kamen sie an, mit einem Militärauto. Da haben sie gesagt: Fertig machen, Sie kriegen eine andere Wohnung. Da hat mein Vater gesagt: Wieso, wir haben eine. – Nein, Sie kriegen jetzt eine Wohnung, da ist Wald, da können Sie auch bepflanzen. (…) Die Sachen haben sie dann rausgeschmissen, aus dem Fenster und aufgeladen. Dann haben sie uns nach Altwarmbüchen gebracht. Wie wir ankamen, da hat mein Vater gesagt: Wo ist denn die Wohnung? (…) Das ist keine, das ist ein Viehwagen. – Ja, da müsst ihr rein, ihr Zigeuner.

Q3 *Fritz Laubinger war zehn Jahre alt, als seine Familie in der Hogrefestraße in Hannover-Stöcken verhaftet wurde. Er berichtete nach dem Krieg:*

Mein Großvater lebte in Stöcken als angesehener Bürger. Er unterhielt Pferdefuhrwerke, mit denen er die Post der Stadt Hannover transportierte und für das Verpflegungslager des Heeres Transporte übernahm. Am frühen Morgen des 18. Februar 1944 fuhr ein Lastwagen der Gestapo vor. Wir mussten uns draußen vor der Tür in den Hof stellen. Die Gestapo rief nach einer Liste die Namen unserer Verwandten auf, die für den Transport vorgesehen waren. Sie wurden, zum Teil in ihrer Nachtbekleidung, auf den Lastwagen getrieben und in ein Sammellager in die Gestapozentrale in der Hardenbergstraße gebracht. Als die Liste verlesen wurde, schrieen die Leute fürchterlich. Sie wurden unter Zwang auf den Lastwagen getrieben. Ich habe dies mit eigenen Augen gesehen, denn ich stand in einer Reihe auf dem Hof. Diese Aktion leitete ein Kommissar Harms, der unsere Sprache – das Romanes – sprach und unsere Spitznamen kannte. (…) Meine Familie blieb verschont, angeblich, um auf das Haus aufzupassen. (…) Drei Tage später waren (unsere Verwandten) auf dem Transport von Hannover nach Auschwitz. Der gute Ruf meines Großvaters hatte nichts genützt.

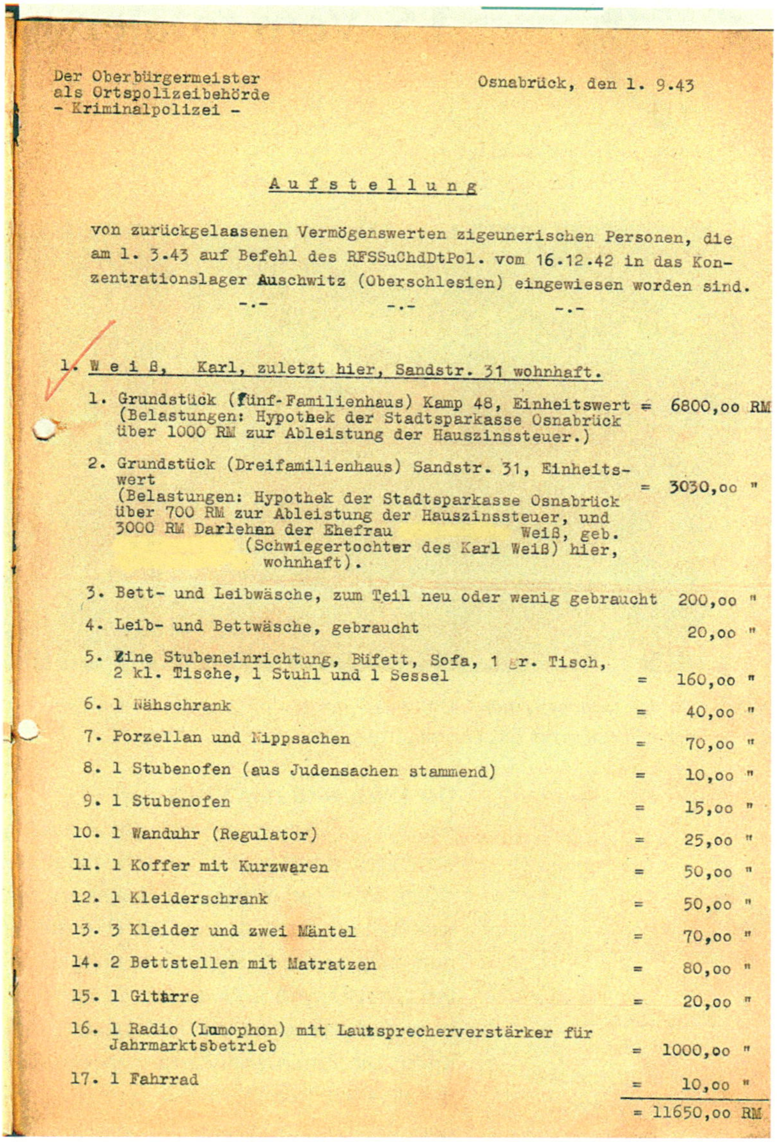

Der Oberbürgermeister
als Ortspolizeibehörde
- Kriminalpolizei -

Osnabrück, den 1. 9.43

A u f s t e l l u n g

von zurückgelassenen Vermögenswerten zigeunerischen Personen, die am 1. 3.43 auf Befehl des RFSSuChdDtPol. vom 16.12.42 in das Konzentrationslager Auschwitz (Oberschlesien) eingewiesen worden sind.

-.- -.- -.-

1. W e i ß, Karl, zuletzt hier, Sandstr. 31 wohnhaft.

1.	Grundstück (fünf-Familienhaus) Kamp 48, Einheitswert (Belastungen: Hypothek der Stadtsparkasse Osnabrück über 1000 RM zur Ableistung der Hauszinssteuer.)	= 6800,oo RM
2.	Grundstück (Dreifamilienhaus) Sandstr. 31, Einheitswert (Belastungen: Hypothek der Stadtsparkasse Osnabrück über 700 RM zur Ableistung der Hauszinssteuer, und 3000 RM Darlehen der Ehefrau Weiß, geb. (Schwiegertochter des Karl Weiß) hier, wohnhaft).	= 3030,oo "
3.	Bett- und Leibwäsche, zum Teil neu oder wenig gebraucht	200,oo "
4.	Leib- und Bettwäsche, gebraucht	20,oo "
5.	Eine Stubeneinrichtung, Büfett, Sofa, 1 gr. Tisch, 2 kl. Tische, 1 Stuhl und 1 Sessel	= 160,oo "
6.	1 Nähschrank	= 40,oo "
7.	Porzellan und Nippsachen	= 70,oo "
8.	1 Stubenofen (aus Judensachen stammend)	= 10,oo "
9.	1 Stubenofen	= 15,oo "
10.	1 Wanduhr (Regulator)	= 25,oo "
11.	1 Koffer mit Kurzwaren	= 50,oo "
12.	1 Kleiderschrank	= 50,oo "
13.	3 Kleider und zwei Mäntel	= 70,oo "
14.	2 Bettstellen mit Matratzen	= 80,oo "
15.	1 Gitarre	= 20,oo "
16.	1 Radio (Lumophon) mit Lautsprecherverstärker für Jahrmarktsbetrieb	= 1000,oo "
17.	1 Fahrrad	= 10,oo "
		= 11650,oo RM

RFSSuChdDtPol. = Reichsführer SS und Chef der Deutschen Polizei; gemeint ist Heinrich Himmler.

Q4 *Aufstellung der Osnabrücker Kriminalpolizei über das Vermögen der Sinti,* die am 1. März 1943 aus Osnabrück nach Auschwitz deportiert wurden. Die zurückgelassenen Häuser und Gegenstände wurden Eigentum des Staates. – Stelle zusammen, was du aus dem Dokument über das Leben von Karl Weiß erschließen kannst. Zeige auf, wer an der Verfolgung der Familie beteiligt war.

1. *Stelle aus den Materialien auf dieser Doppelseite die Stationen der „Zigeuner"-Verfolgung zusammen (VT, Q1–Q4).*
2. *Finde Gründe dafür, dass bis heute in der Öffentlichkeit wenig über die Verfolgung der Sinti und Roma in der NS-Zeit bekannt ist.*

15 Vom totalen Krieg zur Kapitulation

Q1 *„Der letzte Pressetermin“.* Hitler verleiht den Jungen des Volkssturms im Garten der Reichskanzlei das Eiserne Kreuz, Foto vom 20. März 1945.

Alliierte
(von frz. „allier“ = verbünden)
In Deutschland werden damit meist die verbündeten Siegermächte des Zweiten Weltkriegs bezeichnet: Frankreich, Großbritannien, die USA und die Sowjetunion.

Volkssturm
Männer im Alter von 16 bis 60 Jahren, die noch nicht zur Wehrmacht eingezogen worden waren, sollten ab September 1944 die Heimat verteidigen. Sie waren schlecht ausgebildet und nur dürftig bewaffnet. Tausende von ihnen starben in den letzten Kriegsmonaten.

Der Krieg wird zum Weltkrieg

Als am 7. Dezember 1941 Japan völlig überraschend den amerikanischen Flottenstützpunkt Pearl Harbor auf Hawaii angriff, weitete sich der Krieg aus. Die USA griffen nun auch zu den Waffen. Daraufhin erklärten Deutschland und Italien als Bündnispartner der Japaner den USA ebenfalls den Krieg. Die Amerikaner begannen verstärkt die alliierten Truppen in Europa mit Munition, Waffen und Soldaten zu unterstützen. Der Krieg war zum Weltkrieg geworden.

Stalingrad – die Wende

Neben dem Kriegseintritt der USA gilt die Schlacht um Stalingrad im Winter 1942/43 als Wendepunkt im Zweiten Weltkrieg. Etwa 250 000 Soldaten der sechsten deutschen Armee waren bei Stalingrad von sowjetischen Truppen eingekesselt worden. Hitler befahl, die Stadt zu verteidigen, und untersagte einen möglichen Ausbruchversuch. Das führte zur Katastrophe. 160 000 deutsche Soldaten starben bei den Kämpfen, erlagen ihren Verletzungen oder verhungerten. 90 000 gerieten in Kriegsgefangenschaft. Die NS-Propaganda versuchte, die Niederlage zu beschönigen. Im offiziellen Sprachgebrauch hieß es: Die Front im Osten sei begradigt worden.

Totaler Krieg

Wenige Tage nach der Katastrophe von Stalingrad rief Goebbels im Februar 1943 die Deutschen zum „totalen Krieg“ auf. Das gesamte Leben an der „Heimatfront“ wurde nun auf Krieg eingestellt: Die Arbeitszeiten wurden verlängert, Lebensmittel gab es nur noch gegen Bezugsscheine und immer mehr Frauen arbeiteten in Rüstungsbetrieben. Dabei war das Ende des Krieges nur eine Frage der Zeit. Zu groß war die Übermacht der Alliierten.
Die Menschen in Deutschland erlebten die Schrecken des Krieges nun auch am eigenen Leib: Bei Luftangriffen alliierter Bomber kamen mehr als 600 000 Menschen ums Leben, darunter zahlreiche Zivilisten. Etliche deutsche Städte wurden in Schutt und Asche gelegt. Die Stimmung in der Bevölkerung verschlechterte sich stetig. Dennoch begehrte kaum jemand gegen das Nazi-Regime auf. Zu groß war die Angst vor der Niederlage.

Ende des Krieges

Im Juni 1944 landeten alliierte Truppen in Frankreich und drangen unaufhaltsam Richtung Deutschland vor. Aus dem Osten rückte die Rote Armee der Sowjetunion immer näher. Die Niederlage war nun unvermeidlich. Da halfen weder Durchhalteparolen noch der so genannte Volkssturm. Am 8. und 9. Mai 1945 kapitulierte die deutsche Wehrmacht schließlich. Der Krieg in Europa war damit beendet. In Asien dauerten die Kämpfe an. Um die Kapitulation der Japaner zu erzwingen, setzten die USA erstmals in der Geschichte Atombomben ein. In Hiroshima und Nagasaki starben dabei über 150 000 Menschen.

Q2 *Feldpostbrief eines deutschen Soldaten aus Stalingrad vom 31. Dezember 1942:*

Meine Lieben!

Jetzt ist Silvesterabend und wenn ich an zu Hause denke, dann will mir fast das Herz brechen. Wie ist das alles hier trost- und hoffnungslos. Seit 4 Tagen habe ich schon kein Brot mehr zu essen und lebe nur von dem Schlag Mittagssuppe. Morgens und abends einen Schluck Kaffee und alle 2 Tage 100 g Büchsenfleisch od. ½ Büchse Ölsardinen od. etwas Tubenkäse. – Hunger, Hunger, Hunger, und Läuse und Schmutz. Tag und Nacht werden wir von Fliegern angegriffen, und das Artillerie-Feuer schweigt fast nie. Wenn nicht in absehbarer Zeit ein Wunder geschieht, gehe ich hier zugrunde.

Q3 *Führer-Befehl vom 19. März 1945:*

Alle militärischen, Verkehrs-, Nachrichten-, Industrie- und Versorgungsanlagen sowie Sachwerte innerhalb des Reichsgebietes, die sich der Feind für die Fortsetzung des Kampfes irgendwie sofort oder in absehbarer Zeit nutzbar machen kann, sind zu zerstören.

Q4 *Berlin war 1945 das größte Trümmerfeld in Europa.* Zwischen 1943 und 1945 erlitt die Stadt insgesamt 351 Luftangriffe.

Q5 *Propagandaplakat zur Mobilisierung der letzten Kräfte,* November 1944

1. *Erkläre mit eigenen Worten, was die Nationalsozialisten unter „totalem Krieg" verstanden (VT, Q3, Q5).*
2. *Diskutiert, warum es nicht früher zu einer Kapitulation kam.*
3. *Der Befehl Hitlers (Q3) ist kaum befolgt worden. Überlege, was die Ausführung dieser Anordnung für die Deutschen bedeutet hätte.*
4. *Erkundige dich bei Betroffenen nach ihren Kriegserfahrungen.*

16 Methode
Historische Reden untersuchen

Q1 *Joseph Goebbels während einer Rede als Gauleiter in Berlin,* Foto, um 1931

„Wollt ihr den totalen Krieg?"
Als die 6. deutsche Armee Anfang 1943 in Stalingrad kapitulierte, war die Kriegswende auch für die deutsche Bevölkerung offensichtlich. Die Alliierten forderten die bedingungslose Kapitulation der Wehrmacht. In dieser Situation entschloss sich Reichspropagandaminister Joseph Goebbels zu einer Massenkundgebung. Mit einer Rede wollte er alle Kräfte für den angestrebten „Endsieg" mobilisieren. Am 18. Februar erschienen 14 000 Mitglieder der NSDAP auf Einladung der Partei im Berliner Sportpalast. Der Rundfunk sendete die Rede am selben und den darauf folgenden Tagen gleich mehrfach und knapp eine Woche später zeigte auch die Wochenschau Auszüge der Ansprache. Goebbels verfolgte mit der Propagandaveranstaltung drei Ziele: Er wollte die Moral der Bevölkerung stärken, Siegeszuversicht verbreiten und die Botschaft vermitteln, dass der „totale Krieg" den „totalen Einsatz" jedes einzelnen Menschen des kriegführenden Staates erfordert.

Methodische Arbeitsschritte

Ob und wie eine historische Rede als Geschichtsquelle genutzt werden kann, hängt nicht zuletzt davon ab, welches Quellenmaterial zur Verfügung steht. Liegt die Rede in schriftlicher Form vor, können folgende Aspekte untersucht werden:

- **Geschichtlicher Hintergrund:**
  - Wer hat die Rede wann und wo gehalten?
  - Was war der Anlass für die Rede? An wen richtet sie sich?
- **Inhalt:**
  - Worum geht es in der Rede?
  - Was sind die wichtigsten Aussagen?
- **Sprache und Stil:**
  - Wie ist die Rede gegliedert?
  - In welcher Reihenfolge werden die Argumente vorgetragen?
  - Welche sprachlichen Mittel werden verwendet? Welche Funktion haben sie?
  - Ist die Rede als Monolog oder als Dialog mit dem Publikum aufgebaut?

Liegt die Rede als Ton- bzw. Bilddokument vor, können folgende Ebenen zusätzlich in die Analyse miteinbezogen werden:

- Gestik, Mimik und Stimme des Redners
- Rhythmus des Vortrags (Tempo, Betonung, Pausen)
- Reaktionen der Zuhörer

Am Ende der Untersuchung steht die Bewertung der Rede:
- Welche Ziele verfolgt der Redner?
- Wie lässt sich die Rede in die damalige politische Situation einordnen?

TIPP

Die Rede von Joseph Goebbels im Berliner Sportpalast liegt als Tondokument auf der CD-ROM „Historische Reden" vor.

Q2 *Auszug aus der Rede des Reichspropandaministers Joseph Goebbels im Berliner Sportpalast vom 18. Februar 1943. Die kursiv gesetzten Abschnitte wurden vom Redner besonders betont:*

Ihr also, meine Zuhörer, repräsentiert in diesem Augenblick für das Ausland die *Nation!* Und an *Euch* möchte ich *zehn Fragen* richten, die Ihr mit dem deutschen Volke vor der *ganzen Welt, insbesondere aber vor unseren Feinden, die uns auch in dieser Stunde an ihrem Rundfunk zuhören, beantworten müsst! Wollt ihr das?* [Stürmische Rufe „Ja!"].

Die Engländer behaupten, das deutsche Volk habe den Glauben an den Sieg verloren [wiederholte stürmische Rufe: „Nein!", „Nie!", „Niemals!"]. Ich frage Euch: Glaubt Ihr mit dem Führer und mit uns an den *endgültigen, totalen Sieg der deutschen Waffen?* [Stürmische Rufe: „Ja!", starker Beifall, Sprechchöre: fünf Mal „Sieg Heil Sieg Heil!"]. Ich frage Euch: Seid Ihr entschlossen, dem Führer in der Erkämpfung des Sieges durch *dick und dünn* und unter Aufnahme auch der *schwersten persönlichen Belastungen* zu folgen? [Stürmische Rufe: „Ja!", starker Beifall, mehrfach wiederholte Sprechchöre: „Sieg Heil!", „Wir grüßen unsern Führer!"]

Zweitens: Die Engländer behaupten, das deutsche Volk sei des *Kampfes müde* [Rufe: „Nein!", „Pfui!"]. Ich frage Euch: Seid Ihr bereit, mit dem Führer, als Phalanx der Heimat hinter der kämpfenden Wehrmacht stehend, *diesen Kampf* mit *wilder Entschlossenheit* und *unbeirrt* durch *alle Schicksalsfügungen* fortzusetzen, bis der Sieg in unsern Händen ist? [Stürmische Rufe: „Ja!", starker Beifall]. (...)

Viertens: Die Engländer behaupten, das deutsche Volk wehrt sich gegen die totalen Kriegsmaßnahmen der Regierung [Rufe: „Nein!"]. Es will nicht den *totalen Krieg,* sagen die Engländer, sondern die *Kapitulation!* [Stürmische Rufe: u. a.: „Nein!", „Pfui!"]. Ich frage Euch: *Wollt Ihr den totalen Krieg?* [Stürmische Rufe: „Ja!", starker Beifall, Trampeln und Klatschen]. Wollt Ihr ihn [Rufe: „Wir wollen ihn!"], wenn nötig, *totaler und radikaler, als wir ihn uns heute überhaupt vorstellen können?* [Stürmische Rufe: „Ja!", Beifall].

Fünftens: Die Engländer behaupten, das deutsche Volk hat sein Vertrauen zum *Führer verloren!* [Stürmische Empörung und Pfui-Rufe, lang anhaltender Lärm]. Ich frage Euch – [Sprechchöre, drei Mal: „Führer befiehl, wir folgen!" Heilrufe], ich frage Euch: *Vertraut Ihr dem Führer?* [Rufe, u. a.: „Ja!"]. Ist Eure Bereitschaft, ihm auf *allen seinen Wegen zu folgen und alles zu tun, was nötig ist, um den Krieg zum siegreichen Ende zu führen, eine absolute und uneingeschränkte?* [Lebhafte Rufe: „Ja!"]. (...)

Ich frage Euch neuntens: *Billigt Ihr,* wenn nötig, die *radikalsten* Maßnahmen gegen einen kleinen Kreis von *Drückebergern und Schiebern* [stürmische Rufe: „Ja!". Starker Beifall, Zurufe], die mitten im Kriege Frieden spielen wollen und die Not des Volkes zu eigensüchtigen Zwecken ausnutzen? [Rufe: „Aufhängen!", Geschrei]. *Seid Ihr damit einverstanden* [Rufe: „Jawohl!"], *dass, wer sich am Kriege vergeht, den Kopf verliert?* [stürmische Rufe: „Ja!". Starker Beifall].

1 *Untersuche die Goebbels-Rede im Berliner Sportpalast mit Hilfe der methodischen Arbeitsschritte.*

2 *Diskutiert, warum die Rede bei den Zuhörern auf so viel Begeisterung und Zustimmung traf, obwohl die Kriegslage zu diesem Zeitpunkt bereits aussichtslos war.*

Q3 *Im Berliner Sportpalast* hielt Goebbels am 18. Februar 1943 seine Rede, die später von der Reichspropagandaleitung unter dem Titel „Nun Volk, steh auf – und Sturm brich los!" in gedruckter Form herausgegeben wurde.

17 Widerstand, Protest, Verweigerung

Menschen mit Mut
In vielen deutschen Städten gibt es heute Straßen oder Plätze, die nach Widerstandskämpfern gegen den NS-Staat benannt sind. Damals hatten nur wenige den Mut, etwas gegen die Nationalsozialisten zu unternehmen. Zu groß schien das Risiko, denn eine andere Meinung oder gar öffentlicher Widerspruch waren lebensgefährlich. Dennoch gab es sie, die Menschen, die nicht mitmachten, die protestierten oder Widerstand leisteten. Manche verweigerten den Hitler-Gruß, ignorierten die Regeln der „Volksgemeinschaft" oder hörten die verbotene „entartete" Musik und „Feindsender". Andere versteckten Juden und politisch Verfolgte, verteilten Flugblätter oder planten gar ein Attentat auf Hitler. Die Motive, sich nicht mit der NS-Herrschaft zu arrangieren, waren vielfältig: Manche handelten aus politischer oder christlicher Überzeugung, manche aus Entsetzen und Scham über die vom NS-Regime begangenen Gewalttaten und Verbrechen. Manchen missfiel der Kriegskurs Hitlers, andere störten sich an Maßnahmen der NS-Politik, die ihren persönlichen Lebensbereich betrafen.

Q1 *Der Werftarbeiter August Landmesser* (obere Bildmitte mit verschränkten Armen) verweigerte 1936 beim Stapellauf eines Kriegsschiffes den Hitlergruß. Obwohl Parteimitglied, war er in Gegensatz zum NS-Regime geraten. Landmesser liebte eine Jüdin, die er nach den „Nürnberger Gesetzen" von 1935 nicht heiraten durfte.

Politischer Widerstand
Anfangs waren besonders Gewerkschaftler, Sozialdemokraten und Kommunisten aktiv, die schon vor 1933 überzeugte politische Gegner der Nationalsozialisten gewesen waren. Spektakuläre Aktionen gelangen ihnen jedoch kaum. Angesichts des Terrors und der Verhaftungswellen gegen die Arbeiterbewegung im Frühjahr 1933 waren viele schon früh in den Untergrund gegangen, um durch Flugblattaktionen oder Sabotageakte ihren Kampf fortzuführen.

Christlicher Widerstand
Die beiden christlichen Kirchen leisteten anfangs kaum Gegenwehr. Die katholische Kirche protestierte erst, als der Staat in ihren Bereich eingreifen und katholische Schulen schließen sowie katholische Verbände verbieten wollte. Vereinzelt gab es auch öffentliche Kritik am NS-Staat und dessen menschenverachtender Ideologie. Bischof Clemens von Galen protestierte 1941 lautstark gegen die Tötung geistig und körperlich Behinderter. Mutige Pfarrer griffen seine Worte auf und predigten in ihren Gemeinden ebenfalls gegen die Morde.
Die evangelische Kirche war gespalten. Eine Mehrheit unterstützte die „Deutschen Christen" und damit Partei und Regierung. Eine Minderheit – die „Bekennende Kirche" – stand dem NS-Staat kritisch gegenüber, wehrte sich gegen staatliche Eingriffe in den Bereich der Kirche, ohne jedoch den

Nationalsozialismus grundsätzlich in Frage zu stellen. Einzelnen Priestern und Pfarrern ging diese Haltung nicht weit genug. Sie widersetzten sich der NS-Ideologie aus christlicher Überzeugung und protestierten in ihren Predigten gegen die NS-Politik.

Das Attentat am 20. Juli 1944

Bürgerlich-militärische Kreise sahen in den Anfangsjahren keinen Anlass, sich gegen die NS-Regierung aufzulehnen. Erst der außenpolitische Kriegskurs, die alltäglichen Gewalttaten und der zunehmende Terror im Land ließen Gedanken an Widerstand reifen. Eine Widerstandsgruppe um den konservativen Politiker Carl Goerdeler, Generaloberst Ludwig Beck und Oberst Claus Graf Schenk von Stauffenberg entschloss sich, Hitler zu töten. Am 20. Juli 1944 nahm Stauffenberg an einer Besprechung in Hitlers Hauptquartier teil. In seiner Aktentasche hatte er eine Bombe, die er in Hitlers Nähe platzierte. Die Bombe explodierte zwar, doch Hitler überlebte leicht verletzt. Das gescheiterte Attentat löste eine Verfolgungs- und Mordwelle aus. Stauffenberg und drei Offiziere wurden noch am selben Abend verhaftet und erschossen. Etliche Regimegegner trafen Verfolgung und Tod in den folgenden Wochen.

Einzelkämpfer

Neben organisierten Gruppen gab es auch immer wieder Einzelpersonen, die sich widersetzten. So plante Georg Elser, ein Tischler aus Württemberg, ein Attentat auf Hitler, weil er ihn für einen Kriegstreiber hielt. Sein Anschlag im November 1939 misslang, da Hitler eine Veranstaltung, auf der Elser eine Bombe explodieren ließ, früher verließ als geplant. Elser wurde gefasst, in ein Konzentrationslager gebracht und dort 1945 ermordet. Insgesamt scheiterten etwa vierzig weitere Versuche, Hitler zu töten.

Beispielhaft für Protest aus persönlichen Gründen ist das Berliner Ehepaar Hampel. Anfangs in Einklang mit der NS-Politik, wendeten sich Otto und Elise Hampel im Jahr 1940 gegen den NS-Staat, nachdem Elises Bruder im Krieg gefallen war. Auf über 200 Flugblättern klagten sie Hitler als Verbrecher an und riefen zum Sturz der Regierung auf. Beim heimlichen Verteilen ihrer selbst gefertigten Zettel wurden sie eines Tages beobachtet und angezeigt. Ein Gericht verurteilte sie 1943 zum Tode.

Q2 *Späte Würdigung eines Widerstandskämpfers.* Im Januar 2004 wurde in Duisburg offiziell die Schulze-Boysen-Straße eingeweiht. Harro Schulze-Boysen wurde im Dezember 1942 wegen „Hochverrats" zum Tode verurteilt und hingerichtet. Er wurde 33 Jahre alt. Er und seine Freunde hatten in Berlin Zettel mit folgender Aufschrift an die Häuser geklebt: „Ständige Ausstellung. Das Nazi-Paradies. Krieg, Hunger, Lüge, Gestapo. Wie lange noch?"

Die „Weiße Rose"

Auch Jugendliche und Studenten lehnten sich gegen den NS-Staat auf, wie etwa die „Weiße Rose". Diese Gruppe von Studenten um die Geschwister Sophie und Hans Scholl verteilte während des Krieges heimlich Flugblätter. Darin riefen sie zum Widerstand auf, verurteilten den Krieg und die Morde an den Juden. Nach einer Flugblattaktion in der Münchener Universität verriet sie der Hausmeister. Im Februar 1943 wurden sie verhaftet und hingerichtet.

„Widerstand ohne Volk"?

Trotz der vielen Einzelpersonen und Gruppen waren es im Verhältnis zur Gesamtbevölkerung nur sehr wenig Menschen, die sich widersetzten. Der Historiker Hans Mommsen spricht deshalb von einem „Widerstand ohne Volk". Die meisten Deutschen hatten sich mit dem NS-Staat arrangiert und protestierten nicht, auch wenn sie mit manchen Dingen nicht einverstanden waren. Sie passten sich an und schwiegen. Terror, Einschüchterung und Propaganda der Nationalsozialisten taten ein Übriges, um den Großteil der Bevölkerung gegen die Frauen und Männer des Widerstandes einzunehmen.

A-Z

Widerstand

So bezeichnet man jede Handlung, die absichtsvoll darauf gerichtet war oder ist, ein Unrechtsregime zu beseitigen. Das Recht auf Widerstand ist gegeben, wenn ein Staat oder eine Regierung die Menschenrechte missachten. Es wird unterschieden zwischen aktivem und passivem Widerstand.

Q4 *Aus der Biografie des Reichstagsabgeordneten der SPD Wilhelm Keil über seine Zeit während des Nationalsozialismus:*
An meinem Wohnort sind meine Gesinnungsgenossen durch die gemeinsame Parteiarbeit unlöslich verbundene treue Freunde geworden. In diesem Kreis kann man frei und offen sprechen. Jeder ist von unauslöschbarem Hass gegen die Gewaltherrschaft erfüllt.
Die Propagandatricks werden durchschaut und ändern nichts an der unbedingten Ablehnung des Staatssystems, das die Freiheitsrechte und die Würde des Menschen mit Füßen tritt. Die einfältige Redensart alter Weiber beiderlei Geschlechts, dass alles Übel nur von den örtlichen Parteigrößen, der kleinen „Adölfle" komme, der große Adolf von alledem nichts wisse und keine Ungerechtigkeit dulde, verfällt dem Spott. Man ist sich vollkommen im Klaren darüber, (...) dass dieser Mann jedes Verbrechen, das von seinen Mordgesellen verübt wird, gutheißt. Die Gemüter atmen auf, wenn man so unter zuverlässigen Gesprächspartnern sich den Druck von der Seele reden kann.

Q5 *Aus dem Todesurteil gegen Otto und Elise Hampel vom 22. Januar 1943:*
Die Angeklagten haben gemeinschaftlich in der Zeit von 1940–1942 über 200 Flugschriften gefertigt und verbreitet, in welchen unter schwerster Beschimpfung des Führers und seiner Mitarbeiter zum Sturz der nationalsozialistischen Regierung, zum Abwenden vom Führer und seiner Bewegung, zur Aufgabe des Widerstands im Kampfe und zur Nichtdurchführung der Rüstungsarbeit aufgefordert wird.
Der Angeklagte Otto Hermann Hampel und die Ehefrau Martha Elise Hampel, geborene Lemme, werden daher wegen Zersetzung der Wehrkraft in Verbindung mit Vorbereitung zum Hochverrat und landesverräterischer Feindbegünstigung zum Tode und zum Verlust der bürgerlichen Ehrenrechte auf Lebenszeit verurteilt. Die sichergestellten Flugblätter werden eingezogen. Die Kosten des Verfahrens werden den Angeklagten auferlegt.

TIPP

Das Schicksal des Ehepaars Hampel beschreibt der Schriftsteller Hans Fallada in seinem Roman „Jeder stirbt für sich allein".

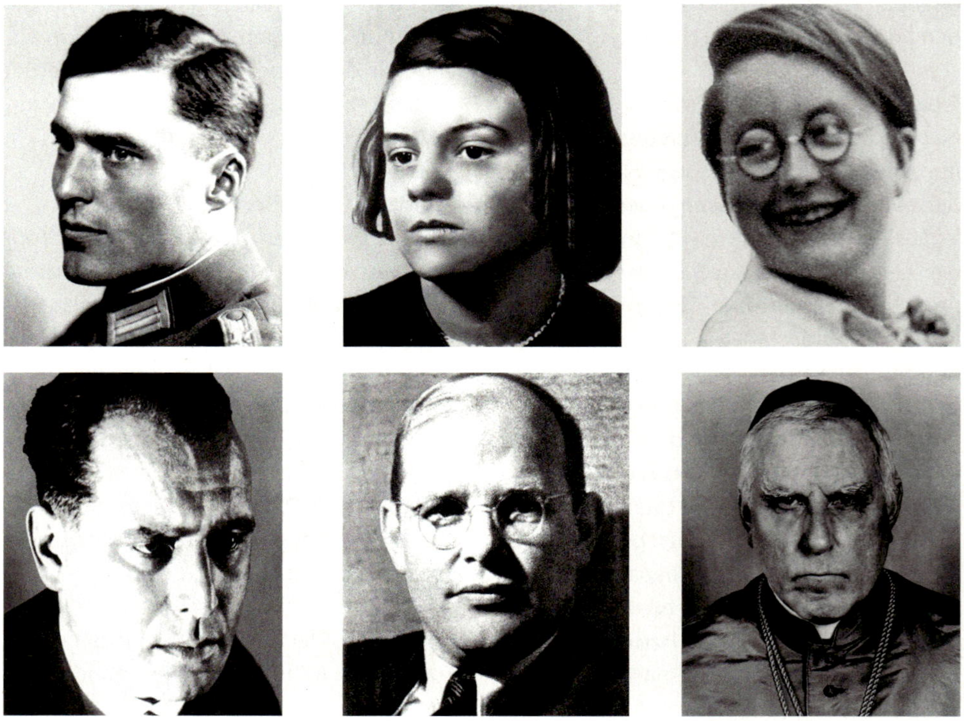

Q3 *Widerstandskämpfer oben:* Oberst Claus Graf Schenk von Stauffenberg (militärischer Widerstand), Sophie Scholl (Widerstandsgruppe „Weiße Rose"), Liselotte Herrmann (kommunistischer Widerstand), *unten:* Julius Leber (Sozialdemokrat), Dietrich Bonhoeffer (evangelischer Theologe), Clemens August Graf von Galen (katholischer Bischof). Bis auf Bischof Galen wurden alle hingerichtet.

Q6 *Flugblatt der Geschwister Scholl, am 18. Februar 1943 verbreitet (Auszüge):*

Erschüttert steht unser Volk vor dem Untergang der Männer von Stalingrad. Dreihundertdreißigtausend deutsche Männer hat die geniale Strategie des Weltkriegsgefreiten sinn- und verantwortungslos in Tod und Verderben gehetzt. Führer, wir danken Dir! Der Tag der Abrechnung ist gekommen, der Abrechnung der deutschen Jugend mit der verabscheuungswürdigsten Tyrannei, die unser Volk je erduldet hat. Im Namen der deutschen Jugend fordern wir vom Staat Adolf Hitlers die persönliche Freiheit, das kostbarste Gut der Deutschen, zurück, um das er uns in der erbärmlichsten Weise betrogen.

In einem Staat rücksichtsloser Knebelung jeder freien Meinungsäußerung sind wir aufgewachsen. HJ, SA, SS haben uns in den fruchtbarsten Bildungsjahren unseres Lebens zu uniformieren, zu revolutionieren, zu narkotisieren versucht.

Es gibt für uns nur eine Parole: Kampf gegen die Partei!

Q7 *Bericht der Gestapo-Leitstelle Wilhelmshaven vom 23. September 1941:*

Der katholische Pfarrer Heinrich F., geb. 2. 5. 1900 in Essen, wurde am 18. 9. 1941 vorläufig festgenommen, weil er während des Hochamtes am 7. 9. 1941 Auszüge aus der Predigt des Bischofs von Münster [Clemens von Galen] abkündigte, die geeignet waren, erhebliche Unruhe in der Bevölkerung zu verursachen. U. a. führte er aus: „In der Nähe von Münster ist eine Anstalt für geisteskranke Patienten. Von dieser Anstalt aus kommen die Kranken in eine andere Anstalt. Nach kurzer Zeit bekommen dann die Angehörigen die Nachricht, dass der Kranke gestorben ist. Gegen Entsendung eines gewissen Geldbetrags wird den Angehörigen die Asche zugeschickt. Die Leichen sind also verbrannt worden. Diese kranken Personen sind aber nicht eines natürlichen Todes gestorben, sondern sie haben eine Spritze bekommen und sind dann langsam eingeschlafen. Das ist Mord."

Q8 *Auszug aus dem Aufruf des sozialdemokratischen Emigrationsvorstandes „Für Deutschland – gegen Hitler!", 1936:*

Am 1. Februar 1933 versprach Hitler dem deutschen Volke, er werde es nach vier Jahren zu einer freien Entscheidung aufrufen. Er hat dieses Versprechen gebrochen. Ein Volk, das frei entscheiden soll, muss alle Tatsachen kennen, alle Meinungen hören und sich aus ihnen sein Urteil bilden. Es gibt keine freie Entscheidung ohne Freiheit der Meinungsäußerung, Freiheit des Zusammenschlusses, der Presse, des Vereins- und Versammlungswesens. Hitler hat alle diese Voraussetzungen einer freien Entscheidung zerstört. (...)

Nach Hitler das Chaos? Nein, Hitler ist das Chaos!

Q9 *Denkmal für einen Deserteur in Ulm.*
Inschrift: „Hier lebte ein Mann, der sich geweigert hat, auf seine Mitmenschen zu schießen. Ehre seinem Andenken." Die Stadt Ulm erlaubte nicht, das Denkmal auf dem Marktplatz aufzustellen. Es steht jetzt im Garten einer Ulmerin.

1. *Stelle zusammen, wer aus welchen Gründen im NS-Staat Widerstand leistete, protestierte oder sich verweigerte.*
2. *Diskutiert, ob man das Verhalten von August Landmesser (Q1) Widerstand nennen kann.*
3. *Wählt in Gruppen jeweils eine Person aus Q3 aus, die Widerstand leistete. Sammelt im Internet und in Lexika Informationen zum Leben dieser Person und tragt eure Ergebnisse der Klasse vor.*
4. *In Ulm wehrten sich viele Menschen gegen das Denkmal für Deserteure (Q9). Wie denkst du darüber?*
5. *Diskutiert die Aussage: Widerstandskämpferinnen und -kämpfer haben dazu beigetragen, den demokratischen Neubeginn in Deutschland zu ermöglichen.*

Bild- und Tondokumente zum Widerstand im NS-Staat auf Zeitreise multimedial „Das 20. Jahrhundert"

18 Projekt
Die Mahn- und Gedenkstätte Hadamar – Erinnerung an die Euthanasieopfer

Hadamar ist eine von zahlreichen Mahn- und Gedenkstätten, die an die Opfer der Verbrechen des nationalsozialistischen Terrorregimes erinnern. Sie sollen vor dem Vergessen, Verdrängen und Verschweigen dieser Unrechtszeit schützen und den nachfolgenden Generationen das ungeheure Ausmaß des nationalsozialistischen Terrors bewusst machen.

Der Massenmord an kranken Menschen

Die 1889 erbaute psychiatrische Anstalt Hadamar war von 1940 bis 1945 Schauplatz der Ermordung von ca. 15 000 Menschen. Ermordet wurden arbeitsunfähige Kranke und Behinderte, denen die Nationalsozialisten das Recht auf Leben absprachen. Nach nationalsozialistischer Auffassung belasteten sie die Gesellschaft und leisteten keinen Beitrag. Im ganzen Reich starben ca. 70 000 als lebensunwert eingestufte Menschen, die an geistigen und körperlichen Behinderungen litten.

Die Täter gaben sich große Mühe, diese Morde zu tarnen. Die Mordaktionen wurden Euthanasie genannt. Die Kranken kamen in abgedunkelten Bussen nach Hadamar, wo sie in der Regel sofort nach der Ankunft in der Gaskammer umgebracht wurden. Die Angehörigen erhielten einen Brief, in dem eine erfundene Krankheit als Todesgrund stand. Nach Protesten aus der Bevölkerung und der Kirche wurde diese erste Phase der Ermordung 1941 gestoppt. Bis dahin waren ca. 10 000 Menschen in Hadamar vergast worden. Bis zum Kriegsende 1945 starben in Hadamar weiterhin Menschen, darunter viele Kinder, durch Verhungern und Überdosen an Medikamenten.

Gedenkstätte Hadamar als Lernort

Die Gedenkstätte Hadamar ist heute auch gleichzeitig ein Lernort. Schulklassen und andere Gruppen werden von den Mitarbeitern häufig zum gemeinsamen Lernen und Erinnern begrüßt. Auch ein Ferienprojekt in der Gedenkstätte mit Übernachtungsmöglichkeiten ist möglich. Eine Dauerausstellung zeigt die Geschichte Hadamars als Euthanasieanstalt, während im Keller des Gebäudes die Gaskammer und der Seziertisch grausames Zeugnis eines Unrechtsstaates abgeben. Ein Mahnmal auf dem Friedhof, ein Massengrab, fordert den respektvollen Umgang miteinander ein.

A-Z

Euthanasie
Der Begriff kommt aus dem Griechischen und bedeutet ursprünglich *gute Tötung/schöner Tod*. Unter den Nationalsozialisten töteten die Ärzte freiwillig und häufig mit Begeisterung. Nach dem Krieg sagten sie, das Euthanasieprogramm hätte den Kranken den „Gnadentod“ gebracht.

Q1 *Tagtäglich rauchten die Schornsteine* der beiden Krematorien, in denen 10 000 Leichen verbrannt wurden. Nach dem Stopp der Vergasung wurden die Krematorien abgebaut und wahrscheinlich im Konzentrationslager Majdanek wieder eingesetzt.

Q2 *Meldebogen zur Erfassung der Anstaltsinsassen:*
Ein einfaches Formular entschied über Leben und Tod der kranken Menschen. Die Ärzte gaben sich nicht viel Mühe und entschieden vor allem nach drei Kriterien: Arbeitsfähigkeit, mögliche Entlassung und häufiger Besuch durch die Familien.

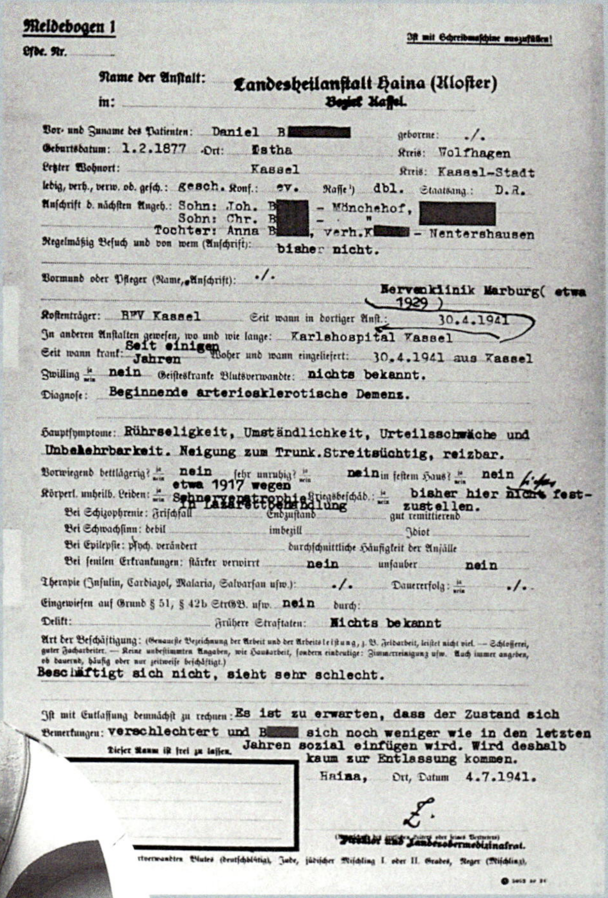

Meldebogen 1

Lfde. Nr.

Ist mit Schreibmaschine auszufüllen!

Name der Anstalt: **Landesheilanstalt Haina (Kloster)**
in: **Bezirk Kassel.**

Vor- und Zuname des Patienten: Daniel B[redacted] geborene: ./.
Geburtsdatum: 1.2.1877 Ort: Istha Kreis: Wolfhagen
Letzter Wohnort: Kassel Kreis: Kassel-Stadt
ledig, verh., verw. od. gesch.: gesch. Konf.: ev. Rasse¹) dbl. Staatsang.: D.R.
Anschrift d. nächsten Angeh.: Sohn: Joh. B[redacted] - Mönchehof, [redacted]
Sohn: Chr. B[redacted] - "
Tochter: Anna B[redacted], verh. K[redacted] - Nentershausen
Regelmäßig Besuch und von wem (Anschrift): bisher nicht.

Vormund oder Pfleger (Name, Anschrift): ./.
Kostenträger: BFV Kassel Seit wann in dortiger Anst.: 30.4.1941 Nervenklinik Marburg(etwa 1929)
In anderen Anstalten gewesen, wo und wie lange: Karlshospital Kassel
Seit wann krank: Seit einigen Jahren Woher und wann eingeliefert: 30.4.1941 aus Kassel
Zwilling ja/nein nein Geisteskranke Blutsverwandte: nichts bekannt.
Diagnose: Beginnende arteriosklerotische Demenz.

Hauptsymptome: Rührseligkeit, Umständlichkeit, Urteilsschwäche und Unbelehrbarkeit. Neigung zum Trunk. Streitsüchtig, reizbar.
Vorwiegend bettlägerig? ja/nein nein sehr unruhig? ja/nein nein in festem Haus? ja/nein nein
Körperl. unheilb. Leiden: ja/nein etwa 1917 wegen Sehnervenatrophie in Lazarettbehandlung Kriegsbeschäd.: ja/nein bisher hier ~~nicht~~ festzustellen.
Bei Schizophrenie: Frischfall Endzustand gut remittierend
Bei Schwachsinn: debil imbezill Idiot
Bei Epilepsie: psych. verändert durchschnittliche Häufigkeit der Anfälle
Bei senilen Erkrankungen: stärker verwirrt nein unsauber nein
Therapie (Insulin, Cardiazol, Malaria, Salvarsan usw.): ./. Dauererfolg: ja/nein ./.
Eingewiesen auf Grund § 51, § 42b StrGB. usw. nein durch:
Delikt: Frühere Straftaten: Nichts bekannt
Art der Beschäftigung: (Genaueste Bezeichnung der Arbeit und der Arbeitsleistung, z. B. Feldarbeit, leistet nicht viel. — Schlosserei, guter Facharbeiter. — Keine unbestimmten Angaben, wie Hausarbeit, sondern eindeutige: Zimmerreinigung usw. Auch immer angeben, ob dauernd, häufig oder nur zeitweise beschäftigt.)
Beschäftigt sich nicht, sieht sehr schlecht.

Ist mit Entlassung demnächst zu rechnen: Es ist zu erwarten, dass der Zustand sich
Bemerkungen: verschlechtert und B[redacted] sich noch weniger wie in den letzten Jahren sozial einfügen wird. Wird deshalb kaum zur Entlassung kommen.

Dieser Raum ist frei zu lassen.

Haina, Ort, Datum 4.7.1941.

(Unterschrift des ärztlichen Leiters oder seines Vertreters)
Direktor und Landesobermedizinalrat.

¹) ... verwandten Blutes (deutschblütig), Jude, jüdischer Mischling I. oder II. Grades, Neger (Mischling),

Q3 *Die Reste der Gaskammer heute.*
Ein Blick in die begehbare Gaskammer heute. Zwanzig schreckliche Minuten dauerte der Todeskampf, bevor die Menschen an einer CO_2-Vergiftung gestorben waren.

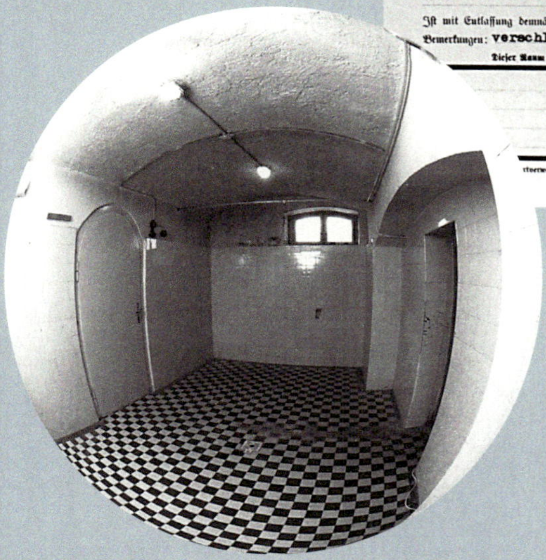

Q4 *Die grauen Busse vor der Zwischenanstalt*
Diese grauen, abgedunkelten Busse fuhren täglich den Mönchberg in Hadamar hinauf. Sie lieferten die Patienten aus den Zwischenanstalten direkt in die Gaskammer Hadamars.

TIPP

Gedenkstätten: *Auch in deiner Umgebung gibt es Gedenkstätten, die an die Opfer des Nationalsozialismus erinnern. Informiere dich unter* ***www.ns-gedenkstaetten.de*** *oder unter* ***www.topographie.de/gedenkstaettenforum/uebersicht/hessen.htm*** *über Gedenkstätten in deiner Nähe*

Schülerprojekte: *Zahlreiche Schülerprojekte zum Thema Nationalsozialismus und Holocaust bestehen schon. Lasst euch anregen, ein eigenes Projekt zu gestalten. Ideen findet ihr im Internet unter* ***www.holocaust-education.de*** *oder* ***www.bildungsserver.de.***

19 Abschluss
Die Zeit des Nationalsozialismus

Auf dieser Seite findest du einige dir bereits bekannte sowie einige neue Bilder aus der Zeit des Nationalsozialismus. Versuche, die Bilder mit den richtigen Daten versehen auf dem Zeitstrahl einzuordnen und zu erklären.

Gehe so vor: Zeichne einen Zeitstrahl in dein Heft, kopiere dann die Buchseite, schneide die Bilder aus und klebe sie an der richtigen Stelle des Zeitstrahls ein. Schreibe anschließend eine ausführliche Bildlegende unter das Foto.
Überlege, welche Bilder du außerdem noch ergänzen kannst.

Unter der Adresse www.dhm.de/lemo/html/nazi/index.html findest du im Internet umfassende Informationen sowie Bildmaterial zur Zeit des Nationalsozialismus.

Am 30. Januar 1933 übernahmen die Nationalsozialisten in Deutschland die Macht. Adolf Hitler wurde von Reichspräsident Hindenburg zum Reichskanzler ernannt. Die Nationalsozialisten regierten zwölf Jahre lang. Gewalt, Terror und Vernichtung bestimmten ihre Politik. Das Bild zeigt einen Fackelzug der SA durch Berlin am Abend des 30. Januar 1933 zur Feier der Kanzlerschaft Hitlers. (Das Foto stammt erst aus dem Jahr 1936. Die Szene wurde damals für einen Propagandafilm nachgestellt.)

Der Reichstag in Flammen!

Von Kommunisten in Brand gesteckt!

So würde das ganze Land aussehen, wenn der Kommunismus und die mit ihm verbündete Sozialdemokratie auch nur auf ein paar Monate an die Macht kämen!

Brave Bürger als Geiseln an die Wand gestellt! Den Bauern den roten Hahn aufs Dach gesetzt!

Wie ein Aufschrei muß es durch Deutschland gehen:

Zerstampft den Kommunismus! Zerschmettert die Sozialdemokratie!

Wählt Hitler Liste 1

1935

28.2.1933

30.1.1933

ab 1941

1933/34

1933	1934	1935	1936	1937	1938	1939

9.11.1938

1.9.1939–
8.5.1945

Blick auf das zerstörte Köln

20.7.1944

Ausgebrannte Synagoge in Nürnberg

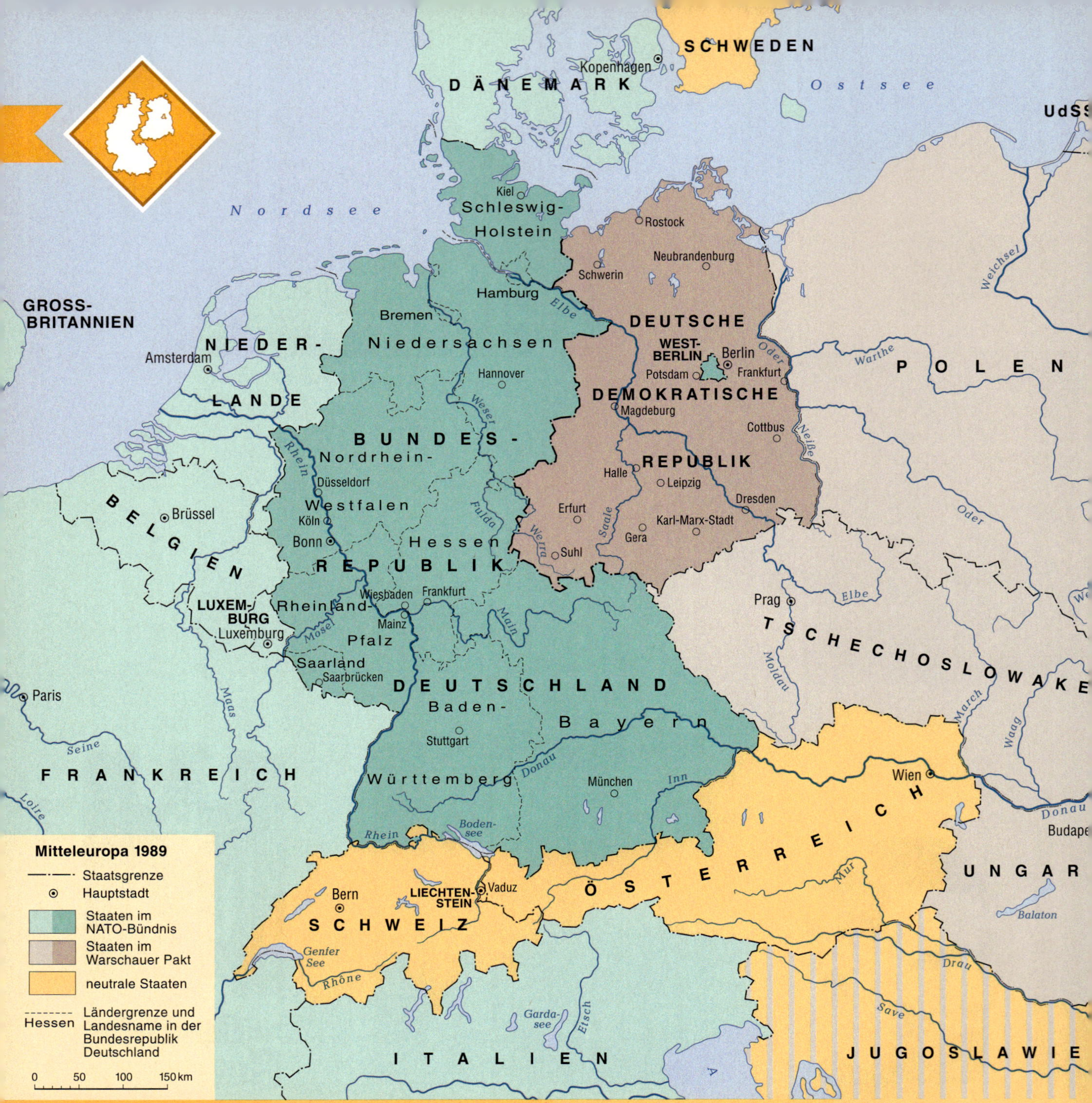

1945/1946

Beginn des Kalten Krieges; aus den Kriegsalliierten USA und UdSSR werden Gegner.

1949

Mit der Bundesrepublik und der DDR werden zwei deutsche Staaten gegründet.

1951/1957

Unterzeichnung der Grundlagenverträge der Europäischen Gemeinschaft

1956

Volksaufstände gegen die kommunistische Herrschaft i Ungarn und Polen

Die Welt nach 1945 – Konflikte zwischen Ost und West

Die Spaltung der Welt in zwei Machtblöcke, den „kapitalistischen Westen“ und den „sozialistischen Osten“, prägte nach dem Zweiten Weltkrieg bis Ende der 1980er-Jahre die Entwicklung vieler Völker und deren Beziehungen zueinander. Am sichtbarsten war die Konfrontation zwischen West und Ost in Europa. Die Deutschen – an der Nahtstelle der beiden Machtblöcke – lebten, ebenso wie die anderen Völker, in ständiger Angst vor dem Ausbruch eines neuen verheerenden Krieges.
Umso erstaunlicher ist es, dass in den Jahren dieses so genannten Kalten Krieges das demokratische Europa begann, friedlich zusammenzuwachsen. Seit 1989/1990 sind auch die osteuropäischen Staaten in diesen Prozess der europäischen Einigung einbezogen.
Die Spaltung Deutschlands in zwei Staaten, der dem Westen zugehörigen Bundesrepublik und der dem Ostblock einverleibten Deutschen Demokratischen Republik, war ein Ausdruck des geteilten Europas. Deshalb nehmen die Jahre 1989 und 1990 einen außergewöhnlichen Platz in der deutschen und europäischen Geschichte ein. Seitdem sind nach jahrzehntelanger Teilung die Deutschen wieder in einem Staat vereint.

Ost- und Westberliner feiern die Öffnung der Mauer am Brandenburger Tor in Berlin im November 1989.

1961

Mauerbau in Berlin

1968

Studentendemonstration in West-Berlin

1989/1990

Der Ost-West-Konflikt wird beendet.

1990

Deutsche aus Ost und West feiern die Wiedervereinigung.

1 Der 8. Mai in Deutschland – Katastrophe oder Befreiung?

Alliierter Kontrollrat
Bestand aus den Oberbefehlshabern der vier Besatzungsmächte USA, Großbritannien, Frankreich und Sowjetunion. Er übte in den Nachkriegsjahren die oberste Regierungsgewalt in Deutschland aus. Beschlüsse mussten einstimmig erfolgen. Allerdings konnte jeder der Oberbefehlshaber diese in seiner Besatzungszone nach eigenem Ermessen umsetzen.

Bild- und Tondokumente zur Nachkriegszeit auf Zeitreise multimedial „Das 20. Jahrhundert"

Die Besatzungsmächte regieren

Am 8. Mai 1945 war mit der bedingungslosen Kapitulation für die Deutschen der Zweite Weltkrieg zu Ende. Das von den Alliierten besetzte Deutschland war eine Trümmerwüste. Noch während des Krieges hatten die Staatsmänner Großbritanniens, der Sowjetunion und der USA über die Zukunft des deutschen Volkes nach der Niederlage Hitlers entschieden. Deutschland wurde nun nach diesen Plänen in vier Besatzungszonen aufgeteilt. Das in Besatzungssektoren aufgegliederte Berlin wurde Sitz des Alliierten Kontrollrates, der von nun an die oberste Regierungsgewalt in Deutschland ausübte (vgl. Karte S. 101).

Katastrophe oder Befreiung?

In Deutschland atmeten die Menschen auf, als der Krieg zu Ende war – keine Todesnachrichten mehr von der Front, keine Bombenangriffe mehr. Auch keine Angst mehr vor nationalsozialistischen Fanatikern, die noch in den letzten Kriegswochen Tausende desertierte Soldaten verfolgt und getötet hatten. Das Gefühl der Erlösung wurde aber verdrängt durch den täglichen Kampf ums Überleben. Es fehlte am Allernötigsten: an Wohnraum, Lebensmitteln, an Schuhen und Kleidung. Dazu kam die Angst vor der Rache der Besatzungssoldaten. Die Frauen trauerten um ihre gefallenen Männer und Söhne. Millionen Soldaten befanden sich in Kriegsgefangenschaft.

Trotz der Erleichterung über das Kriegsende empfanden die meisten Deutschen die Niederlage der deutschen Wehrmacht als Katastrophe. Dass das Ende des Krieges zugleich auch eine Befreiung von der nationalsozialistischen Diktatur war, spielte kaum eine Rolle. Zu groß waren Entsetzen und Scham über die Untaten der Nationalsozialisten, zu groß war die Angst vor der Zukunft.

Und heute?

Auch später fiel es vielen Deutschen schwer, sich mit ihrem Leben in den Jahren des Nationalsozialismus auseinanderzusetzen. In der DDR wurde jedes Jahr der 8. Mai, vom Staat angeordnet, als „Tag der Befreiung" begangen. Haben dies die Ostdeutschen auch so empfunden? Die Diskussion über die Frage: „8. Mai 1945 – Katastrophe oder Befreiung?" ist heute noch aktuell.

Q1 *Kinder erhalten in einem Flüchtlingslager Suppe.*

Q2 *Hannelore König, geboren 1935, erinnert sich an ihre Kindheit 1945:*

Meine Mutter hatte für uns eine eigene Wohnung organisiert, die der Frau des Lehrers gehörte. Sie ist in eine Einzimmer-Wohnung gezogen und wir haben ihr dafür Brot, Mohrrüben, Butter und Zucker geschenkt. Die Hausbesitzerin mussten wir ebenfalls mit Naturalien bestechen. Wir sind eingezogen und hatten erstmals ein Dach über dem Kopf, Säcke vor den Türen und ein Bett. Wir hausten alle zusammen in der Küche.
Mutter musste als Trümmerfrau arbeiten. Wir gingen manchmal mit, um Holz aus den Trümmern zu holen. Das war sehr gefährlich, aber wir hatten ja nichts zu heizen. Nachts sind wir, und das haben alle gemacht, Kohlen klauen gegangen am Bahnhof. Und ich bin mit meiner Oma in den Wald gefahren. Dort haben wir Holz gelesen.

Q3 *Der damalige Bundeskanzler Willy Brandt (SPD) auf einer Gedenkfeier des Bundestages zum 8. Mai 1945 im Jahre 1970:*

Unsere Erfahrungen mit dem 8. Mai entsprechen einander nicht. Jeder hat ihn auf eigene Weise erlebt. Der eine kehrte heim, der andere wurde heimatlos. Dieser wurde befreit, für jene begann die Gefangenschaft. Verbittert standen manche vor zerrissenen Illusionen, dankbar andere vor dem geschenkten Neuanfang. (...) Keiner möge seine persönlichen Erlebnisse des Jahres 1945 zum Maßstab für alle machen. (...) Zwiespältig waren die Ereignisse des Jahres 1945 und sie wirken in unserer Gegenwart fort. Der 8. Mai beendete das sinnlose Sterben und die Zerstörung des Krieges, der fast 50 Millionen Menschen das Leben gekostet hatte. Zugleich aber begannen neue schwere Leiden für viele unschuldige Menschen. Die Verirrungen und ruchlosen Verbrechen der Nationalsozialisten, mit denen wir selbst nicht fertig geworden sind, gingen zu Ende, aber eine neue Zwangsherrschaft fand ihren Eingang auf deutschem Boden.

Q4 *Leben in den Ruinen.* Fast 5 Millionen Wohnungen waren durch Bombenangriffe ganz oder teilweise zerstört. Die ausgebombten Menschen lebten oft in Kellern, Baracken und manchmal auch in den Trümmern.

1. *Schreibe eine Kurzreportage über das Leben der Deutschen nach dem Kriegsende. Gehe dabei besonders auf die Situation der Frauen und Kinder ein (Q1, Q2, Q4, Q5).*
2. *Befrage Zeitzeugen, wie sie das Ende des Krieges in deinem Ort erlebten. Wende dabei die Schrittfolge auf Seite 144 an.*
3. *Erläutere die Meinung von Bundeskanzler Willy Brandt zur Diskussion: „8. Mai 1945 – Katastrophe oder Befreiung?" (Q3).*
4. *Was ist für dich der 8. Mai 1945 – Befreiung oder Katastrophe? Sprecht darüber in der Klasse.*

Q5 *Das von Bomben zerstörte Frankfurt/Main*

2 Flucht und Vertreibung

Q1 *Deutsche aus Schlesien* warten auf ihren Abtransport nach dem Westen. Auf den Handwagen vor dem Güterzug haben sie das verstaut, was sie mitnehmen durften.

Q2 *Im Notaufnahmelager.* Oft mussten Flüchtlinge und Vertriebene jahrelang in solchen Wohnunterkünften leben.

Massenflucht und Zwangsausweisungen
Als im Herbst 1944 sowjetische Truppen die deutsche Grenze überschritten, häuften sich Meldungen über Gewalttaten der Soldaten der Roten Armee und über Deportationen arbeitsfähiger Deutscher in das Innere der Sowjetunion. Hunderttausende Deutsche flüchteten daraufhin Richtung Westen. Tausende Flüchtlinge starben unterwegs. Sie waren den Strapazen der Flucht nicht gewachsen. In den Gebieten, in denen neben den Deutschen auch andere Bevölkerungsgruppen lebten (etwa die Tschechen im Sudetenland), entluden sich nach der Befreiung von der deutschen Wehrmacht aufgestauter Hass und Rachegefühle über die von Deutschen begangenen Verbrechen. Hunderttausende Deutsche wurden gezwungen, diese Gebiete zu verlassen.
Auf der Potsdamer Konferenz im Juli/August 1945 beschlossen die Siegermächte USA, Großbritannien und Sowjetunion unter dem Druck Stalins die Anerkennung der Oder-Neiße-Linie als Westgrenze Polens. Die deutsche Bevölkerung sollte aus den ehemaligen deutschen Ostgebieten sowie aus Polen, Ungarn und der Tschechoslowakei „in ordnungsgemäßer und humaner Weise" nach Deutschland überführt werden. Insgesamt wurden bis 1947 12 Millionen Deutsche vertrieben. Die Zahl derjenigen, die dabei umkamen, wird auf zwei Millionen geschätzt. Aber nicht nur Deutsche mussten ihre Heimat verlassen. Auch Hunderttausende Polen wurden aus ehemals polnischen Gebieten ausgewiesen, die der Sowjetunion angegliedert wurden.

In der neuen Heimat
Nicht selten wurden die Flüchtlinge in der neuen Heimat mit Ablehnung und Misstrauen aufgenommen. Die Neuankömmlinge überfüllten die Dörfer und Städte und vergrößerten die bereits schon vorhandenen Ernährungsprobleme. Am schwierigsten war die Unterbringung, da es überall an Wohnraum fehlte. Oft waren für die Flüchtlingsfamilien Schulen, Kasernen, Gasthöfe oder Baracken Durchgangsstationen, bis ihnen anderer Wohnraum zugewiesen wurde. Dass es oft doch gelang, für Flüchtlinge und Vertriebene menschenwürdige Lebensbedingungen zu schaffen, lag an der selbstlosen Hilfe vieler Einheimischer. Die Integration der Flüchtlinge und Vertriebenen in ihr neues Umfeld zählt zu den großen menschlichen und politischen Leistungen in West- und Ostdeutschland.

Q3 *Eine Frau aus Freiwald berichtet, wie sie mit ihren drei Kindern aus dem Sudetenland vertrieben wurde:*

Am 26. Juli 1945 kamen plötzlich drei bewaffnete tschechische Soldaten und ein Polizist in meine Wohnung und ich musste dieselbe binnen einer halben Stunde verlassen. Ich durfte gar nichts mitnehmen. Wir wurden auf einen Sammelplatz getrieben. (...) Gegen Abend wurden wir unter grässlichen Beschimpfungen und Peitschenschlägen aus dem Heimatort fortgeführt. Nach sechsstündigem Fußmarsch mussten wir im Freien übernachten. (...) Es wurde uns (...) nicht gesagt, was mit uns geschehen soll, bis wir am 2. 8. 1945 zum Bahnhof mussten und auf offene Kohlenwagen verladen wurden. Während der Fahrt regnete es in Strömen. (...) Die Kinder wurden krank und ich wusste vor Verzweiflung keinen Rat. Nach zwei Tagen wurden wir in Tetschen [heute Cesky Tesin] ausgeladen. Wir waren hungrig und erschöpft und mussten in diesem Zustand den Weg bis zur Reichsgrenze zu Fuß antreten.

Q4 *Ein einheimischer Bürger aus dem Kreis Ludwigsburg erinnert sich:*

Als ich 1945 mit 23 Jahren aus dem Krieg zurückkehrte, waren 28 Gebäude im Dorf beschädigt oder zerstört. Die Obdachlosen lebten bei anderen Familien. Eines Tages hielt bei der Kirche ein Lastwagen mit Flüchtlingen. Eine dieser Familien, Eltern, Großeltern und drei Kinder, wurden in unser Haus eingewiesen. Wir hatten (...) selbst wenig Wohnraum. Unsere Stube mussten wir durch eine Trennwand teilen, damit die Flüchtlinge einen Schlafraum erhielten. Die Küche benutzten wir gemeinsam. Abends, wenn wir von der Feldarbeit müde und hungrig heimkehrten, wollte Mutter ein warmes Essen machen, gerade da kamen auch die Männer der anderen Familie nach Hause, die den Tag über in der Fabrik gearbeitet und mittags nur Brot gegessen hatten. Das war sehr schwer für beide Teile, es gab manchmal Streit. Wir ärgerten uns auch, wenn die Kinder das Obst schon unreif von den Bäumen rissen. Und doch haben wir viele Jahre miteinander gelebt.

1 Beschreibe die näheren Umstände der Flucht und Vertreibung der Deutschen (VT, Q1–Q4).

2 Vielleicht ist es möglich, Flüchtlinge oder Vertriebene über ihre Erlebnisse zu befragen. Wertet die Ergebnisse gemeinsam in der Klasse aus.

3 Verfasse einen Dialog zwischen Flüchtlingen und Einheimischen bei der Wohnungseinweisung.

4 Informiere dich im Internet über Flucht und Vertreibung in der heutigen Zeit. Wähle ein Beispiel aus und vergleiche mit der Nachkriegszeit.

D1 *Deutschland nach dem Zweiten Weltkrieg*

3 Der schwere Weg zur Demokratie

Marshallplan
Finanzielles Hilfsprogramm der USA zum Wiederaufbau der europäischen Länder, benannt nach US-Außenminister George C. Marshall. Das Hilfsprogramm war die Grundlage der raschen wirtschaftlichen Gesundung Westeuropas. Die Sowjetunion verhinderte die Einbeziehung der osteuropäischen Staaten in den Marshall-Plan.

Potsdamer Konferenz

Im Juli/August 1945 entschieden die Siegermächte USA, Sowjetunion und Großbritannien auf einer Konferenz in Potsdam über die Zukunft der Deutschen. Die NSDAP und ihre Organisationen sowie die Wehrmacht wurden verboten. Nationalsozialisten sollten in der Politik, Wirtschaft, Verwaltung, Justiz und Schule ihre Positionen verlieren. Diejenigen, die Verbrechen gegen Andersdenkende begangen hatten, sollten vor Gericht gestellt werden. Für die anderen Völkern zugefügten Schäden hatten die Deutschen Ersatzleistungen (Reparationen) zu erbringen. Der Wiederaufbau des politischen Lebens in den Besatzungszonen und Berlin sollte auf demokratischer Grundlage erfolgen. Allerdings hatten die Westmächte und die Sowjetunion sehr unterschiedliche Auffassungen von Demokratie.

Entnazifizierung

Für die Verfolgung der Verbrechen im Nationalsozialismus richteten die Besatzungsmächte in den Westzonen Spruchkammern ein. Unbescholtene Deutsche überprüften ehemalige Nationalsozialisten und bestraften Schuldige mit Geldbußen, Berufsverboten oder mit Gefängnis. Als die Spannungen zwischen den Westalliierten und der Sowjetunion sich später verschärften, verloren die Besatzungsmächte ihr Interesse an der Entnazifizierung. Die Spruchkammern beendeten ihre Arbeit.

Q 1 *Deutsche Frauen und Männer füllen einen Fragebogen über ihre Tätigkeit im Nationalsozialismus aus.*

Politischer Neubeginn im Westen

Um die dringendsten Aufgaben zur Versorgung der Bevölkerung zu lösen, setzten die Alliierten politisch Unbelastete als Bürgermeister und Landräte ein. Ab Sommer 1945 wurden politische Parteien zugelassen – dazu gehörten die CDU, CSU, SPD, FDP sowie die KPD. Als neue Verwaltungseinheiten wurden Länder gegründet.
Ein demokratischer Neubeginn in Deutschland konnte jedoch nur mit einer Bevölkerung gelingen, die sich vom Nationalsozialismus lossagte. Ziel der Alliierten war folglich eine Umerziehung der Deutschen zu demokratischer Gesinnung. Deshalb gestatteten und förderten die Westalliierten die Gründung neuer Rundfunksender und Zeitungsverlage, den Aufbau einer unabhängigen Justiz und die Erarbeitung neuer Bildungspläne für die Schulen.

Das Land Hessen

In der amerikanischen Zone entstand aus dem ehemaligen Hessen und den preußischen Provinzen Kurhessen und Nassau das Land Hessen. Am 12. Oktober 1945 ernannte die amerikanische Militärregierung den parteilosen Professor Karl Geiler zum ersten Ministerpräsidenten der Landesregierung. Eine beratende Versammlung erarbeitete ab Juni 1946 eine Verfassung für Hessen, die in einer Volksabstimmung am 1. Dezember 1946 angenommen wurde. Zugleich wurde der erste hessische Landtag gewählt. Die SPD ging mit 42,7 Prozent als

Q 2 *Wahlplakate zu Landtagswahlen aus den Jahren 1946/47*

Sieger aus dieser Wahl hervor. Der Sozialdemokrat Christian Stock regierte als erster demokratisch gewählter Ministerpräsident von 1947–1950.

Ringen um die Wirtschaftsordnung

Die Entwicklung demokratischer Struk-tu-ren erforderte auch einen wirtschaftlichen Neubeginn. In den Parteien der Westzonen gab es heftige Diskussionen über die künftige Wirtschaftsordnung. Das Ahlener Programm der CDU von 1947 enthielt noch Aussagen, die den privaten und staatlichen Kapitalismus ablehnten. Es forderte eine Entflechtung der Großbetriebe und deren Überführung in Gemeineigentum. Auch die Mitbestimmung der Arbeitnehmer war ein wichtiges wirtschaftspolitisches Anliegen der Partei.
Viele Mitglieder der SPD waren der Meinung, dass angesichts der im Land herrschenden Not der gesellschaftliche Aufbau nicht nach den Grundsätzen einer sich am Profit orientierenden Gesellschaft erfolgen dürfe. Aus den Erfahrungen mit dem Nationalsozialismus müsse die Lehre gezogen werden, dass sich nicht wieder „große Vermögen in der Hand verantwortungsloser Privater“ konzentrieren dürfen. Die Gewerkschaften seien in dieser Hinsicht ein wichtiges Instrument für die Demokratisierung der Wirtschaft.

Der Marshallplan

Die Deutschen für den Aufbau einer demokratischen Gesellschaft zu gewinnen, setzte voraus, die zum Teil katastrophalen Lebensbedingungen der Menschen zu verbessern. Unter Leitung des amerikanischen Außenministers Marshall entwickelten die USA ab 1947 ein großzügiges Programm für den wirtschaftlichen Aufbau Europas – den Marshallplan. Vier Jahre lang sollten die Europäer von den USA Güter und Kredite erhalten, um ihre Wirtschaft anzukurbeln. Davon erhofften sich die USA langfristig auch eine Stärkung der eigenen Wirtschaftskraft.
Ende 1948 setzten die ersten Lieferungen ein. Die Gesamthilfe für die Westzonen und später für die Bundesrepublik summierte sich auf 1,56 Milliarden Dollar. Davon entfielen 725 Millionen Dollar auf die Lieferung von Rohstoffen, die dringend für den Aufbau der Wirtschaft und für die Produktion benötigt wurden. 684 Millionen Dollar wurden für Nahrungsmittel, aber auch für Futtermittel und Saaten bereitgestellt.
Der Marshallplan war eine wesentliche Voraussetzung für das in den 1950er-Jahren einsetzende „Wirtschaftswunder“ in der Bundesrepublik (vgl. S. 110/111). Seine Bedeutung erklärt sich aber auch aus den sich stetig verschlechternden Beziehungen zwischen den USA und der Sowjetunion nach dem Zweiten Weltkrieg (vgl. S. 118–121).

A-Z

Kredit
meint das leihweise Überlassen von Geld oder anderem Eigentum. Der Kreditnehmer zahlt dem Kreditgeber dafür einen vorher festgelegten Preis, den so genannten Zins. Nach einer zuvor vereinbarten Zeit muss der Kredit zurückgezahlt werden.

Q3 *In den Westzonen erhält man wieder demokratische Zeitungen und Zeitschriften.*

Q5 *Der amerikanische Außenminister Byrnes in einer Rede am 6. September 1946 in Stuttgart:*

Die Vereinigten Staaten können Deutschland die Leiden nicht abnehmen, die ihm der von seinen Führern angefangene Krieg zugefügt hat. Aber die Vereinigten Staaten haben nicht den Wunsch, diese Leiden zu vermehren oder dem deutschen Volk die Gelegenheit zu verweigern, sich aus diesen Nöten herauszuarbeiten, solange es menschliche Freiheit achtet und vom Wege des Friedens nicht abweicht. (...) Das amerikanische Volk will dem deutschen Volk helfen, seinen Platz zurückzufinden zu seinem ehrenvollen Platz unter den freien und friedliebenden Nationen der Welt.

Q6 *Ein Mitglied berichtet über die Arbeit der Spruchkammern:*

Das Entnazifizierungsgesetz hatte den Kreis der „Betroffenen" viel zu weit gezogen. Wir hatten wiederholt vorgeschlagen, die große Masse der Mitläufer mit geringeren Geldbußen davonkommen zu lassen. Das wurde von der Besatzungsmacht stets abgelehnt. Als schließlich die Zahl der Fälle unübersehbar wurde, griff die Militärregierung mit Amnestien ein, die vor allem den Jugendlichen zugute kamen. Eine große Schuld an dem Misslingen des Gesetzes trug der Umstand, dass die Spruchkammern parteipolitisch zusammengesetzt waren. Sie nahmen sich vor allem der kleinen Fälle an, um Leute, die aus Geschäft und Beruf geworfen waren, möglichst bald wieder ins Brot zu bringen. So blieben die schweren Fälle liegen.

Q4 *Die britische Militärregierung genehmigt die Zulassung der CDU in Moers.* – Übersetze das Formular.

PERMIT No. 43.

H. Q. NORTH RHINE ~~PROVINCE~~ REGION

PERMIT FOR POLITICAL PARTY

Permission is hereby granted by Military Government for the formation in MOERS L/Kreis MOERS of a political Party to be called "the CHRISTIAN DEMOCRATIC Party" in accordance with the terms of an application dated the Oct 9th 1945 and subject to strict compliance with the provisions of Military Government Ordinance ~~No. 12~~ Nos. 10 & 12

The office of the said party is at MOERS

Date 11/2/46

for BRIGADIER
COMD. MILITARY GOVERNMENT
NORTH RHINE ~~PROVINCE~~ REGION

Q7 *Politiker über die Bedeutung des Marshallplans*

a) George C. Marshall, Außenminister der USA, Juni 1947:

Unsere Politik richtet sich weder gegen ein anderes Land noch gegen eine politische Doktrin [Grundsatz], sondern gegen Hunger, Armut, Verzweiflung und Chaos. Die Wiederherstellung einer funktionsfähigen Weltwirtschaft zur Schaffung von politischen und sozialen Verhältnissen, unter denen freiheitliche Einrichtungen gedeihen können, muss künftig die Aufgabe unserer Außenpolitik sein.

b) Konrad Adenauer, Bundeskanzler 1949 bis 1963, im Jahr 1965:

Der Versuch, dieses desorganisierte Land von außen her und geleitet vielfach von eigenen politischen und wirtschaftlichen Gesichtspunkten zu regieren, konnte keinen Erfolg haben. So trat ein rapider wirtschaftlicher, körperlicher und seelischer Verfall der Deutschen ein (...). Eine Wendung kam erst durch den Marshallplan. Der Marshallplan wird immer ein Ruhmesblatt der Vereinigten Staaten von Amerika bleiben.

Q9 *Reparationen an die Siegermächte.* Abtransport von Einrichtungen der Badischen Anilin- und Soda-Fabrik (BASF) in Ludwigshafen.
– Welche Auswirkungen hatten die Reparationen auf die deutsche Wirtschaft?

c) Ludwig Erhard, Bundeswirtschaftsminister 1949 bis 1963, im Jahr 1957:

Von Bedeutung war ferner, dass sich dank der Hilfe des Marshallplans auch die Rohstoffversorgung verbesserte. Mit der Jahreswende 1948/49 setzte dann auch eine verstärkte Ausstattung der Betriebe mit Rohstoffen und Maschinen ein.

Q8 *Die Zukunft der deutschen Wirtschaft: Für oder gegen Sozialisierung?*
Wahlplakate der CDU und SPD, 1949.

1 *Beschreibe den Prozess der Entnazifizierung (VT, Q1, Q6).*
2 *Liste die Maßnahmen der Alliierten zum Wiederaufbau der Westzonen auf (VT, Q3–Q7). Inwieweit förderten diese die Entstehung einer Demokratie?*
3 *Untersuche, mit welchen Themen die Parteien 1946/47 warben (Q2). Welche Aussagen über die Grundeinstellung der Parteien lassen sich daraus ableiten?*
4 *Vergleiche die Vorstellungen von SPD und CDU über eine neue Wirtschaftsordnung. Welche Unterschiede zwischen 1947 und 1949 lassen sich erkennen (VT, Q8)?*
5 *Beschreibe Inhalt und Bedeutung des Marshallplans (VT, Q7).*

4 „Es muss demokratisch aussehen“

Antifaschismus
Von den Kommunisten angestrebtes Bündnis mit bürgerlichen und sozialdemokratischen Kräften gegen den Nationalsozialismus. In der SBZ und später in der DDR bot die antifaschistische Grundhaltung breiter Bevölkerungsteile der SED die Möglichkeit, auch bürgerliche Parteien in den Aufbau der sozialistischen Gesellschaft einzubinden.

Nach sowjetischem Vorbild

Die Besatzungsmächte konnten die Entwicklung in ihren Besatzungszonen eigenständig bestimmen. Dies gab der sowjetischen Regierung die Möglichkeit, ihre politischen Vorstellungen in ihrer Besatzungszone zu verwirklichen und so eine Gesellschaft nach sowjetischem Vorbild zu schaffen. Dabei stützte sie sich auf deutsche Kommunisten unter Führung von Walter Ulbricht und Wilhelm Pieck, die man bereits während des Zweiten Weltkrieges auf diese Aufgabe vorbereitet hatte. Mit der Losung von der Errichtung einer „antifaschistisch-demokratischen Ordnung“ erhofften sich die deutschen Kommunisten eine breite Anhängerschaft in der Bevölkerung, vor allem auch im Bürgertum.

Auf dem Weg zur Diktatur

Die Entwicklung in der sowjetischen Besatzungszone (SBZ) unterschied sich in vielem von der in den Westzonen. Das begann bereits bei der Entnazifizierung. Tausende ehemalige Mitglieder der NSDAP, aber auch viele Unschuldige und Verfechter einer neuen demokratischen Ordnung, wurden von sowjetischen Militärgerichten zu langjährigen Haftstrafen verurteilt oder in die Sowjetunion deportiert.

Im Zuge einer Bodenreform wurden 8 000 Grundbesitzer mit Gütern über 100 Hektar sowie „aktive Nazis und Kriegsverbrecher“ entschädigungslos enteignet. Ab 1946 begann man alle Betriebe, deren Eigentümer tatsächlich oder angeblich Kriegsverbrecher waren, in „Volkseigentum“ – also in Staatsbesitz – zu überführen. Die führende Rolle dabei hatten die Kommunisten. Im April 1946 erzwangen sie unter erheblichem Druck auf viele Sozialdemokraten die Verschmelzung der KPD mit der SPD zur Sozialistischen Einheitspartei Deutschlands (SED). Die SBZ entwickelte sich mit diesen Maßnahmen zu einer Diktatur nach sowjetischem Vorbild.

Q 1 *links: Werbeplakat zur Bodenreform in der SBZ* von Alfred Stiller, 1945. Mit „Junkerland“ – abgeleitet von „Land der preußischen Junker“ – ist das Land der Großgrundbesitzer gemeint.
rechts: Die Rote Armee hilft, Propagandaplakat von 1945 aus der SBZ.

Q4 *Sitz der Leitung der SED, Leipzig im Juni 1946,* Losungen für den Volksentscheid zur Enteignung der „Betriebe der Kriegs- und Naziverbrecher"

Q2 *Wolfgang Leonhard, damals Mitglied der KPD, beschreibt, wie die Kommunisten die Verwaltung in Berlin neu organisierten:*

Ulbricht erklärte uns: „Die Bezirksverwaltungen müssen politisch richtig zusammengestellt werden. Kommunisten als Bürgermeister können wir nicht brauchen. (…) Die Bürgermeister sollen in den Arbeiterbezirken in der Regel Sozialdemokraten sein. In den bürgerlichen Vierteln (…) müssen wir an die Spitze einen bürgerlichen Mann stellen. (…) Am besten, wenn er ein Doktor ist (…) und ein Mann, mit dem wir gut zusammenarbeiten können. (…) Der erste stellvertretende Bürgermeister, der Dezernent für Personalfragen und der Dezernent für Volksbildung – das müssen unsere Leute sein. Dann müsst ihr noch einen ganz zuverlässigen Genossen in jedem Bezirk ausfindig machen, den wir für den Aufbau der Polizei brauchen. (…) Es muss demokratisch aussehen, aber wir müssen alles in der Hand haben."

Q3 *Franz Höncher, 1945–1948 im ehemaligen Konzentrationslager Buchenwald inhaftiert, über die Gründe der Verhaftung:*

Ich war bis 1945 politischer Leiter in Ramsia, außerdem Zellenleiter der NSDAP-Ortsgruppe Schwerstedt. Das war eben so, wer Landwirtschaft betrieb, wurde vom Wehrdienst zurückgestellt und übernahm dafür Funktionen im Dorf. Ich bin ja nach wie vor der Meinung, dass das mit Politik wenig zu tun hatte. Aber danach hat die Besatzungsmacht (…) nicht gefragt. Ich bin mir ziemlich sicher, dass mich ein Freund angeschwärzt hat. (…) Verhört haben sie uns, immer nachts. (…) Warum hat der Bauer die und der Bauer jene Kühe? (…) Mit Politik oder irgendeiner Parteizugehörigkeit hatte das wenig zu tun. (…) Wissen Sie, viel fragen mussten die eigentlich nicht, sie wussten ohnehin alles, manches besser als ich (…). Von wegen Verhandlung, mit Anwalt und Zeugen. Nicht einmal die eigene Mutter hätten sie an einen herangelassen.

1. *Erläutere Ziele und Maßnahmen der sowjetischen Besatzungsmacht und der deutschen Kommunisten bei der Errichtung der „antifaschistisch-demokratischen Ordnung" (VT, Q1, Q2).*
2. *Nenne Unterschiede zur Entwicklung in den Westzonen. Gehe dabei besonders auf den Aufbau demokratischer Strukturen in Politik, Wirtschaft, Justiz und Verwaltung ein (VT, Q1–Q4).*
3. *Beschreibe, wie die SED ihre führende Rolle in der SBZ durchsetzte und ausbaute (VT, Q2).*
4. *Betrachte Q4 und bewerte dabei den Ausspruch Walter Ulbrichts in Q2: „Es muss demokratisch aussehen."*

5 Eine Nation – aber zwei Staaten

Q 1 *Am 23. Mai 1949 unterzeichnete Konrad Adenauer* als Präsident des Parlamentarischen Rates das Grundgesetz, die Verfassung der Bundesrepublik Deutschland.

Bild- und Tondokumente zur Gründung zweier deutscher Staaten auf Zeitreise multimedial „Das 20. Jahrhundert"

Währungsreform
Mit der Einführung einer neuen Währung soll die Wirtschaft angekurbelt und die Währung eines Staates stabilisiert werden. Damit soll eine weitere Geldentwertung verhindert werden.
Die Währungsreform 1948 war eine wesentliche Voraussetzung für die Teilnahme der Westzonen am Marshallplan.

Auf dem Weg zur Teilung

Den Westmächten fiel es immer schwerer, sich mit der Sowjetunion auf eine gemeinsame Deutschlandpolitik zu verständigen. Deshalb nahmen sie Kurs auf eine stärkere Zusammenarbeit der Westzonen. Anfang 1947 schlossen sich die amerikanische und britische Zone zu einem „Vereinigten Wirtschaftsgebiet", der Bizone, zusammen. 1949 erweiterte die französische Zone den Zusammenschluss zur Trizone. Die Sowjetunion lehnte den Beitritt ab.

Währungsreform und Luftbrücke

Die beginnende Spaltung Deutschlands zeigte sich auch in der Wirtschaft: Im Juni 1948 führten die Westmächte in ihren Zonen mit der D-Mark eine neue Währung ein. Die Sowjetunion reagierte prompt. Sie führte in der SBZ ebenfalls eine neue Währung ein und blockierte die Zufahrtswege zu West-Berlin. Nahrungsmittel und andere Güter gelangten nicht mehr in die Westsektoren der Stadt. Ziel der Blockade war es, die Bevölkerung durch Hunger und Kälte gegen die westlichen Alliierten aufzuwiegeln und die Westmächte von ihren Plänen eines westdeutschen Teilstaates abzubringen. Der Versuch scheiterte jedoch am entschlossenen Handeln der Amerikaner und Briten. Diese versorgten die eingeschlossene Bevölkerung 462 Tage lang aus der Luft. Am 12. Mai 1949 beendete die Sowjetunion die Blockade.

Das Grundgesetz der Bundesrepublik

Im Juli 1948 erteilten die drei westlichen Militärgouverneure den Auftrag, eine verfassunggebende Versammlung zur Gründung eines westdeutschen Teilstaates einzuberufen. Ein Parlamentarischer Rat, gebildet aus Vertretern der Länder, arbeitete eine Verfassung – Grundgesetz genannt – aus.
Das Grundgesetz orientierte sich zwar an der Weimarer Verfassung, versuchte aber vor allem deren Schwächen zu vermeiden. So ist die Macht des Bundespräsidenten eingeschränkt, die des Bundeskanzlers erweitert. Bürger oder Parteien, die die freiheitlich demokratische Grundordnung bekämpfen, können gewisse Grundrechte verlieren. Die Grund- und Menschenrechte nehmen eine herausragende Stellung ein.
Die Verkündung des Grundgesetzes am 23. Mai 1949 ist die Geburtsstunde der Bundesrepublik Deutschland. Im August 1949 wurde das Parlament, der deutsche Bundestag, gewählt. Erster Bundespräsident wurde Theodor Heuss, erster Bundeskanzler der Christdemokrat Konrad Adenauer.

Die Gründung der DDR

Am 7. Oktober 1949 setzte die Volkskammer, das Parlament der Deutschen Demokratischen Republik (DDR), – so nannte sich der ostdeutsche Staat – die von einem Volksrat erarbeitete Verfassung in Kraft. Sie entsprach den Anforderungen einer parlamentarischen Demokratie. In der Praxis wurde aber auf die Bestimmungen wenig Rücksicht genommen. Die wichtigsten Ämter wurden SED-Politikern übertragen: Wilhelm Pieck wurde erster Staatspräsident, Otto Grotewohl erster Ministerpräsident der DDR.

Q2 *Ein Historiker aus der Bundesrepublik Deutschland über die Blockade West-Berlins und die Bedeutung der Luftbrücke:*

So kam es zur Luftbrücke, auf deren Höhepunkt alle 48 Sekunden ein „Rosinenbomber“ auf den Berliner Flugfeldern landete. Es war, unerwartet für die Russen, eine technische Meisterleistung, für die es kein Vorbild gab. Stalin hat nicht damit gerechnet, dass die Moral der Berliner halten würde. Aber Ernst Reuter, der große Bürgermeister der Stadt, versammelte mehr als 300 000 Berliner vor dem Reichstag: „In Berlin ist es kalt, aber in Sibirien ist es kälter.“ Die Moral der Berliner hielt, und die Luftbrücke hielt auch. Am wichtigsten aber war die Entschlossenheit der Amerikaner (...).

Q4 *„So – und achten Sie auf eine gute Erziehung.“* Die Westmächte übergeben den Deutschen vorsichtig ihr „Baby“ – die Bundesrepublik Deutschland, Federzeichnung von Mirko Szewczuk, 1949.

Q3 *Im Grundgesetz sind 19 Grundrechte festgeschrieben, u. a.:*

Art. 1: Die Würde des Menschen ist unantastbar (...). Sie zu achten und zu schützen ist Verpflichtung aller staatlichen Gewalt.

Art. 2: Jeder hat das Recht auf Leben und körperliche Unversehrtheit (...).

Art. 3: Alle Menschen sind vor dem Gesetz gleich. Männer und Frauen sind gleichberechtigt (...).

Art. 6: Ehe und Familie stehen unter dem besonderen Schutz der staatlichen Ordnung.

Art. 10: Das Briefgeheimnis sowie das Post- und Fernmeldegeheimnis sind unverletzlich (...).

Art. 16a: Politisch Verfolgte genießen Asylrecht (...).

Art. 17: Jedermann hat das Recht sich (...) mit Bitten oder Beschwerden an die zuständigen Stellen und an die Volksvertretung zu wenden.

Q5 *Die „Rosinenbomber“ kommen.* Umgerüstete Bomber und Transportflugzeuge der Westalliierten flogen jeden Tag über 4 500 Tonnen Lebensmittel und Heizmaterial nach West-Berlin. 78 Amerikaner, Briten und Deutsche starben dabei.

1. *Erläutere, warum die Westmächte und westdeutsche Politiker Kurs auf die Errichtung eines deutschen Teilstaates nahmen (VT).*
2. *Beschreibe den Weg zur Gründung der beiden deutschen Staaten (VT, Q1). Erläutere dabei die Aussage der Karikatur (Q4).*
3. *Erkläre, welche Bedeutung die Luftbrücke für die West-Berliner, die Deutschen und das Kräfteverhältnis der Großmächte hatte (VT, Q2, Q5).*
4. *Die historische Leistung der Verfasser des Grundgesetzes ist unumstritten. Worin besteht sie (VT, Q3)?*

6 Markt- und Planwirtschaft

1 Volle Regale in den westdeutschen Läden.
Das Foto zeigt den ersten Selbstbedienungsladen in Deutschland.

A-Z

Marktwirtschaft
Wirtschaftssystem, das freien Spielraum für unternehmerische Tätigkeiten gibt. Merkmale sind: Privateigentum, freie Berufswahl sowie der freie Wettbewerb. Bei der sozialen Marktwirtschaft korrigiert der Staat negative Auswirkungen des Wettbewerbs mit sozialen Hilfen.

Planwirtschaft
Wirtschaftssystem, in dem eine Behörde Planvorgaben für die Wirtschaft erarbeitet. Produktion, Verteilung der Waren und Preisfestlegung werden zentral geregelt. Die Kräfte des Marktes sind außer Kraft gesetzt.

Wirtschaftsboom …

In den 1950er-Jahren setzte in der Bundesrepublik ein beispielloser wirtschaftlicher Aufschwung ein. Rasch sprach man von einem „Wirtschaftswunder". Für den Boom gab es viele Gründe: Die Gelder des Marshallplanes ermöglichten den Unternehmern, moderne Maschinen anzuschaffen, was eine gewaltige Steigerung der Produktion zur Folge hatte. Die Nachfrage nach hochwertigen Industrieprodukten auf dem Weltmarkt nahm Anfang der 1950er-Jahre sprunghaft zu. Dies förderte den Export deutscher Unternehmen und setzte Gelder für Investitionen frei. Zudem gab es in Deutschland ein Überangebot gut ausgebildeter leistungswilliger Arbeiter.

… in der sozialen Marktwirtschaft

Letztlich hatte auch die Politik der sozialen Marktwirtschaft, eng mit dem Namen des Wirtschaftsministers Ludwig Erhard verbunden, großen Anteil am Wirtschaftsboom. Mit einem Netz sozialer Maßnahmen gelang es, die Bevölkerung gegen soziale Risiken abzusichern und für den wirtschaftlichen Aufbau zu motivieren. Flüchtlinge und Vertriebene erhielten mit dem „Lastenausgleich" eine Entschädigung für verlorenen Besitz, die Altersrenten wurden erhöht. In den 1970er-Jahren kamen neue Sozialleistungen hinzu: Wohngeld für Familien mit niedrigem Einkommen, Stipendien für Studierende, Erziehungsgeld für Eltern. Das alles bewirkte eine spürbare Erhöhung des Lebensstandards.

Stützen des Aufschwungs waren auch Gewerkschaftsverbände und die Unternehmer: Die Gewerkschaften bewiesen viel Gespür dafür, welche Lohnforderungen gestellt werden konnten, ohne den Aufbau der Wirtschaft zu gefährden. Die Unternehmer nutzten die erwirtschafteten Gewinne für Investitionen. Dennoch: Ein „Wunder" war der Aufschwung nicht. Er war nur möglich auf der Grundlage harter Arbeit, oft verbunden mit wenig Zeit für sich und die Familie.

Planwirtschaft in der DDR

In der DDR wurde die gesamte Wirtschaft vom Staat gelenkt, geplant und kontrolliert. Zentrale Planvorgaben schrieben vor, was die Betriebe zu produzieren hatten, was der Bevölkerung zum Kauf anzubieten sei und welche Waren exportiert werden sollten.

Grundlage der sozialistischen Planwirtschaft war das staatliche bzw. genossenschaftliche Eigentum an den Produktionsmitteln. Seit Beginn der 1950er-Jahre wurden immer mehr Betriebe widerrechtlich enteignet und in Staatsunternehmen, die sich Volkseigene Betriebe (VEB) nannten, überführt. Die Bauern wurden gezwungen, in Landwirtschaftliche Produktionsgenossenschaften (LPGs) einzutreten, sodass es 1961 in der DDR keine Privatbauern mehr gab. Auch Handwerker und kleine Gewerbetreibende mussten sich zu Genossenschaften zusammenschließen.

Trotz mancher Fortschritte in der Produktion und im Lebensstandard zeigte sich bald, dass die Planwirtschaft der sozialen Marktwirtschaft unterlegen war.

Q2 *Bundeswirtschaftsminister Erhard sagte zum Wesen der sozialen Marktwirtschaft 1957:*

Eine freiheitliche Wirtschaftsordnung kann auf die Dauer nur dann bestehen, wenn und solange auch im sozialen Leben der Nation ein Höchstmaß an Freiheit, an privater Initiative und Selbstvorsorge gewährleistet ist. Wenn dagegen die Bemühungen der Sozialpolitik darauf abzielen, dem Menschen schon von der Stunde seiner Geburt an die volle Sicherheit gegen alle Widrigkeiten des Lebens zu gewährleisten (...), dann kann man von solchen Menschen einfach nicht mehr verlangen, dass sie das Maß an Kraft, Leistung, Initiative und anderen besten menschlichen Werten entfalten, das (...) die Voraussetzung einer auf die Initiative der Persönlichkeit begründeten „sozialen Marktwirtschaft" bietet. (...) Damit soll nicht geleugnet werden, dass eine auch noch so gute Wirtschaftspolitik in modernen Industriestaaten einer Ergänzung durch sozialpolitische Maßnahmen bedarf. (...) Es muss aber im ureigensten Interesse jeder organisierten Sozialpolitik liegen (...) Sorge zu tragen, dass die Prinzipien, nach denen die Wirtschaft geordnet ist, erhalten bleiben und weiter ausgebaut werden.

Q4 *Schlange stehen vor einem Geschäft in der DDR.* Technische Konsumgüter wie Fernsehapparate, Kühlschränke, Waschmaschinen, Autos waren schwer zu haben und stark überteuert. Auf einen „Trabant", das Standardauto in der DDR, musste man 12 Jahre warten.

Q3 *rechts: Camping am Gardasee.* Der wachsende Lebensstandard erlaubte manchen Westdeutschen Urlaub in Südeuropa, Foto, 1964.

	DDR	BRD
Durchschnittliches monatliches Nettoeinkommen		
Arbeitnehmer	961 Mark	2160 DM
Rentner	398 Mark	1505 DM
Zum Kauf erforderliche Arbeitszeit (Std.:Min.)		
Herrenschuhe	27:53	5:55
Kühlschrank	293:16	40:00
PKW	3807:42	607:24
Roggenbrot	0:06	0:13
Eisenbahn-Wochenkarte	0:29	1:47
Wohnung		
Durchschnittliche Größe	58qm	98qm
Wohnungen mit Zentralheizung	36%	70%
Wohnungen mit Bad/Dusche	68%	92%

D1 *Statistische Angaben zum Lebensstandard in beiden deutschen Staaten 1982/83*

1. *Erläutere den Unterschied zwischen der sozialen Marktwirtschaft und der sozialistischen Planwirtschaft (VT).*
2. *Erkläre den Zusammenhang zwischen „freiheitlicher Wirtschaftsordnung" und der Notwendigkeit einer „organisierten Sozialpolitik" durch den Staat (Q2).*
3. *Vergleiche den Lebensstandard der Menschen in der Bundesrepublik Deutschland und der DDR (D1, Q1, Q3, Q4).*
4. *Nenne Ursachen für den unterschiedlichen Lebensstandard der Ost- und Westdeutschen.*

7 Schüsse und Stacheldraht

Q 1 *Mit Steinen gegen Panzer.* Der Aufstand am 17. Juni 1953.

Volksaufstand im Juni 1953

Die widerrechtlichen Enteignungen, die Beschränkung der persönlichen Freiheit, die Alleinherrschaft der SED und die schlechte Versorgungslage führten dazu, dass die Unzufriedenheit der Bevölkerung in der DDR wuchs. Hunderttausende machten sich auf den Weg in die Bundesrepublik, weil sie hofften, hier frei und wirtschaftlich besser leben zu können.

Am 16. Juni 1953 entlud sich die Unzufriedenheit: In Ost-Berlin gingen Bauarbeiter auf die Straße und forderten bessere Arbeits- und Lebensbedingungen sowie mehr Mitbestimmung in den Betrieben. Dabei blieb es nicht. Am nächsten Tag demonstrierten auch in anderen Städten, Dörfern und Industriegebieten Hunderttausende. Rufe nach freien Wahlen, Beseitigung der Vorherrschaft der SED, Meinungsfreiheit und Entlassung der politischen Häftlinge wurden laut. Die Polizei war machtlos. Nur mit Hilfe der sowjetischen Besatzungsmacht konnte der Aufstand nach zwei Tagen blutig niedergeschlagen werden. Dutzende waren während der Demonstrationen getötet worden oder wurden im Anschluss hingerichtet. Tausende Demonstranten wurden verhaftet und verurteilt.

Der Bau der Mauer im August 1961

Die Fluchtbewegung nach West-Berlin und Westdeutschland nahm auch in den folgenden Jahren nicht ab. Zwischen 1955 und 1961 flohen 1,5 Millionen DDR-Bürger. Die Abwanderung von Arbeitskräften fügte der Wirtschaft großen Schaden zu. Als im Sommer 1961 täglich fast 2000 Flüchtlinge ihr Land verließen, riegelten Soldaten der Nationalen Volksarmee (NVA) und bewaffnete Arbeiter der so genannten Kampfgruppen am 13. August mit Stacheldraht und Straßensperren die Grenze zu West-Berlin ab. In den nächsten Tagen und Wochen wurde die Grenze zu West-Berlin und zur Bundesrepublik mit einer Betonmauer, Grenzzäunen, Todesstreifen und Wachtürmen, später auch Minen und Selbstschussanlagen, fast unüberwindbar gemacht.

Die Grenzsoldaten der DDR hatten den Befehl, auf Flüchtlinge zu schießen. Bis zum Fall der Mauer gab es immer wieder Tote. Nach der Wiedervereinigung fanden mehrere Prozesse gegen die „Mauerschützen" statt. In der Öffentlichkeit wurde über die Schuldfähigkeit der Soldaten kontrovers diskutiert. Viele forderten, vor allem diejenigen zu bestrafen, die den Schießbefehl zu verantworten hatten.

Q2 *Unterschiedliche Sichten auf den Volksaufstand in der DDR.*

a) Ein Augenzeuge berichtet über die Vorgänge am 17. Juni:

Gegenüber dem Regierungsgebäude (...) standen Tausende auf den nicht abgeräumten Trümmern. Von dort her wurden immer noch Steine geschleudert. (...) Die Masse der Demonstranten verhielt sich ziemlich diszipliniert. Die Vorderen schrien auf die Volkspolizei ein und versuchten sie auf ihre Seite zu ziehen. „Schämt ihr euch nicht", hörte ich einen Hünen mit Bärenstimme brüllen, „diese Strolche auch noch zu verteidigen? Das will eine Arbeiterregierung sein, die sich vor uns verschanzt? Werft die Russenuniform weg und macht mit uns mit!"

b) Die SED-Zeitung „Neues Deutschland" schrieb:

Als ein Panzer über den Alexanderplatz rollte, schrien die Provokateure auf. Mit Wut entstellten Gesichtern und weichen Knien starrten sie auf das erhobene Rohr. Zwei Halbstarke griffen zu Steinen und warfen sie auf den Panzer. Unberührt rollte der Panzer weiter, nicht einmal eine Schramme blieb zurück. Der Sowjetsoldat schaute angeekelt auf diese widerlichen Gestalten, in die verlebten vom Laster gezeichneten Gesichter.

Q3 *Die thüringische Zeitung „Das Volk" schreibt am 19. Juni 1953:*

Hiermit wird mitgeteilt, dass der Einwohner der Stadt Jena, Alfred Diener, einer der aktivsten Organisatoren von Provokationen und Unruhen in der Stadt Jena am 17. Juni 1953 auch (ein) Teilnehmer der gegen die Staatsorgane und Bevölkerung gerichteten verbrecherischen Handlungen ist.

Diener ist zum Erschießen verurteilt. Das Urteil ist vollstreckt worden.

Der sowjetische Militärkommandant

Q4 *Demonstrierende Bauern in Jessen am 17. Juni 1953.* Nicht nur die Stadtbevölkerung protestierte.

Q5 *Forderungen von Teilnehmern des Aufstandes vom 17. Juni 1953 an die DDR-Regierung:*

Wir Werktätigen des Kreises Bitterfeld fordern von Ihnen:

1. Rücktritt der so genannten Deutschen Demokratischen Regierung, die sich durch Wahlmanöver an die Macht gebracht hat.
2. Bildung einer provisorischen Regierung aus den fortschrittlichen Werktätigen.
3. Zulassung sämtlicher großen demokratischen Parteien Westdeutschlands.
4. Freie, geheime, direkte Wahlen in vier Monaten.
5. Freilassung sämtlicher politischen Gefangenen (direkt politischer, so genannter Wirtschaftsverbrecher und konfessionell Verfolgter).
6. Sofortige Abschaffung der Zonengrenze und Zurückziehung der Vopo [Volkspolizei].
7. Sofortige Normalisierung des sozialen Lebensstandards.
8. Sofortige Ablösung der so genannten Nationalarmee [Nationalen Volksarmee].
9. Keine Repressalien gegen einen Streikenden.

D 1 *DDR-Flüchtlinge nach Westdeutschland und West-Berlin von 1949–1962*

Jahr	Zahl
1949	129 245
1950	197 788
1951	165 648
1952	182 393
1953	331 390
1954	184 198
1955	252 870
1956	279 189
1957	261 622
1958	204 092
1959	143 917
1960	199 188
1961	207 026
1962	21 356
Gesamt	2 759 932

D 2 *Grenzsicherungsanlagen der DDR:*

1 Grenzverlauf mit Grenzsteinen **2** Grenzhinweisschild bzw. Grenzpfahl **3** Grenzsäule der DDR **4** Geländestreifen **5** Metallgitterzaun **6** Durchlass **7** Kraftfahrzeug-Sperrgraben **8** Spurensicherungsstreifen **9** Kolonnenweg mit Fahrspurplatten **10–12** Beton-Beobachtungstürme **13** Beobachtungsbunker **13a** Beobachtungsbunker mit Schalteinrichtungen **14** Lichtsperre **15** Anlage für erdverkabeltes Grenzmeldenetz **16** Laufanlage für Hunde **16a** Freilaufanlage für Hunde **17** Schutzstreifenzaun mit elektronischen und akustischen Signalanlagen **18** Betonsperrmauer mit Sichtblenden **19** Tor im Schutzstreifenzaun mit Signaldrähten **20** Stolperdrähte **21** Kontrollpassierpunkt zur Sperrzone **22** Hinweisschild auf Beginn des Schutzstreifens

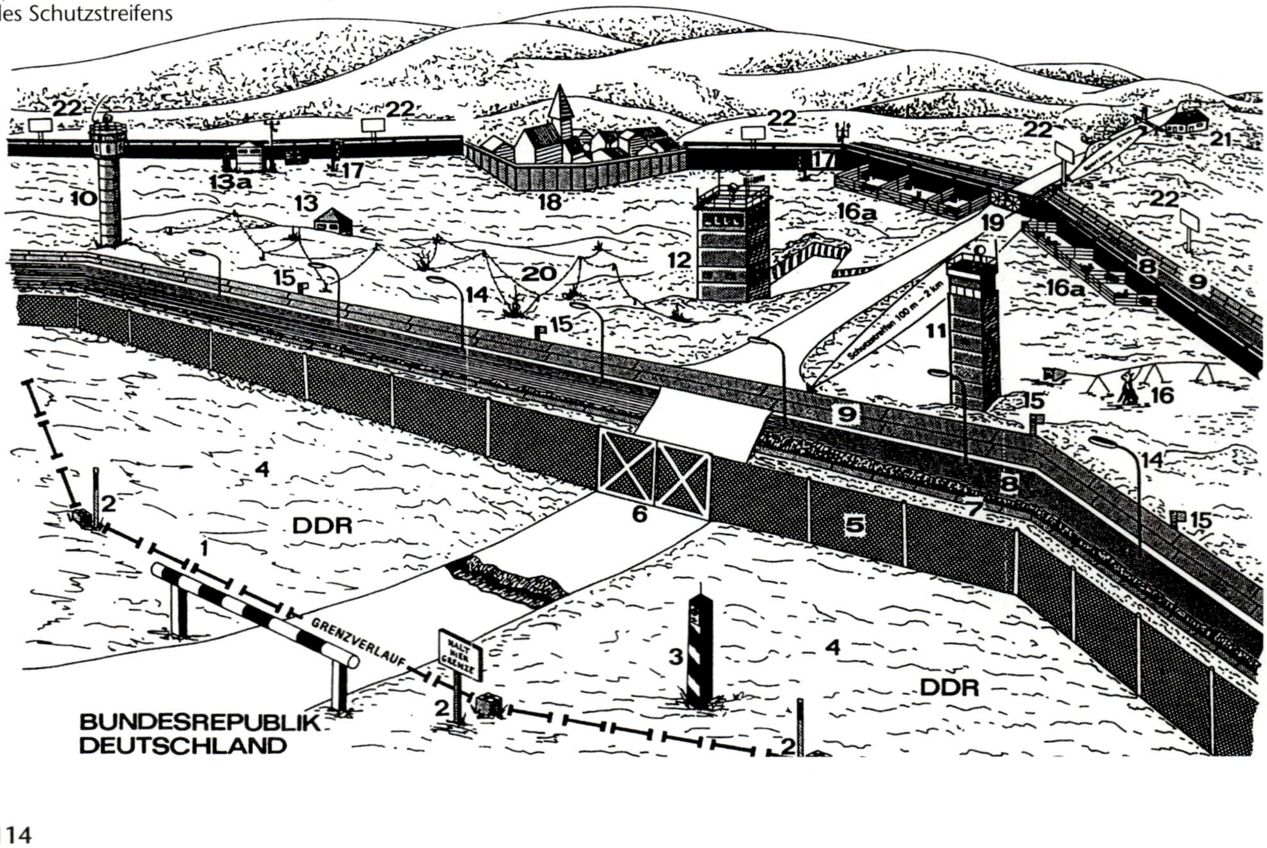

Q 6 *1963 äußert sich ein Mitglied des SED-Zentralkomitees vor Grenzsoldaten:*

Ich sage, jeder Schuss aus der Maschinenpistole eines unserer Grenzsicherungspolizisten zur Abwehr solcher Verbrechen [gemeint ist Flucht aus der DDR] rettet in der Konsequenz Hunderte von Kameraden, rettet Tausenden Bürgern der DDR das Leben und sichert Millionenwerte an Volksvermögen. Ihr schießt nicht auf Brüder und Schwestern, wenn ihr mit der Waffe den Grenzverletzer zum Halten bringt. Wie kann das euer Bruder sein, der die Republik verrät, der die Macht des Volkes antastet!

Q 7 *Ein in die Bundesrepublik geflüchteter Leutnant der Grenztruppen sagte aus:*

Die interne Regelung der Grenztruppen in Hinsicht auf den Schießbefehl ist wesentlich klarer als die Formulierungen des Grenzgesetzes. Im täglichen Befehl heißt es immer noch: „Sie sind eingesetzt (...) mit der Aufgabe, Grenzdurchbrüche in beide Richtungen nicht zuzulassen, Grenzverletzer aufzuspüren, festzunehmen oder zu vernichten." (...) Ebenso ist in allen militärischen Dienst-

Q10 *Mauerbau in Berlin im August 1961; links der Mauer: Ost-Berlin, rechts: West-Berlin*

vorschriften die Formulierung „vernichten“ zu finden. In Schulungen wird immer wieder deutlich gemacht, dass ein Toter an der Grenze wesentlich besser als ein verletzter Flüchtling im Westen ist.

Q8 *Mauerwächter,* wie sie der bundesdeutsche Karikaturist Oskar sah.

Q9 *Klaus W. lebte 1961 in einem Ost-Berliner Vorort unmittelbar an der Mauer. Er erinnert sich im Jahre 1999:*

Wir sind 1961 im September nach Glienicke gezogen, also genau nach der Zeit, als die Mauer gebaut wurde. Unser Grundstück lag genau an der Mauer. (...) Die Nachbarn auf der Westseite kannten wir nicht mehr. Man konnte zwar rübergucken und auch mit Steinen schmeißen, kennen gelernt haben wir sie aber erst nach dreißig Jahren. (...) Meine ganze Kindheit und Jugend habe ich also an der Mauer verbracht. Das war nicht immer einfach, wir durften zum Beispiel keine Kinder mit nach Hause bringen, mein eigener Kumpel, mein Klassenkamerad, konnte mich nicht besuchen, weil unser Haus im Grenzgebiet lag. (...) Die Verwandtschaft musste, wenn Geburtstag oder Ähnliches war, vier bis sechs Wochen vorher einen Antrag stellen. (...) Die Grenzer sind sogar jeden Sonnabend gekommen, um im Keller die Wände abzuklopfen, ob irgendwo ein Tunnel gegraben wurde.

1. *Nenne die Ursachen für den Volksaufstand in der DDR. Welche Ziele hatten die Aufständischen (VT, Q4, Q5)?*
2. *Erläutere die Rolle der sowjetischen Besatzungsmacht im Juni 1953 (VT, Q1, Q2).*
3. *Vergleiche die Darstellung des Aufstandes in den DDR-Zeitungen (Q2b, Q3) mit den Materialien Q1, Q2a und Q4.*
4. *Erläutere die Ursachen für den Mauerbau (VT, D1).*
5. *Beschreibe die Folgen des Mauerbaus für die Menschen in beiden deutschen Staaten (VT, D2, Q9, Q10).*
6. *Beschreibe die Grenzsicherungsanlagen der DDR (D2).*
7. *In der DDR wurde die Mauer offiziell als „antifaschistisch-demokratischer Schutzwall“ bezeichnet. Überlege, was mit diesem Begriff ausgedrückt werden sollte.*
8. *Diskutiert in der Klasse, wer die Verantwortung für die Toten an der Mauer zu tragen hat. Geht dabei auf D2 und Q6–Q8 ein.*

8 Die Wiedervereinigung rückt in weite Ferne

Q1 *Am 9. Mai 1955 wird die Bundesrepublik Deutschland Mitglied der NATO.*
Als 15. NATO-Staat hatte die Bundesrepublik damals noch keine Armee.

Pariser Verträge
Abkommen aus dem Jahr 1954 zwischen den westeuropäischen Staaten und der USA über die Stellung der Bundesrepublik innerhalb der westlichen Staatengemeinschaft.
Die Pariser Verträge enthalten Bestimmungen über die Stationierung fremder Streitkräfte in der Bundesrepublik und über den Beitritt Westdeutschlands zur NATO.

Souveränität
bedeutet die rechtliche Unabhängigkeit eines Staates. Ein souveräner Staat beansprucht, dass sich niemand in seine inneren Angelegenheiten einmischt und er seine Außenpolitik selbst gestaltet.

Westintegration statt Wiedervereinigung

In den 1950er-Jahren hatten sich die Gegensätze zwischen den mit den USA verbündeten westlichen Staaten und den von der Sowjetunion abhängigen östlichen Staaten vertieft (vgl. S. 118–121). Beide deutsche Staaten sowie die Regierungen der mit der Bundesrepublik und der DDR verbündeten Länder standen vor der Frage, ob unter diesen Umständen eine Wiedervereinigung möglich sei. Und wo war dann der Platz der Deutschen in den sich verschärfenden Auseinandersetzungen zwischen dem Westen und dem Osten?
Die Mehrheit der Westdeutschen lehnte eine schnelle Wiedervereinigung ab. Bundeskanzler Adenauer wollte die Bundesrepublik eng an den Westen binden. Nur so könne eine Ausbreitung des kommunistischen Einflusses auch auf Westdeutschland verhindert werden.

Auf dem Weg zur Souveränität

Adenauers Ziel war es, die volle Unabhängigkeit der Bundesrepublik zu erreichen und sie in die Gemeinschaft der westlichen Staaten einzugliedern. Dies gelang in mehreren Schritten: Im Deutschlandvertrag 1952 erhielt die Bundesrepublik weitgehende außenpolitische Handlungsfreiheit. Sie wurde 1954 mit den Pariser Verträgen gleichberechtigtes Mitglied der westlichen Staatengemeinschaft und trat 1955 deren Militärbündnis, dem Nordatlantikpakt (NATO) bei. 1955 wurden die ersten Freiwilligen der Bundeswehr vereidigt und ein Jahr später beschloss der Bundestag die allgemeine Wehrpflicht.
Nicht alle Westdeutschen unterstützten die Politik Adenauers. Es kam zu heftigen Demonstrationen gegen die Wiederbewaffnung. Die SPD griff Adenauers Politik scharf an, weil sie, wie auch manche Teile der Bevölkerung, der Meinung war, die enge Bindung an den Westen rücke die Wiedervereinigung Deutschlands in weite Ferne.

Einbindung der DDR in den Ostblock

Die DDR reagierte im Einvernehmen mit der Sowjetunion auf die Westintegration der Bundesrepublik. Bisher war ihre Politik auf die Wiedervereinigung Deutschlands ausgerichtet. Allerdings waren weder die DDR noch die Sowjetunion bereit gewesen, freie Wahlen in Ost- und Westdeutschland zuzulassen. Jetzt ging man von der Existenz zweier unabhängiger deutscher Staaten aus und betonte, dass die Wiedervereinigung zuallererst deren Sache sei. Als Antwort auf den Beitritt der Bundesrepublik zur NATO wurde die DDR 1955 Mitglied des osteuropäischen Militärbündnisses Warschauer Pakt (siehe S. 118). Außerdem wurde der ostdeutsche Staat Mitglied der Wirtschaftsvereinung der Ostblockländer, dem Rat für gegenseitige Wirtschaftshilfe.

Standpunkte: Pariser Verträge und Wiedervereinigung

Q2 *Aus der Regierungserklärung von Bundeskanzler Konrad Adenauer am 15. Dezember 1954 zu den Pariser Verträgen:*

Das Vertragswerk macht die Bundesrepublik erst fähig, die Spaltung Deutschlands zu beseitigen und die sich mit der Wiedervereinigung stellenden Aufgaben zu bewältigen. (...) Die großen Mächte werden sich entsprechend ihren vertraglichen Verpflichtungen bei kommenden Verhandlungen für unsere Wiedervereinigung solidarisch einsetzen. (...) Sie erklären also, dass die Schaffung eines völlig freien und vereinigten Deutschlands durch friedliche Mittel ein grundlegendes Ziel ihrer Politik ist. Ich sehe nicht, (...) wie heute eine bessere Basis für die Wiedervereinigung Deutschlands gewonnen werden könnte.

Q3 *Aus der Antwort des Oppositionsführers Erich Ollenhauer (SPD):*

In Paris ist (...) festgelegt worden, dass neue Verhandlungen mit der Sowjetunion über das Problem der deutschen Wiedervereinigung erst nach der Ratifizierung [Anerkennung] der Verträge ins Auge gefasst werden sollen. Der Herr Bundeskanzler hat sich diese These (...) zu eigen gemacht (...). Damit ist eindeutig der Aufrüstung der Bundesrepublik der Vorrang vor der Wiedervereinigung gegeben worden. Diese Politik basiert auf der Annahme, dass ohne die Einheit des Westens erfolgreiche Verhandlungen mit der Sowjetunion nicht möglich seien (...). Die Interessen der Sowjetunion sind nicht identisch mit unseren deutschen Interessen, und ihre Argumente sind nicht unsere Argumente. Aber vergessen wir nie, die Sowjetunion ist eine der vier Besatzungsmächte, und ohne ihre Zustimmung und ohne ihre Mitwirkung ist eine Wiedervereinigung Deutschlands ebenso unmöglich wie ohne die Zustimmung und Mitwirkung der Westmächte.

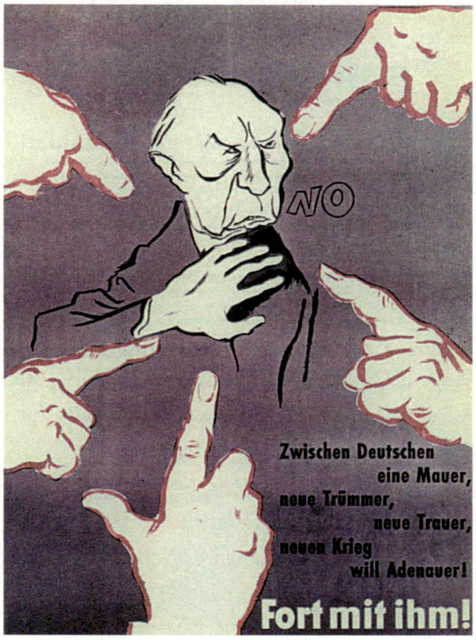

Q4 *rechts: Jugendliche verbrennen einen Befehl zur Einberufung in die Bundeswehr.*

Q5 *Westintegration und Wiederbewaffnung aus zweierlei Sichten.*
oben: Der Westen trotzt der Flut aus dem Osten, westdeutsches Propagandaplakat, 1952.
unten: Fort mit Adenauer, der mit der Wiederbewaffnung Deutschland endgültig spaltet, ostdeutsches Propagandaplakat, 1951/52.

1. *Nenne Gründe, warum die Mehrheit der Westdeutschen die Bindung an die westliche Staatengemeinschaft einer schnellen Wiedervereinigung vorzog (VT).*
2. *Erläutere die Richtlinien der Außen- und Deutschlandpolitik der Bundesregierung und der Regierung der DDR bis Mitte der 1950er-Jahre (VT).*
3. *Welche Bedeutung haben die Pariser Verträge für die Wiedervereinigung? Arbeite die unterschiedlichen Auffassungen Adenauers und Ollenhauers heraus (Q2, Q3).*
4. *Vermute Gründe, warum viele Westdeutsche damals gegen die Wiederaufrüstung eintraten (Q4).*
5. *Beschreibe und bewerte die beiden Propagandaplakate (Q5). Welche politischen Auffassungen werden sichtbar?*

9 Der Kalte Krieg – aus Verbündeten werden Feinde

Q1 *Die VI. US-Flotte im Mittelmeer 1970.* Die Flugzeugträger der NATO waren im Kalten Krieg in ständiger Bereitschaft.

Bild- und Tondokumente zum Kalten Krieg auf Zeitreise multimedial „Das 20. Jahrhundert"

A-Z

NATO
1949 gegründetes Militärbündnis des Westens unter Führung der USA

Warschauer Pakt
1955 gegründetes Militärbündnis des Ostblocks unter Führung der UdSSR

Ost und West – nicht nur in Deutschland

Die Teilung Deutschlands in zwei Staaten, deren gesellschaftliche Entwicklung und außenpolitische Orientierung völlig gegensätzlich verlief, war ein Ausdruck der Spaltung der Welt in zwei sich feindlich gegenüberstehende Machtblöcke: ein „sozialistischer im Osten" unter Führung der Sowjetunion und ein „kapitalistischer im Westen" unter Führung der USA.
Diese Entwicklung begann unmittelbar nach dem Zweiten Weltkrieg, in dem die Sowjetunion und die USA noch gemeinsam als Verbündete gegen Hitlers Armeen gekämpft hatten. Vor allem US-Präsident Franklin D. Roosevelt hatte sich während des Krieges als ein treuer Verbündeter Stalins erwiesen und die Sowjetunion mit militärischen Gütern unterstützt. Unter Roosevelts Nachfolger Harry S. Truman änderte sich jedoch die US-Politik.

Misstrauen in West …

Truman hatte starke Vorbehalte gegenüber der Sowjetunion und ihrem Diktator Stalin. Zum einen erkannte er, dass der von Stalin geprägte Sozialismus den Vorstellungen einer freiheitlich-demokratischen Gesellschaft völlig entgegengesetzt war. Zum anderen zeigte die Entwicklung in den von der Roten Armee besetzten Ländern Ost- und Südosteuropas nach 1945, dass Stalin alles unternahm, um seinen Herrschaftsbereich auszudehnen: Die Sowjetunion unterstützte in diesen Ländern massiv die Machtübernahme kommunistischer Regierungen und missachtete dabei das Selbstbestimmungsrecht der Völker. Im Bündnis mit den einheimischen kommunistischen Parteien wurden demokratische Wahlen verhindert und oppositionelle Kräfte eingeschüchtert, verhaftet, verschleppt und ermordet.
Bis zum Jahr 1949 waren in allen von der Roten Armee besetzten Ländern kommunistische Diktaturen errichtet worden. Durch Militär- und Wirtschaftsverträge erreichte Stalin eine enge Bindung dieser Staaten an die Sowjetunion. In den USA und in Westeuropa löste diese Ausweitung des sowjetischen Machtbereiches Angst und Misstrauen aus. Viele Menschen sahen ihre Sicherheit und Freiheit bedroht.

… und Ost

Aber auch in der Sowjetunion gab es Furcht und Misstrauen. Das Land war durch den Krieg in weiten Teilen zerstört und den USA militärisch und wirtschaftlich unterlegen. Bis 1949 besaßen die USA als einzige Macht die Atombombe. Das ermöglichte der US-Regierung, Druck auf andere Staaten auszuüben, um ihre Ziele durchzusetzen.
Stalin befürchtete, dass die Sowjetunion weltpolitisch an den Rand gedrängt und völlig isoliert werden würde, sollte die Rote Armee die besetzten Gebiete in Ost- und Südosteuropa wieder verlassen. Hatten die USA dann nicht ein leichtes Spiel, die kommunistischen Diktaturen wieder zu stürzen und sämtliche osteuropäischen Staaten eng an sich zu binden?

Wirtschaftspolitische Offensive der USA

Um die Länder des freien Europa stärker an sich zu binden und sie so einer möglichen sowjetischen Einflussnahme zu entziehen, bot die USA den Staaten Europas mit dem Marshallplan umfangreiche Wirtschaftshilfe an. Der davon erhoffte wirtschaftliche Aufschwung war für die vom Krieg zerstörten westeuropäischen Länder ein überzeugendes Argument, die angebotene Hilfe anzunehmen. Dafür hatten sie die liberale Wirtschaftsordnung der USA zu übernehmen und das westliche Wertesystem anzuerkennen. 17 westeuropäische Staaten – darunter die Bundesrepublik – beteiligten sich am Marshallplan und erklärten sich bereit, im Rahmen einer gemeinsamen Wirtschaftspolitik eng zusammenzuarbeiten (vgl. S. 122). Die Sowjetunion lehnte die Beteiligung am Marshallplan ab und versagte auch den verbündeten Ostblockstaaten die Teilnahme an der US-Wirtschaftshilfe.

Der Kalte Krieg

Die ideologischen Gegensätze zwischen West und Ost, gegenseitiges Misstrauen, Furcht und unterschiedliche Machtinteressen führten so dazu, dass die Welt in zwei feindliche Lager zerfiel. Deutlichstes Zeichen dieser Spaltung war das Entstehen der beiden Militärblöcke NATO und Warschauer Pakt. Aber auch auf wirtschaftlicher Ebene war die Teilung in West und Ost sichtbar: Schon bald standen sich auf westlicher Seite die Europäische Gemeinschaft und auf östlicher Seite der Rat für gegenseitige Wirtschaftshilfe (RGW) gegenüber. Eine Verständigung zwischen den Gegnern schien Anfang der 1950er-Jahre kaum möglich zu sein. Mehrfach drohte ein Krieg unmittelbar bevorzustehen. Doch obwohl beide Seiten bis an die Zähne bewaffnet waren, kam es dazu nicht. So prägte sich für diesen Konflikt zwischen Ost und West ein neuer Begriff aus: „Kalter Krieg".

Kalter Krieg
Zustand gegenseitiger militärischer Bedrohung, der 40 Jahre lang das Klima zwischen Ost und West beherrschte. Der Begriff „kalt" wurde gewählt, weil es nie zu direkten militärischen Übergriffen zwischen den USA und der UdSSR kam.

Truman-Doktrin
Politik der USA in den 1950er- und 1960er-Jahren, die darauf abzielte, den Einfluss- und Machtbereich der UdSSR zu begrenzen.

D1 *Ausdehnung des sowjetischen Machtbereichs seit dem Zweiten Weltkrieg.*
– Fertige eine Tabelle an, in der du alle Staaten aus der Karte nennst, die unter sowjetische Kontrolle gerieten. Schreibe auch die jeweilige Jahreszahl in eine Spalte.

Sowjetunion 1938
sowjetische Annexion 1939–1945 mit Jahreszahl
sowjetischer Machtbereich nach 1945
1940 Jahr der Errichtung von Volksdemokratien
zeitweiliger sowjetischer Einflussbereich (Jugoslawien bis 1948, Albanien bis 1961)
Unterstützung der Kommunisten im griechischen Bürgerkrieg bis 1949
Staatsgrenze 1949
0 500 1000 km

Q2 *Anspruch auf Weltherrschaft,* amerikanische Karikatur aus dem Jahr 1947.
– Erkläre, wie Russland und die USA dargestellt werden.

Q4 *Über das Recht des Siegers äußerte sich Stalin im April 1945 gegenüber jugoslawischen Kommunisten:*
Dieser Krieg ist nicht wie in der Vergangenheit. Wer immer ein Gebiet besetzt, erlegt ihm auch sein gesellschaftliches System auf. Jeder führt sein eigenes System ein, so weit seine Armee vordringen kann.

Q3 *„Die sowjetische Krake muss gestutzt werden.“,* holländische Karikatur aus dem Jahr 1953

Q5 *Vor ausländischen Kommunisten sagte Malenkow, einer der mächtigsten Männer der UdSSR nach Stalin, 1947:*
In dem Bestreben, die Position zu festigen, die das amerikanische Monopolkapital während des Krieges in Europa und Asien erobert hat, hat diese Clique nun den Weg offener Expansion betreten, den Weg der Versklavung der geschwächten kapitalistischen Länder Europas, der Versklavung der kolonialen und abhängigen Länder, den Weg der Vorbereitung neuer Kriegspläne gegen die UdSSR und die Länder der neuen Demokratie, wobei sie sich des Vorwandes eines Kampfes gegen die kommunistische Gefahr bedienen.

Q6 *US-Präsident Harry S. Truman (1945–1953) verfolgte das Ziel, den Kommunismus einzudämmen. Für diese Politik entstand der Begriff „Truman-Doktrin“. In einer Rede äußerte sich Truman im Jahr 1947 über die unterschiedlichen Lebensweisen in Ost und West und die sich daraus ergebenden Folgen:*
Die eine Lebensweise gründet sich auf den Willen der Mehrheit und zeichnet sich durch freie Institutionen [staatliche Einrichtungen], freie Wahlen, Garantie der persönlichen Freiheit, Rede- und Religionsfreiheit und Freiheit von politischer Unterdrückung aus. Die zweite Lebensweise gründet sich auf den Willen einer Minderheit, der der Mehrheit aufgezwungen wird. Terror und Unterdrückung, kontrollierte Presse und Rundfunk, scheinbare Wahlen und Unterdrückung persönlicher Freiheit sind ihre Kennzeichen.
Ich bin der Ansicht, dass es Politik der USA sein muss, die freien Völker zu unterstützen, die sich der Unterwerfung durch bewaffnete Minderheiten oder durch Druck von außen widersetzen. (…)
Ich bin der Ansicht, dass unsere Hilfe in erster Linie in Form wirtschaftlicher und finanzieller Unterstützung gegeben werden sollte. (…)
Die freien Völker blicken auf uns und erwarten, dass wir sie in der Erhaltung der Freiheit unterstützen. (…)

Q7 *US-Außenminister Marshall zu den Zielen des nach ihm benannten Planes am 5. Juni 1947:*

Bei unseren Erwägungen über die Bedürfnisse Europas für den Wiederaufbau wurden die Menschenverluste, die sichtbaren Zerstörungen der Städte, Fabriken, Bergwerke und Eisenbahnen richtig einkalkuliert, aber es hat sich in den letzten Monaten herausgestellt, dass diese sichtbare Zerstörung wahrscheinlich weniger schwerwiegend ist als die Tatsache, dass das gesamte europäische Wirtschaftssystem aus den Angeln gehoben wurde. (...)

In Wahrheit liegt die Sache so, dass Europas Bedarf an ausländischen Nahrungsmitteln und Gütern – hauptsächlich aus Amerika – während der nächsten drei oder vier Jahre um so viel höher liegt, als seine gegenwärtige Zahlungsfähigkeit, dass beträchtliche zusätzliche Hilfsleistungen notwendig sind, wenn es nicht in einen wirtschaftlichen, sozialen und politischen Verfall sehr ernster Art geraten soll.

Die Lösung liegt (...) in der Wiederherstellung des Vertrauens bei den europäischen Völkern auf die wirtschaftliche Zukunft ihrer Länder und ganz Europas. (...) Es ist nur logisch, dass die Vereinigten Staaten alles tun, was in ihrer Macht steht, um die Wiederherstellung gesunder wirtschaftlicher Verhältnisse in der Welt zu fördern, ohne die es keine politische Stabilität geben kann. (...) Jeder Regierung, die bereit ist, beim Wiederaufbau zu helfen, wird die volle Unterstützung der Regierung der Vereinigten Staaten gewährt werden, dessen bin ich sicher. (...)

Q8 *Die amerikanische Spinne kriecht über „Westeuropa"* (= Text im Bild: Sapatnaja Jewropa), sowjetische Karikatur aus den 1950er-Jahren

1 Erläutere, warum und wie es zum Kalten Krieg und zur Bildung von zwei Machtblöcken kam (VT, D1). Welche Meinung wird in Q2 vertreten?

2 Was will Stalin in Q4 gegenüber den jugoslawischen Kommunisten sagen?

3 Erkläre, wie Malenkow in Q5 die USA-Politik nach dem Zweiten Weltkrieg sieht.

4 Mit welchen Begriffen kennzeichnet Präsident Truman die gesellschaftlichen Unterschiede zwischen Ost und West in Q6? Erläutere, welche Schlussfolgerungen er für die Politik der USA zieht.

5 Kennzeichne die sowjetische Politik in den Ostblockstaaten (VT).

6 Welche Ziele hat nach Außenminister Marshall die amerikanische Wirtschaftshilfe (Q7)?

7 Beschreibe anhand von Q3 und Q8 die Argumente des Westens und des Ostens für bzw. gegen den Marshall-Plan.

10 Auf dem Weg zur Einigung Europas

Q1 *Der Vertrag über die „Europäische Gemeinschaft für Kohle und Stahl"* wird am 18. April 1951 von den Vertretern der 6 Mitgliedstaaten in Paris unterzeichnet. Nicht zufällig bilden der Franzose Schuman (mit dem Vertragstext in den Händen) und der Deutsche Adenauer (rechts daneben) die Mitte der Versammlung.

Der Europagedanke lebt

Als sich in der Nachkriegszeit die Spannungen zwischen Ost und West immer weiter verschärften, sahen einige westliche Politiker in einer engen Zusammenarbeit der westeuropäischen Länder eine wichtige Grundlage für eine erfolgreiche Abwehr des von ihnen befürchteten sowjetischen Expansionsstrebens.

Der damit verbundene Gedanke eines einigen Europa war nicht neu. Bereits nach dem Ersten Weltkrieg hatte es Pläne und Ansätze für eine europäische Staatengemeinschaft gegeben mit dem Ziel, langfristig Frieden in Europa zu sichern. Auch nach 1945 gab es unter dem Eindruck der Katastrophe des Zweiten Weltkriegs solche Überlegungen. Im Mittelpunkt stand dabei zumeist das deutsch-französische Verhältnis – Auslöser zahlreicher Konflikte auf dem europäischen Kontinent.

Wirtschaftliche Zusammenarbeit

Auch die Wirtschaftshilfe der USA für die westeuropäischen Staaten zielte auf ein eng zusammenarbeitendes Europa ab, hatten doch alle am Marshallplan teilnehmenden Länder gemeinsam über die Verteilung der Gelder zu entscheiden. Deshalb gründeten die 17 beteiligten europäischen Staaten im April 1948 die „Organization for European Economic Cooperation" (OEEC). Dies war ein erster Schritt zur wirtschaftlichen Integration Westeuropas.

Ein zweiter Schritt erfolgte 1951/1952. Auf Initiative des französischen Außenministers Robert Schuman („Schuman-Plan") unterzeichneten Frankreich, die Bundesrepublik Deutschland, Italien, Belgien, Luxemburg und die Niederlande den Vertrag über die „Europäische Gemeinschaft für Kohle und Stahl" (EGKS). Fortan wurde die Förderung, Verarbeitung und Verteilung von Kohle und Stahl in den Mitgliedsländern gemeinsam geregelt.

Der EKGS-Vertrag war besonders wichtig für die deutsch-französischen Beziehungen – das Kernproblem der europäischen Einigung. Mit der gemeinsamen Kontrolle befriedigte er einerseits das französische Sicherheitsbedürfnis gegenüber den Deutschen. Andererseits wurde die Bundesrepublik als gleichberechtigter Partner Frankreichs anerkannt.

A-Z

Europäische Integration
ist der Prozess des Zusammenwachsens und der Vereinigung der Länder Europas auf freiwilliger Grundlage. Dabei müssen die beitrittswilligen Staaten bestimmte Voraussetzungen erfüllen, u. a. Bekenntnis zur Demokratie und Marktwirtschaft.

Auf dem Weg zur politischen Einheit

Ein geeintes Europa konnte sich nur herausbilden, wenn neben der wirtschaftlichen Zusammenarbeit auch die politische Einheit in den Blick genommen wurde.
Ein erster Schritt auf dem Weg dorthin war die Gründung des Europarates am 5. Mai 1949. Ein Anliegen des Gremiums bestand darin, demokratische Entwicklungen inner- und außerhalb der Mitgliedsländer zu unterstützen. Als ein Organ des Europarates wurde 1959 der „Europäische Gerichtshof für Menschenrechte" gebildet.
In den Römischen Verträgen 1957 schrieben die sechs Staaten der EGKS die Gründung der „Europäischen Wirtschaftsgemeinschaft" (EWG) und der „Europäischen Atomgemeinschaft" (EURATOM/EAG) fest. Der gemeinsame Markt wurde nun auf Güter aller Art sowie Dienstleistungen, Kapital- und Zahlungsverkehr ausgedehnt. Der EAG-Vertrag regelte den Ankauf von Nuklearmaterial und dessen friedliche Nutzung, um Europa eine unabhängige Position zwischen den Großmächten USA und UdSSR zu sichern.
Für die Verwirklichung der Abkommen wurden weitere supranationale Behörden geschaffen: Europäischer Rat, Europäische Kommission, Europäisches Parlament.
Bis 1986 traten Großbritannien, Irland, Dänemark, Griechenland, Spanien und Portugal der EG bei. 1992 erfolgte die Gründung der Europäischen Union (EU) in der niederländischen Stadt Maastricht. Damit wurde eine neue Qualität der Zusammenarbeit erreicht: Die zwölf Mitgliedsländer beschlossen eine gemeinsame Außen- und Verteidigungspolitik und eine enge Zusammenarbeit in der Innenpolitik und im Bereich Justiz.

Aus „Erbfeinden" werden Freunde

Die Aussöhnung zwischen Deutschen und Franzosen war eine wichtige Voraussetzung für den Aufbau einer demokratischen europäischen Staatengemeinschaft. Die Anerkennung der Bundesrepublik als gleichberechtigten Partner bot die Chance, die Jahrhunderte lange „Erbfeindschaft" zwischen Deutschen und Franzosen zu beenden. Am 22. Januar 1963 unterzeichneten der französische Staatspräsident Charles de Gaulle und Bundeskanzler Adenauer einen Vertrag über Freundschaft und Zusammenarbeit.
Der Vertrag war die Grundlage für vielfältige Begegnungen zwischen Deutschen und Franzosen. Jugendaustausch und Städtepartnerschaften halfen fortan dabei, Vorurteile weiter abzubauen. Ständige Absprachen zwischen der deutschen und französischen Regierung zu wichtigen politischen Fragen sind inzwischen eine Selbstverständlichkeit.

A-Z

EG
Die Gründung der Europäischen Gemeinschaft (EG) erfolgte 1967 durch den Zusammenschluss der drei Teilgemeinschaften EGKS, EWG und Euratom (EAG).

EU
Mit dem Vertrag von Maastricht von 1992 wurde die Europäische Gemeinschaft (EG) zur Europäischen Union (EU) fortentwickelt.

Supranational
(von lat. = „über der Nation stehend")
sind Behörden, die einer Staatengemeinschaft in den Teilen, in denen die Staaten ihre Souveränität abtreten, übergeordnet sind. Sie können selbstständig übergeordnete Entscheidungen treffen.

Q 2 *Adenauer baut deutsch-französisches Verständigungswerk,* Fritz Meinhard in der Stuttgarter Zeitung. Der deutsche Bundeskanzler erfüllte damit das Vermächtnis des Außenministers der Weimarer Republik, Gustav Stresemann (als Engel dargestellt), gegen die Vorstellungen des SPD-Vorsitzenden Kurt Schumacher.

Q3 *Der britische Premierminister Winston Churchill sagte 1946 in einer Rede in Zürich:*
Wir Briten haben unser eigenes Commonwealth of Nations (...). Und warum sollte es [daneben] keine europäische Gruppe geben, die den irregeleiteten Völkern dieses unruhigen und machtvollen Kontinents das Gefühl (...) einer gemeinsamen Staatszugehörigkeit einflößen könnte? (...) [Wir müssen] die europäische Familie in einer regionalen Struktur neu schaffen, die vielleicht die Vereinigten Staaten von Europa heißen wird. Der erste Schritt ist die Bildung eines Europarats. Wenn zu Anfang auch nicht alle Staaten willens oder in der Lage sind, der Union beizutreten, müssen wir uns dennoch ans Werk machen, diejenigen Staaten, die es wollen und können, zusammenzufassen und zu vereinen. Bei dieser so dringenden Aufgabe müssen Frankreich und Deutschland die Führung übernehmen. Großbritannien, das Britische Commonwealth of Nations, das mächtige Amerika, und ich hoffe, Sowjetrussland (...) müssen die Freunde und Förderer des neuen Europa sein (...).

Q4 *Außenminister Schuman erläuterte am 9. Mai 1950 in Paris den „Schuman-Plan“:*
Der Beitrag, den ein organisiertes und lebendiges Europa für die Zivilisation leisten kann, ist unerlässlich für die Aufrechterhaltung friedlicher Beziehungen (...). Europa lässt sich nicht mit einem Schlage herstellen und auch nicht durch eine einfache Zusammenfassung. Es wird durch konkrete Tatsachen entstehen, die zunächst eine Solidarität der Tat schaffen. Die Vereinigung der europäischen Nationen erfordert, dass der jahrhundertealte Gegensatz zwischen Frankreich und Deutschland ausgelöscht wird. Das begonnene Werk muss in erster Linie Deutschland und Frankreich erfassen (...). Die französische Regierung schlägt [daher] vor, die Gesamtheit der französisch-deutschen Kohle- und Stahlproduktion einer gemeinsamen Hohen Behörde zu unterstellen, in einer Organisation, die den anderen europäischen Ländern zum Beitritt offen steht (...). Die Solidarität der Produktion, die so geschaffen wird, wird bekunden, dass jeder Krieg zwischen Frankreich und Deutschland nicht nur undenkbar, sondern materiell unmöglich ist (...).

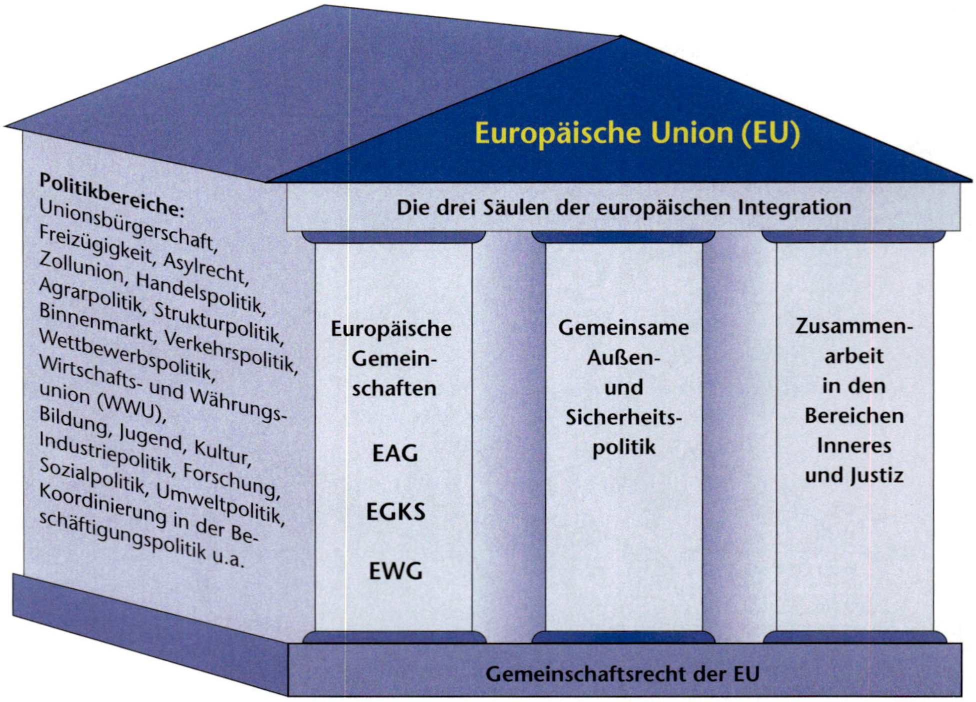

D1 *Das „Haus Europa“ nach dem Vertrag von Maastricht 1992.* Die Integration ist nicht in allen Aufgabenbereichen (Säulen) gleich weit fortgeschritten. Festgelegte Verfahren mit verbindlichen Entscheidungen gibt es weitgehend für die Politikbereiche der ersten Säule. In den beiden anderen Bereichen müssen Regierungsvertreter meist von Fall zu Fall Einigkeit herstellen.

Institutionen der Europäischen Union

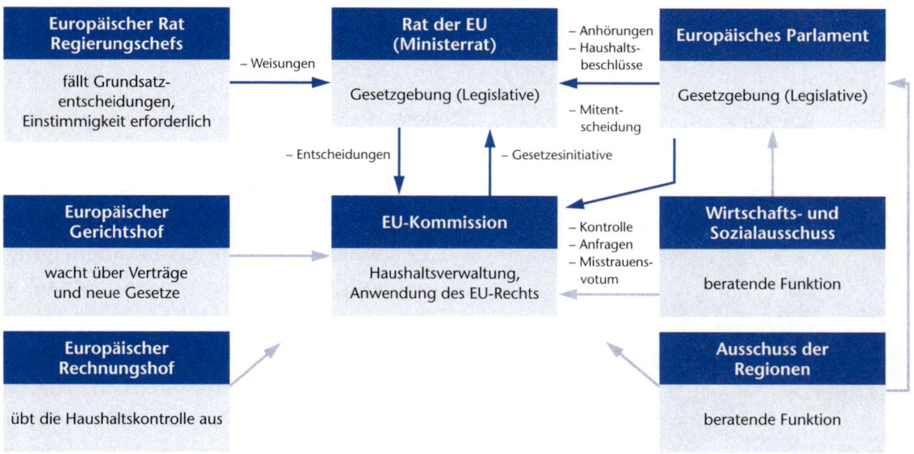

Quelle: SPIEGEL Almanach 2002

D 3 *Gewalten und Gewaltenteilung in der Europäischen Union.* Die drei Gewalten der oberen Zeile bilden die Legislative der EU. Die Kommission übt die Exekutive aus und der Gerichtshof die Judikative.

Q 5 *Aus der Erklärung von Adenauer und de Gaulle am 22. Januar 1963 zum Vertrag über die deutsch-französische Zusammenarbeit:*

[Beide] haben sich zum Abschluss der Konferenz am 21. und 22. Januar in Paris (...) in der Überzeugung, dass die Versöhnung zwischen dem deutschen und dem französischen Volk, die eine jahrhundertealte Rivalität beendet, ein geschichtliches Ereignis darstellt, das das Verhältnis der beiden Völker von Grund auf neu gestaltet, in dem Bewusstsein, dass eine enge Solidarität die beiden Völker sowohl hinsichtlich ihrer Sicherheit als auch hinsichtlich ihrer wirtschaftlichen und kulturellen Entwicklung miteinander verbindet – angesichts der Tatsache, dass insbesondere die Jugend sich dieser Solidarität bewusst geworden ist und dass ihr eine entscheidende Rolle bei der Festigung der deutsch-französischen Freundschaft zukommt – in der Erkenntnis, dass die Verstärkung der Zusammenarbeit zwischen den beiden Ländern einen unerlässlichen Schritt auf dem Wege zu einem vereinigten Europa bedeutet, welches Ziel beider Völker ist, mit der Organisation und den Grundsätzen der Zusammenarbeit zwischen den beiden Staaten, wie sie in dem heute unterzeichneten Vertrag niedergelegt sind, einverstanden erklärt.

D 2 *Die Symbole der EU.*
– Überlege, welche Bedeutung die Symbole für die europäische Einigung haben.

Die europäische Flagge zeigt zwölf Sterne in einem Kreis. Sie stehen für Vollkommenheit, Einheit und Harmonie, haben also nichts mit der Anzahl der Länder zu tun.

Der Euro wurde 2002 als Bargeld eingeführt. Er gilt in zwölf Staaten der EU als Währung. Zuvor gab es in Deutschland die D-Mark.

Ludwig van Beethovens „Ode an die Freude" ist die offizielle Hymne der EU.

Der 9. Mai gilt als offizieller Europatag. 1950 stellte der französische Außenminister Robert Schuman an diesem Tag seine Pläne eines vereinten Europa vor.

1 Zeige Stationen der europäischen Einigung so auf, dass der Fortschritt des Prozesses deutlich wird. (VT, Q1–Q5, D1–D3).

2 Mit welchen Argumenten begründen Churchill und Schuman die Notwendigkeit der europäischen Einigung (Q3, Q4)? Welche Bedeutung hat dabei für sie das deutsch-französische Verhältnis?

3 Beschreibe die Rolle Adenauers im Prozess der deutsch-französischen Versöhnung (VT, Q1). Erkläre, wie der Karikaturist dies sieht (Q2).

4 Welche Bedeutung hat der Vertrag über die deutsch-französische Zusammenarbeit aus der Sicht Adenauers und de Gaulles für die Beziehungen beider Völker und für die europäische Einigung (VT, Q5)?

5 Erläutere, worin die Besonderheiten der EU als einer „supranationalen Organisation" bestehen (VT, D3).

11 Konfrontation und Annäherung

Q 1 *„Einverstanden, Herr Präsident, wir wollen verhandeln ...“* Die englische Karikatur aus dem Jahr 1962 zeigt Kennedy und Chruschtschow in der Kubakrise.

Friedliche Koexistenz?

1956, drei Jahre nach dem Tod Stalins, hielt der sowjetische Parteichef Nikita Chruschtschow eine bemerkenswerte Rede. Er verurteilte den Personenkult Stalins und den stalinistischen Terror. In der Außenpolitik propagierte Chruschtschow zudem die Politik der „friedlichen Koexistenz“, eines „friedlichen Nebeneinanders von kommunistischen und kapitalistischen Staaten“. Bedeutete dieses Versprechen das Ende des Kalten Krieges?
Die Mehrzahl der Politiker im Westen misstraute den Worten des sowjetischen Staatsoberhaupts. Offenbar zu Recht, wie der niedergeschlagene Volksaufstand in Ungarn (vgl. S. 138/139) und die Stationierung sowjetischer Raketen auf Kuba zeigte.

Die Kubakrise

1959 hatte auf Kuba – nur 150 Kilometer von der Küste der USA entfernt – eine revolutionäre Regierung unter Fidel Castro die Macht übernommen. Kuba schlug einen sozialistischen Kurs ein und bat die Sowjetunion um „brüderliche“ Hilfe. Im Gegenzug durften die Sowjets Atomraketen auf der Insel stationieren.

Im Oktober 1962 entdeckten amerikanische Aufklärungsflugzeuge die Raketenstellungen auf Kuba. US-Präsident John F. Kennedy forderte die Sowjetunion auf, die Raketen sofort abzuziehen und verhängte eine Seeblockade über Kuba. Die Menschen in der Welt hielten den Atem an. Was würde geschehen, sollten sowjetische Schiffe die Blockade durchbrechen? Doch mehrere Richtung Kuba steuernde Frachter drehten kurz vor dem Zusammenstoß ab. Nach Tagen der Angst vor einem neuen Weltkrieg erklärte Parteichef Chruschtschow schließlich, die Sowjetunion ziehe ihre Raketen aus Kuba ab. Im Gegenzug bauten die USA ihre auf die Sowjetunion gerichteten Raketenstellungen in der Türkei ab. In letzter Minute war ein Atomkrieg verhindert worden.

Annäherung und Rüstungskontrolle

Die Kubakrise hatte beiden Supermächten das Risiko eines unkontrollierten Wettrüstens verdeutlicht. Sie erkannten, dass man aufeinander zugehen musste, um eine Katastrophe zu verhindern. Noch im Jahr 1962 wurde zwischen Washington und Moskau ein „heißer Draht“ installiert – eine Telefonverbindung, mit deren Hilfe ein ungewollter Kriegsausbruch durch gegenseitige Information verhindert werden sollte.
Es folgten Verträge, die das Wettrüsten einschränkten: 1968 vereinbarten die Atommächte USA, Sowjetunion, Großbritannien und Frankreich, keine Kernwaffen weiterzugeben. Die meisten Länder schlossen sich dem Vertrag an. Anfang der 1970er-Jahre einigten sich beide Supermächte darauf, strategische Waffen- und Raketenabwehrsysteme zu begrenzen und in Mitteleuropa stationierte Truppen abzuziehen. „Vertrauensbildende Maßnahmen“ wurden beschlossen, wie die gegenseitige Zulassung von Beobachtern bei militärischen Manövern.

A-Z

Friedliche Koexistenz
war die Richtlinie der Außenpolitik der Ostblockstaaten seit Mitte der 1950er-Jahre.

Strategische Waffen
sind atomare, chemische und biologische Kampfstoffe. Ihr Einsatz verändert die Kriegführung grundlegend.

Atommächte
nennt man diejenigen Staaten, die im Besitz von Atom- oder Wasserstoffbomben sind.

KSZE in Helsinki

Hoffnung auf Abrüstung und Frieden machte zudem die „Konferenz über Sicherheit und Zusammenarbeit in Europa" (KSZE). Nach langen Verhandlungen unterzeichneten 33 europäische Staaten, die USA und Kanada 1975 in Helsinki die Schlussakte der Konferenz. Darin verpflichteten sie sich, die bestehenden Grenzen in Europa zu akzeptieren, bei der Lösung von strittigen Problemen auf Gewalt zu verzichten, die Menschenrechte zu achten sowie eine größere Freizügigkeit für die Menschen, vor allem Informations- und Meinungsfreiheit, zu erlauben. Die Konferenz trug nicht nur zur Entspannung der Beziehungen zwischen den Machtblöcken bei. Sie förderte auch die Bestrebungen oppositioneller Kräfte in den Ostblockstaaten nach mehr Demokratie und größerer Freiheit.

Der Rüstungswettlauf zwischen den beiden Supermächten ging trotz der Entspannungspolitik weiter. Anfang der 1980er-Jahre reichten die Vorräte der Supermächte an atomaren, biologischen und chemischen Waffen dazu aus, den Gegner gleich mehrfach zu vernichten.

Amerikanische Soldaten in Vietnam

Obwohl beide Supermächte während des Kalten Krieges die direkte Konfrontation vermieden, waren sie in so genannten Stellvertreterkriegen an zahlreichen Konflikten in der Welt beteiligt.

US-Soldaten kämpften beispielsweise von 1963 bis 1975 in Vietnam. Vietnamesische Aufständische hatten im Jahr 1954 unter ihrem kommunistischen Führer Ho Chi Minh die ehemalige Kolonialmacht Frankreich besiegt. Danach war das Land in ein kommunistisches Nordvietnam und in ein vom Westen gestütztes Südvietnam geteilt worden. Gegen Armut und Korruption hatte sich zu Beginn der 1960er-Jahre in Südvietnam eine kommunistische Widerstandsbewegung, der Vietcong, gebildet. Die Sowjetunion und das kommunistische China unterstützten den Vietcong mit Waffen. Nordvietnam entsandte Soldaten. Der Gegner – die südvietnamesische Regierung – erhielt von den USA Kriegsmaterial und Geld, befürchteten die USA doch ein Ausbreiten des Kommunismus in der Region.

1963 griffen die USA auch mit eigenen Truppen in den Krieg ein. Mit chemischen Kampfstoffen und Napalmbomben wurden Urwälder entlaubt, Dörfer in Brand gesetzt und die Nachschubwege des Vietcong zerstört. Die brutale Kriegsführung erschütterte das Ansehen der USA in der Welt. Eine breite Protestbewegung gegen den Vietnamkrieg bildete sich heraus. Am Ende musste die Weltmacht erkennen, dass sie dem Dschungelkrieg nicht gewachsen war. Nach 12 Jahren Krieg zogen die USA ihre Truppen zurück, der Vietcong ging als Sieger aus dem Kampf hervor. Vietnam wurde 1975 zu einem kommunistischen Staat vereinigt.

Q 2 *US-Soldaten kämpfen in Vietnam.*

Sowjetische Soldaten in Afghanistan

Auch der Sowjetunion wurden ihre Grenzen aufgezeigt, als sie mit militärischen Mitteln Weltmachtziele durchsetzen wollte. 1979 marschierten sowjetische Truppen in Afghanistan ein, um eine dort an die Macht gekommene kommunistische Regierung zu unterstützen. Die hochgerüstete Sowjetarmee konnte jedoch gegen die islamischen Widerstandskämpfer der Mudschahedin („Soldaten Gottes") nicht viel ausrichten. 1988 mussten die sowjetischen Truppen das Land verlassen, ohne ihre Mission erfüllt zu haben.

D1 *Ein Foto und seine Geschichte:*

Die Aufnahme Q3 entstand am 8. Juni 1972 kurz nach einem Napalm-Angriff auf das südvietnamesische Dorf Trang Bang. Das nackte Mädchen ist die damals neunjährige Kim Phuc, links ihr älterer Bruder. Kim Phuc berichtete: „Ich hatte das Gefühl, als ob mein Körper von innen nach außen verbrannte (…). Wir rannten und rannten, und endlich kamen wir an die Brücke, dort waren die Reporter."

Das Foto erschien weltweit in den Medien. Es hieß, amerikanische Jagdflugzeuge hätten das Dorf bombardiert. Kriegsgegner sahen in dem Foto einen weiteren Beweis für den „schmutzigen Krieg" der Amerikaner. Doch das Bild stammte aus einer späten Phase des Krieges, als sich die amerikanischen Truppen schon aus Vietnam zurückzogen. In Wahrheit hatte die südvietnamesische Luftwaffe das Dorf versehentlich angegriffen. Sie hatte in der Gegend Vietcong-Stellungen vermutet, dann aber die Bomben irrtümlich über den eigenen Truppen und Einwohnern abgeworfen.

Q3 *Kinder auf der Flucht vor Napalmbomben, die ihr Dorf im Juni 1972 in Brand gesetzt hatten.* Bilder wie dieses haben viele Amerikaner und Millionen Menschen in aller Welt am Sinn des Krieges zweifeln lassen.

Q4 *Aus dem Programm der Kommunistischen Partei der Sowjetunion, 1961:*

Die friedliche Koexistenz bildet die Grundlage des friedlichen Wettbewerbs zwischen Sozialismus und Kapitalismus im internationalen Maßstab und stellt eine spezifische Form des Klassenkampfes zwischen ihnen dar. Indem die sozialistischen Länder sich konsequent für die friedliche Koexistenz einsetzen, streben sie nach unablässiger Festigung der Position des sozialistischen Weltsystems in seinem Wettstreit mit dem Kapitalismus. Bei friedlicher Koexistenz hat die Arbeiterklasse der kapitalistischen Länder günstigere Kampfmöglichkeiten, fällt es den Völkern der kolonialen und abhängigen Länder leichter, für ihre Befreiung zu kämpfen. (...)

Die KPdSU und das ganze Sowjetvolk (...) erachten es als ihre Pflicht, den heiligen Kampf der unterdrückten Völker und ihre gerechten Befreiungskriege gegen den Imperialismus zu unterstützen.

Q5 *US-Präsident Johnson (1963–1968) rechtfertigte den Vietnamkrieg 1965:*

Warum sind wir in Vietnam? Wir sind dort, weil wir ein Versprechen zu halten haben. (…) So haben wir viele Jahre hinweg als Nation uns verpflichtet, Südvietnam bei der Verteidigung seiner Unabhängigkeit zu helfen. Dieses Versprechen zu brechen und dieses kleine tapfere Volk seinem Feind preiszugeben – und damit dem Terror, der darauf folgen muss –, das wäre ein unverzeihliches Unrecht. Wir sind ferner in Südvietnam, um die Ordnung der Welt zu stärken. Auf der ganzen Erde – von Berlin bis Thailand – leben Menschen, deren Wohlergehen zum Teil auf dem Vertrauen beruht, dass sie auf uns zählen können, wenn sie angegriffen werden.

Q6 *Ho Chi Minh, der Staatschef Nordvietnams, schrieb 1967 an Johnson:*

Die Regierung der USA hat ständig in Vietnam interveniert und ihre Aggressionen gegen Südvietnam begonnen und intensiviert, um die Teilung Vietnams zu verewigen und Südvietnam in eine amerikanische Kolonie und einen amerikanischen Militärstützpunkt umzuwandeln. (…) In Südvietnam haben sich eine halbe Million Soldaten der USA und ihrer Satellitenstaaten der unmenschlichsten Methoden der Kriegsführung wie Napalm, Chemikalien und Giftgase bedient, um unsere Landsleute zu ermorden, ihre Ernten zu vernichten und ihre Dörfer dem Erdboden gleichzumachen.

Q7 *Wenn die Supermächte mit dem Säbel rasseln …,* amerikanische Karikatur. Zu Beginn der 1980er-Jahre setzte ein neues Wettrüsten der Supermächte ein. Sie stellten in West- und Osteuropa Mittelstreckenraketen gegeneinander auf.

Q9 *Russische Soldaten zerstören Nuklearsprengköpfe, Foto 1991.* Dies geschieht auf der Grundlage von Verträgen zwischen den USA und Russland.

Q8 *Aus der KSZE-Schlussakte vom 1. August 1975:*

Die Teilnehmerstaaten der Konferenz über Sicherheit und Zusammenarbeit erkennen das Recht eines jeden Staates auf territoriale Integrität [Unverletzlichkeit] an. (…) Ebenso nehmen sie davon Abstand, das Territorium eines jeden anderen Teilnehmerstaats durch direkte oder indirekte Gewaltmaßnahmen oder durch die Androhung derselben und unter Verletzung des Völkerrechts zum Gegenstand einer militärischen Besetzung zu machen. Keine solche Besetzung oder Aneignung wird als rechtmäßig anerkannt. Die Teilnehmerstaaten respektieren die Menschenrechte und Grundfreiheiten, einschließlich der Gedanken-, Gewissens-, Religions- und Überzeugungsfreiheit für alle ohne Unterschiede von Rasse, Geschlecht, Sprache oder Religion. (…)

In diesem Rahmen werden die Teilnehmerstaaten die Freiheit des Individuums [Einzelnen] anerkennen und achten, sich allein oder in Gemeinschaft mit anderen zu einer Religion oder einer Überzeugung in Übereinstimmung mit dem, was sein Gewissen ihm gebietet, zu bekennen und sie auszuüben. (…) Auf dem Gebiet der Menschenrechte und Grundfreiheiten werden die Teilnehmerstaaten in Übereinstimmung mit den Zielen der Charta der Vereinten Nationen und mit der Allgemeinen Erklärung der Menschenrechte handeln.

Q10 *Die Zeitschrift „Der Spiegel" vom 4. August 1975 zur KSZE-Schlusskonferenz:*

Die gesellschaftlichen Verhältnisse in Europa wurden nicht festgeschrieben (…). Darüber hinaus belebt die große Konferenz bei den Bürgern der sozialistischen Länder die Hoffnung auf höheren Lebensstandard und mehr Bewegungsfreiheit. Schon äußern sowjetische Konferenzbeobachter Bedenken über die Nachfolgetagung, die in zwei Jahren in Belgrad den Vollzug der KSZE-Ziele prüfen soll. (…) Und Jugoslawiens Systemkritiker Djilas frohlockte: „Auf lange Sicht wird die Entspannung Osteuropa freimachen."

Q11 *Bundeskanzler Schmidt und Parteichef Honecker* unterzeichnen am 1. August 1975 in Helsinki für die beiden deutschen Staaten die Schlussakte.

1. *Was verstand die Sowjetunion unter der Politik der friedlichen Koexistenz und welche Hoffnungen verband sie damit (VT, Q4)?*
2. *Begründe die Aussage: „In den Tagen der Kubakrise stand die Menschheit an der Schwelle eines Atomkrieges."*
3. *Nenne Beispiele sowohl für die Konfrontation als auch für die Annäherung der Machtblöcke in den 1960er- und 1970er-Jahren. (VT, Q1–Q11).*
4. *Mit welchen Formulierungen versucht Präsident Johnson in Q5, die Amerikaner von seiner Vietnampolitik zu überzeugen? Welche Argumente setzt Ho Chi Minh in Q6 dagegen?*
5. *Welche Bedeutung hatte die KSZE für die Entspannung in Europa und für die Entwicklung in den Ostblockländern (VT, Q8, Q10, Q11)?*

12 Die Einheit der Nation erhalten

1 *Erstes Wiedersehen in Ost-Berlin zwei Jahre nach dem Mauerbau.* Ein Passierscheinabkommen ermöglichte West-Berlinern, Verwandte und Bekannte zum Weihnachtsfest 1963 zu besuchen.

Gespannte Beziehungen

Konfrontation und Annäherung prägten nicht nur das Verhältnis der zwei Supermächte USA und Sowjetunion, sondern zeigten sich auch in den Beziehungen der beiden deutschen Staaten zueinander. Nach dem Bau der Mauer verhärteten sich die Standpunkte der beiden deutschen Regierungen. Die von der CDU geführte Bundesregierung beanspruchte, allein alle Deutschen zu vertreten. Sie sei – anders als die DDR-Regierung – die alleinige frei gewählte Vertretung des deutschen Volkes. Zu Staaten, die die DDR völkerrechtlich anerkannten, brach die Bundesrepublik in dieser Zeit die diplomatischen Beziehungen ab.
Die ostdeutsche Regierung dagegen forderte die Anerkennung der DDR als gleichberechtigten souveränen deutschen Staat. Die Abgrenzung zur Bundesrepublik wurde vorangetrieben. Im „Gesetz über die Staatsbürgerschaft der DDR" vom Februar 1967 wurde betont, dass es zwei deutsche Staatsbürgerschaften gebe. Die DDR führte im Reiseverkehr zwischen der Bundesrepublik bzw. West-Berlin und der DDR den Pass- und Visumzwang ein. „Westbesucher" mussten für jeden Tag ihres Aufenthaltes in der DDR D-Mark umtauschen.

Die Mauer wird durchlässiger

Unter dem neuen Bundeskanzler Willy Brandt (SPD) kam es 1969 zu einer Wende in den Beziehungen beider deutscher Staaten. Brandt wollte ein weiteres Auseinanderleben der Deutschen verhindern und suchte nach Wegen, um trotz staatlicher Teilung den Zusammenhalt der deutschen Nation zu wahren. Beide deutsche Regierungen führten Gespräche. Wichtigstes Ergebnis war der Grundlagenvertrag vom 21. Dezember 1972. In einer Ergänzung des Vertrages bekräftigte die Bundesregierung, dass für sie die DDR kein Ausland sei. Eine eigene Staatsbürgerschaft der DDR – wie es in der DDR-Verfassung vom April 1968 stand – könne es nicht geben.

Was wird mit der Wiedervereinigung?

Von 1972 bis 1989 wurden mehr als 30 Abkommen zwischen beiden deutschen Staaten geschlossen. Trotz mancher Fortschritte waren die Beziehungen zwischen den beiden Staaten nicht „normal". Die meisten DDR-Bürger konnten Verwandte und Freunde in der Bundesrepublik nicht besuchen. An der innerdeutschen Grenze schossen DDR-Soldaten weiter auf Flüchtlinge.
Die Politik der Regierung Brandt stieß bei der Opposition und bei den Heimatvertriebenen auf heftigen Widerstand. Diese meinten, die Zugeständnisse würden die DDR nur aufwerten und damit die Wiedervereinigung erschweren.
Doch auch die CDU/FDP-Regierung unter Bundeskanzler Helmut Kohl führte ab 1982 die Verständigungspolitik mit der DDR fort. 1987 wurde der Staatsratsvorsitzende der DDR, Erich Honecker, zu einem offiziellen Besuch in Bonn empfangen. Die Wiedervereinigung Deutschlands als politisches Ziel verlor immer mehr an Bedeutung. Viele Deutsche in West und Ost hatten sich mit der Teilung abgefunden.

Q2 *Aus dem Grundlagenvertrag vom 21. Dezember 1972:*

Die Hohen Vertragschließenden Seiten (…) unbeschadet der unterschiedlichen Auffassungen zu grundsätzlichen Fragen, darunter zur nationalen Frage; geleitet von dem Wunsch, zum Wohle der Menschen in beiden deutschen Staaten die Voraussetzungen für die Zusammenarbeit zwischen der Bundesrepublik Deutschland und der Deutschen Demokratischen Republik zu schaffen, sind wie folgt übereingekommen:

Art. 1: Die Bundesrepublik Deutschland und die Deutsche Demokratische Republik entwickeln normale gutnachbarliche Beziehungen zueinander auf der Grundlage der Gleichberechtigung. (…)

Art. 4: Die Bundesrepublik Deutschland und die Deutsche Demokratische Republik gehen davon aus, dass keiner der beiden deutschen Staaten den anderen international vertreten oder in seinem Namen handeln kann. (…)

Art. 6: Sie respektieren die Unabhängigkeit und Selbstständigkeit jedes der beiden Seiten in seinen inneren und äußeren Angelegenheiten.

Art. 7: Die Bundesrepublik Deutschland und die Deutsche Demokratische Republik erklären ihre Bereitschaft, im Zuge der Normalisierung ihrer Beziehungen praktische und humanitäre Fragen zu regeln.

Q3 *„Gewiss nicht komfortabel, aber statt des Seils doch immerhin ein Brett!“,* Karikatur zum Grundlagenvertrag, 1972

Q4 *Die nationale Frage und die Deutschen,* Karikatur von Erich Köhler, 1948

D1 *Einige Vereinbarungen zwischen der Bundesrepublik und der DDR:*

14.03.1974: Errichtung „Ständiger Vertretungen“ der Bundesrepublik und der DDR in Ost-Berlin und Bonn.

19.12.1975: Erneuerung der Autobahn zwischen Berlin und Marienborn, die Bundesrepublik zahlt eine Transitpauschale.

16.11.1978: Abkommen über Verkehrsfragen (u. a. Autobahnausbau Hamburg-Berlin) und über den Zahlungsverkehr.

25.03.1982: DDR-Bürger im arbeitsfähigen Alter dürfen in „dringenden Familienangelegenheiten“ in die Bundesrepublik reisen.

29.06.1983: Die Bundesregierung bürgt für einen Milliarden-Kredit an die DDR.

06.05.1985: Kulturabkommen auf den Gebieten Kunst, Bildung, Wissenschaft.

06.10.1986: Erste deutsche Städtepartnerschaft zwischen Eisenhüttenstadt und Saarlouis.

D2 *Aus Umfragen in der Bundesrepublik zur Frage:*
Ist die Wiedervereinigung Deutschlands:

	wünschenswert	real zu erwarten?
1956	85%	66%
1985	79%	11%
1987	80%	3%

1. *Erläutere die Deutschlandpolitik der beiden deutschen Regierungen nach dem Bau der Mauer (VT).*
2. *Beschreibe die neuen Grundsätze der Regierung Brandt in der Deutschlandpolitik (VT).*
3. *Kennzeichne die Bedeutung des Grundlagenvertrages (Q2). Beschreibe anhand der Karikatur (Q3) die Sicht des Zeichners zum Grundlagenvertrag.*
4. *Was kritisierten die politischen Gegner Brandts an dessen Deutschlandpolitik (VT)?*
5. *Welche Folgen hatten die Abkommen zwischen beiden deutschen Regierungen für das Zusammenleben der Ost- und Westdeutschen, aber auch für die Wirtschaft der DDR (D1, Q1)?*
6. *Beschreibe die Hoffnungen und Erwartungen der Deutschen an die Wiedervereinigung (VT, D2, Q4).*

13 Die Gesellschaft verändern – Protest in West und Ost

Q1 *Studentendemonstration am 18. Februar 1968 in West-Berlin*

APO
Kurzform für außerparlamentarische Opposition. Während der Zeit der Großen Koalition entstandene Gruppen, die vor allem aus Jugendlichen und Studenten bestanden. Sie fühlten sich von den politischen Parteien im Bundestag nicht vertreten. Mit Protesten und Demonstrationen wollten sie gesellschaftliche Veränderungen auslösen.

Studentenbewegung im Westen

1966 brachten die Wahlen in der Bundesrepublik eine Große Koalition: Die Volksparteien CDU/CSU und SPD übernahmen gemeinsam die Regierung. Das Fehlen einer wirksamen Opposition im Bundestag führte zur Bildung der so genannten außerparlamentarischen Opposition (APO). Vor allem Studenten, aber auch Schüler, Schriftsteller und Gelehrte protestierten außerhalb des Parlaments – auf der Straße, an den Universitäten und Hochschulen – gegen die gesellschaftlichen Zustände. Ihre Ziele waren vielfältig: Sie demonstrierten gegen den Vietnamkrieg der USA, das atomare Wettrüsten und für mehr Mitbestimmung an Schulen und Universitäten. Sie verurteilten auch den Lebensstil und das Lebensgefühl der älteren Generation und wollten sich nicht mehr bevormunden lassen. Viele Jugendliche hinterfragten das Verhalten der Eltern und Großeltern während der NS-Zeit. Die junge Generation warf den Älteren vor, nichts gegen den Terror der Nationalsozialisten unternommen zu haben.

Die Studentenproteste heizten das innenpolitische Klima mächtig auf. Nicht selten mündeten die Demonstrationen in Straßenschlachten mit der Polizei. Höhepunkt der Auseinandersetzungen war ein Attentat auf den Studentenführer Rudi Dutschke, das zu den schwersten Krawallen der Nachkriegsgeschichte führte.

„Klimawechsel" in der Gesellschaft

Die Mehrzahl der Bundesbürger distanzierte sich von der APO. Diese verlor zwar an Bedeutung und stellte Ende der 1960er-Jahre ihre Aktionen ein, sie hinterließ aber deutliche Spuren in der bundesdeutschen Gesellschaft. Das politische und gesellschaftliche „Klima" hatte sich Anfang der 1970er-Jahre mächtig gewandelt. Immer mehr Bürgerinnen und Bürger waren jetzt bereit, sich politisch zu engagieren – in Bürgerinitiativen oder in der Umwelt-, Friedens- und Frauenbewegung.

Die „Grünen" – ursprünglich eine Bewegung, die für den Schutz der Umwelt und den Ausstieg aus der Nutzung der Atomenergie eintrat – fanden immer mehr Anhänger und etablierten sich als politische Partei. Im Jahr 1983 entsandte sie erstmals Abgeordnete in den Bundestag, 1998 beteiligte sie sich an der Regierung.

Mit Terror die Gesellschaft verändern?

Aus einer Splittergruppe der APO-Protestbewegung hatte sich nach 1968 die terroristische Organisation „Rote-Armee-Fraktion" (RAF) entwickelt. Nach der Ermordung des Industriellen Schleyer durch die RAF und dem Selbstmord führender inhaftierter Terroristen entbrannte in der Bundesrepublik eine Diskussion darüber, bis zu welchem Grad der demokratische Rechtsstaat berechtigt ist, bei der Bekämpfung von Gewalttätern die Grenzen der Rechtsstaatlichkeit einzuschränken. Der Terror der RAF wurde von fast allen Bürgerinnen und Bürgern verurteilt. 1998 löste sich die RAF schließlich auf.

Q2 *Protestdemonstration in Ost-Berlin gegen die Fälschung der Ergebnisse bei den Kommunalwahlen 1989*

Q3 *Unter dieser Losung, entlehnt dem Alten Testament, protestierten junge Christen in der DDR für Wehrdienstverweigerung und für Frieden in der Welt.*

Jugendprotest im Osten

In der DDR hatte die Mehrzahl der Jugendlichen keine materiellen Sorgen. Die berufliche Entwicklung war gesichert, Arbeitslosigkeit gab es nicht. Fast 87 Prozent der Jugendlichen waren 1987 in der Freien Deutschen Jugend (FDJ) organisiert. Der einzige zugelassene Jugendverband stand unter direkter Kontrolle der SED. Die FDJ nahm ständigen Einfluss auf die Jugendlichen – im Studium, im Berufsleben, in den Armeeeinheiten, aber auch bei der Freizeitgestaltung. Die Verbundenheit der FDJ mit der SED und dem Staat sollte der Bevölkerung mit gewaltigen Aufmärschen und Kundgebungen demonstriert werden. Doch die zur Schau gestellte Eintracht von Jugend und Partei war trügerisch. Die Realitätsfremde der Partei- und Staatsfunktionäre mit Erich Honecker an der Spitze, die alle Reformbestrebungen für mehr Demokratie und Freiheit ablehnten, führte dazu, dass vor allem Jugendliche in den 1980er-Jahren gegen die Verletzung der Bürger- und Menschenrechte protestierten. Sie fanden in den Bürgerrechtsbewegungen und besonders in der evangelischen Kirche eine politische Heimat.

Widerstand in der DDR

Beschränkung und Verletzung der Bürger- und Menschenrechte, wie Meinungs- und Reisefreiheit, Überwachung und Diskriminierung kritischer Bürger durch Mitarbeiter des Staatssicherheitsdienstes und Berufsverbote, erzeugten bei nicht wenigen Bürgerinnen und Bürgern in der DDR Widerspruch und manchmal auch Widerstand. Aktiver Widerstand war allerdings gefährlich, endete oft mit Gefängnisstrafen und blieb lange die Ausnahme.

Anfang der 1980er-Jahre änderte sich dies. Es bildeten sich Gruppierungen – oft unterstützt von Pfarrern der evangelischen Kirche –, die für Menschenrechte, Frieden und den Erhalt der Umwelt eintraten. Diese setzten sich auch mit gesellschaftlichen Missständen in der DDR auseinander und unterstützten Bürger, die wegen staatskritischer Handlungen – der Antrag auf Ausreise in die Bundesrepublik oder die Verweigerung des Wehrdienstes an der Waffe gehörten dazu – überwacht, diskriminiert oder verhaftet wurden. Die Staatsorgane und Gerichte gingen mit großer Härte gegen Mitglieder der Oppositionsgruppen vor. Berufsverbote und Haftstrafen häuften sich.

A–Z

Freie Deutsche Jugend (FDJ)
1946 gegründet, war die FDJ die einzige zugelassene Jugendorganisation in der DDR. Von der SED stark beeinflusst hatte die FDJ das Ziel, die Jugendlichen für den Aufbau des Sozialismus zu motivieren.

Ministerium für Staatssicherheit („Stasi")
85 000 hauptamtliche und über 100 000 „inoffizielle" Mitarbeiter des DDR-Ministeriums bespitzelten die Menschen in der DDR in allen Lebensbereichen, auch in der Privatsphäre. Wer sich der SED-Herrschaft widersetzte, konnte verhaftet und bestraft werden.

Q4 *Hamburger Wohngemeinschaft 1968.* Protestplakate und die Büste des chinesischen Kommunistenführers Mao gehörten zur Wohnungseinrichtung.

Q6 *Das Magazin „Der Spiegel" zu den Ausschreitungen nach dem Attentat auf den Studentenführer Rudi Dutschke:*

Es kam zu Straßenschlachten, wie sie Westdeutschland seit der Weimarer Republik nicht mehr gekannt hatte. Auf der Strecke blieben zwei Tote, über 400 Schwer- und Leichtverletzte und der Anspruch der Bundesrepublik, ein intakter Staat zu sein. (…) Unmittelbar nach dem Mordanschlag auf Rudi Dutschke zogen linke Studenten vor das Westberliner Springer-Haus in der Kochstraße an der Mauer. Steine ließen die Hochburg der Verdummung und Verhetzung zerklirren. Vertriebswagen wurden in Brand gesteckt. 800 Kilometer entfernt drangen 300 Studenten in das Münchner Buchgewerbehaus ein, wo „Bild" für Süddeutschland redigiert und gedruckt wird. In den Redaktionsräumen rissen Stoßtrupps Akten aus den Schränken und warfen sie aus dem Fenster.

Q5 *Demonstranten und Polizei 1968 in West-Berlin*

Q7 *Bundesjustizminister Gustav Heinemann am 11. April 1968 zu den gewaltsamen Studentenprotesten:*

Zu den Grundrechten gehört auch das Recht zum Demonstrieren, um öffentliche Meinung zu mobilisieren. Auch die junge Generation hat einen Anspruch darauf, mit ihren Wünschen und Vorschlägen gehört und ernst genommen zu werden.

Gewalttat aber ist gemeines Unrecht und eine Dummheit obendrein. Es ist eine alte Erfahrung, dass Ausschreitungen und Gewalttaten genau die gegenteilige öffentliche Meinung schaffen, als ihre Urheber wünschen. Das sollten – so meine ich – gerade politisch bewegte Studenten begreifen und darum zur Selbstbeherrschung zurückfinden.

Q8 *Mathias Bothe, 1977 wegen „staatsfeindlicher Hetze" für ein Jahr in der DDR inhaftiert:*

Viele sagen sich, Kompromisse nur insoweit, wie ich sie verantworten und vertreten kann. Aber es gibt keine abrupte Grenze zwischen vertretbaren und nicht vertretbaren Kompromissen, die Übergänge sind fließend. Natürlich kann ich sagen, in die Partei (SED) gehe ich niemals. Aber wenn es im Betrieb darum geht, ein ausgezeichnetes Kollektiv zu werden, was mit Prämien verbunden ist, und mein Vorgesetzter sagt, hör mal, du müsstest dich gesellschaftlich aktiver zeigen, so sagt man sich oft, na gut, dann mache ich eben bei der Kampfgruppe mit (…) oder in der Gewerkschaft.
Später wird eine Liste mit Unterschriften vorgelegt, auf der man mit seiner eigenen Unterschrift bekunden soll, dass man mit dem Einmarsch der Warschauer-Pakt-Truppen in der CSSR oder der sowjetischen Truppen in Afghanistan voll einverstanden ist – zum Schutze der Freiheit und des Sozialismus. Was tun? Nicht unterschreiben kann als antisozialistische Haltung ausgelegt werden, die nicht nur berufliche Folgen hat. Also wird unterschrieben, meist entgegen der Überzeugung. Man sagt sich, schließlich habe ich so viele Zugeständnisse gemacht, soll das alles umsonst gewesen sein, nur wegen einer kleinen Unterschrift?

Q9 *Aus dem Lebensweg von Regina Ebert aus Halle/Saale in der DDR:*

Regina Ebert wurde am 17. Oktober 1950 in Bitterfeld geboren. (…) Im April 1970 heiratete sie den Elektromonteur Helmut Ebert. Im selben Jahr kam ihre erste Tochter zur Welt, 1973 wurde die zweite geboren. (…)
Am 25. April 1976 stellten sie und ihr Mann den ersten Antrag auf Übersiedlung in die Bundesrepublik, der abgelehnt wurde. Vor diesem Hintergrund nahm das Ehepaar zum ZDF-Magazin Kontakt auf und bat um Hilfe. Am 10. Oktober 1976 wurden Regina Ebert und ihr Mann daraufhin verhaftet und im März 1977 vom Bezirksgericht Halle zu zweieinhalb bzw. dreieinhalb Jahren Freiheitsentzug verurteilt. Ihre Töchter wurden zeitweilig zwangsweise in einem staatlichen Kinderheim untergebracht.
Nach der Haftentlassung ab Oktober 1979 lebte sie wieder in Halle. Zusammen mit ihrem Mann stellte sie erneut Ausreiseanträge, was im Januar 1980 zur zweiten Verhaftung und Verurteilung von Helmut Ebert führte. Im November 1981 wurde er dann in die Bundesrepublik entlassen, wohin ihm im März 1982 Regina Ebert mit ihren Töchtern folgen durfte.

Q10 *Junge evangelische Christen protestieren auf dem Kirchentag in Ost-Berlin gegen die Einschränkung persönlicher Freiheiten,* Juni 1987.

Q11 *Mitglieder der FDJ tragen die Herrschenden der DDR „auf Händen".* Kundgebung am 1. Mai 1989 in Berlin.

1 *Erläutere die Ursachen für das Entstehen der APO (VT, Q1).*

2 *Beschreibe die Aktionen und Ziele der APO (VT, Q1, Q5–Q7).*

3 *Nenne Gründe für den Protest von DDR-Bürgern, vor allem auch von Jugendlichen (VT, Q2, Q9, Q10).*

4 *Vergleiche die Bilder Q10 und Q111. Was sagen sie über die Jugend in der DDR aus?*

5 *Beschreibe anhand von Q2, Q8 und Q9 die Haltung der Herrschenden zu den Bürger- und Menschenrechten.*

6 *Erkundige dich, welche Bürgerinitiativen es in deiner Stadt bzw. Gemeinde gibt. Wie sind sie entstanden, welche Ziele haben sie und welche Möglichkeiten der Mitarbeit gibt es?*

14 Frauen in einer Männergesellschaft

Q 1 *Neue Frauenpower.* Frauen demonstrieren unter der Losung: „Schluss mit der Bevormundung der Frau!" Ende der 1960er-Jahre für ihre Gleichstellung in der Gesellschaft.

Frauen in der Bundesrepublik …

Obwohl im Grundgesetz die rechtliche Gleichstellung von Mann und Frau verankert wurde, mussten die Frauen in der Bundesrepublik lange um die Gleichberechtigung in allen Lebensbereichen kämpfen: etwa in der Ausbildung und im Beruf, bei der Entlohnung oder der Besetzung öffentlicher Ämter. Das Idealbild der Hausfrauenehe blieb lange Zeit vorherrschend. In einem Urteil des Bundesgerichtshofes hieß es noch 1968: „Bricht eine Frau ihr vor der Heirat gegebenes Versprechen, ihren Beruf aufzugeben und sich künftig ihrem Mann zu widmen, so kann darin ein Scheidungsgrund liegen." Erst 1977 erhielten verheiratete Frauen nach dem Gesetz den gleichen Entscheidungsfreiraum wie ihre Ehemänner.

Mit der Protestbewegung Ende der 1960er-Jahre wurde auch die Rolle der Frau neu bestimmt. Frauen demonstrierten für die Entlohnung der Hausarbeit, für die Bestrafung von Gewalt gegen Frauen in der Familie, auch dafür, selbst über die Geburt ihres Kindes zu entscheiden. In den 1970er-Jahren stieg die Zahl der Mädchen und jungen Frauen, die weiterführende Schulen und Hochschulen besuchten. Immer mehr Frauen sahen den Beruf als einen wichtigen Teil ihres Lebens an und nicht nur als eine vorübergehende Tätigkeit bis zur Heirat. Auch die Zahl der Frauen, die ein politisches Amt übernahmen, wuchs.

… und in der DDR

Die Politik in der DDR zielte von Anfang an auf die Einbeziehung der Frauen in das Berufsleben. Das hatte vor allem wirtschaftliche Gründe: Männermangel in der Nachkriegszeit, die Notwendigkeit eines zusätzlichen Einkommens in der Familie wegen des niedrigen Lohnniveaus, der Flüchtlingsstrom in den Westen. So waren 90 Prozent der Frauen in der DDR berufstätig. Die Mehrzahl arbeitete in „frauentypischen" Berufen – im Handel und Postwesen, in der Landwirtschaft und Textilindustrie, in der Verwaltung oder als Lehrerinnen. In Führungspositionen des Staates und der Wirtschaft waren die Frauen unterrepräsentiert. Mit vielfältigen Maßnahmen versuchte der Staat, die berufstätigen Frauen in der Erziehungs- und Hausarbeit zu entlasten: Kinder wurden in Krippen, Kindergärten und Schulhorten betreut, junge Eheleute erhielten günstige Kredite. Frauen wurden durch „Förderungspläne" im Studium und in der Berufsausbildung unterstützt.

Eine Gleichstellung der Frau mit dem Mann (Emanzipation) gab es im Alltag dennoch oft nicht. Gegenüber den Männern waren die Frauen durch Haushalt und Beruf überdurchschnittlich belastet, was sich auch auf das Familienleben auswirkte. Die Scheidungsrate und die Zahl der außerehelichen Geburten waren hoch. Eine von Staat und Partei unabhängige Frauenbewegung, die für Emanzipation eintrat, gab es nicht.

Q2 *Hausfrau und Mutter – schönster Beruf oder spießbürgerliches Idealbild?*

a) Der ehemalige Bundesfamilienminister Franz Josef Wuermeling:

Gesellschaft und Staat sind nicht befugt, die persönliche Entscheidung einer Frau, ob sie erwerbstätig sein will oder nicht, zu bestimmen (…). Staat und Gesellschaft haben aber die Pflicht, der Frau und Mutter den Verzicht auf familienfremde Tätigkeit so weit wie möglich zu erleichtern. (...) Da wird heute so viel von Gleichberechtigung der Frau geredet, aber so wenig von dem höchsten und schönsten Beruf der Frau und Mutter in der Familie. Dazu müssen wir klar und weithin hörbar aussprechen: Mutterberuf ist Hauptberuf wie jeder andere Beruf und hat höheren Wert als jeder Erwerbsberuf. Und niemand kann zwei Hauptberufe gleichzeitig voll ausfüllen.

b) Die SED zur Rolle der Frau in der DDR:

Eine Frau, deren Tätigkeit sich auf den engen Kreis der Familie beschränkt, wird als Mutter stets in der Gefahr sein, durch ihr Beispiel bei den Kindern ähnliche (spießbürgerliche) Idealbilder zu wecken. Von der Gefahr der „Affenliebe" und der zu starken Konzentration auf die Interessen der Kinder, weil man von eigenen nicht ausgefüllt ist, ganz zu schweigen. Jeder kennt die engstirnigen „Klein-aber-mein-Spießbürger", die das Ergebnis sind und zugleich eine Bremse der sozialistischen Entwicklung. Eine gute Mutter ist heute aber eine arbeitende Mutter, die gleichberechtigt und gleich qualifiziert neben dem Vater steht.

Q5 *Frauen in der Erdöldestillation im Olefinwerk Böhlen.* Arbeitsplatz in der Fabrik – ein Ausdruck der Emanzipation der Frauen in der DDR?

Q3 *Das Werbeplakat (Ost)* aus den 1950er-Jahren geht auf die Situation vieler Frauen in der DDR ein. – Erläutere dies.

Q4 *Auch das Plakat aus dem Westen* (1950er-Jahre) thematisiert die Rolle der Frau. – Erkläre und vergleiche mit dem DDR-Plakat.

1. *Wie hat sich die Stellung der Frau in der Gesellschaft in den letzten Jahrzehnten verändert? Beschreibe die Entwicklung (VT, Q1–Q5).*
2. *Vergleiche die Rolle der Frau in Ost und West (VT, Q1–Q5).*
3. *Diskutiert darüber, in welchen Lebensbereichen nach eurer Meinung Veränderungen notwendig sind, um eine tatsächliche Gleichstellung von Mann und Frau zu erreichen.*

15 Krisen im sozialistischen Lager

Q1 *Mit dem Sturz eines Stalindenkmals in Budapest* begann am 23. Oktober 1956 der Aufstand in Ungarn. Davor hatte es schon zwei Volksaufstände gegen die kommunistischen Machthaber gegeben – 1953 in der DDR und 1956 in Polen. Unzureichende Versorgung der Bevölkerung und Kritik an der Diktatur waren Ursachen des Widerstands.

Breschnew-Doktrin
Sowjetische Erklärung von 1968, in der Parteichef Breschnew die militärische Intervention in einem Ostblockstaat befürwortet, sollte dieser einen eigenen Weg zum Sozialismus gehen.

Hoffnung auf Freiheit in Osteuropa

Schon früh regte sich unter der Bevölkerung der osteuropäischen Staaten Widerstand gegen das von der Sowjetunion aufgezwungene System des Kommunismus. Als der sowjetische Diktator Stalin 1953 starb, hofften viele Menschen auf mehr Freiheit und Unabhängigkeit. Für diese Ziele gingen sie auf die Straße und demonstrierten.

1956: Volksaufstand in Ungarn

Am 23. Oktober 1956 protestierten in der ungarischen Hauptstadt Budapest 200 000 Menschen. Sie forderten freie Wahlen, Pressefreiheit und den Abzug der sowjetischen Truppen. Vor allem aber verlangten sie, der beliebte Reformpolitiker Imre Nagy solle als Ministerpräsident eingesetzt werden. Am folgenden Tag wurde er ins Amt berufen. Doch die im Land stationierten sowjetischen Truppen marschierten in Budapest ein. Bewaffnete Aufständische kämpften daraufhin gegen die Rote Armee.
Imre Nagy erklärte Ungarn zu einem neutralen Staat und gab den Austritt seines Landes aus dem Warschauer Pakt bekannt.

Die Rote Armee schlägt zurück

Am 4. November griffen russische Panzerverbände in das Geschehen ein und gewannen in wenigen Tagen die Kontrolle über die ungarische Hauptstadt wieder.
Die Machthaber in Moskau setzten eine neue Regierung ein. Diese ließ oppositionelle Politiker, Offiziere und Intellektuelle verhaften; 400 wurden nach Schauprozessen hingerichtet – darunter Imre Nagy. Trotz der verzweifelten Hilferufe der Ungarn unternahmen die westlichen Staaten nichts, um ihnen zu helfen.

1968: Sowjetpanzer in Prag

Anfang 1968 entschieden sich die in der Tschechoslowakei regierenden Kommunisten zu demokratischen Reformen. Sie wollten den Sozialismus beibehalten, aber auch Meinungsfreiheit, Versammlungs- und Redefreiheit sowie Reisefreiheit zulassen. Daneben versprachen sie Wirtschaftsreformen und eine schonungslose Aufdeckung der stalinistischen Verbrechen.
Die Reformpolitiker um Alexander Dubček fanden in der Tschechoslowakei und im westlichen Ausland viele Sympathien. In Moskau und im übrigen Ostblock fürchteten die kommunistischen Parteiführer aber ein Ende ihrer Macht. Sie beschlossen, den „Prager Frühling", wie man den Demokratisierungsprozess nannte, zu beenden.
Am 21. August 1968 marschierten Streitkräfte des Warschauer Paktes in die Tschechoslowakei ein. Die Tschechen und Slowaken leisteten erbitterten Widerstand: Es gab Tote und Verletzte. Der sowjetische Parteichef Breschnew begründete nachträglich die Niederschlagung des „Prager Frühlings": Die Sowjetunion als Führungsmacht des Ostblocks bestimme allein den Weg zum Sozialismus. Abweichungen anderer Ostblockstaaten würden unter keinen Umständen geduldet (Breschnew-Doktrin).

Q2 *Der Generalsekretär der KPdSU, Nikita Chruschtschow, am 3. November 1956 zum Eingreifen der Roten Armee (Tagebucheintrag des jugoslawischen Botschafters):*

Wenn wir nachgeben würden, hieße es im Westen, wir wären dumm und schwach, was das Gleiche ist. (...) Die Kapitalisten würden dann direkt an die Grenze der UdSSR vorrücken. (...)

[Chruschtschow sagte,] sie könnten eine Restauration des Kapitalismus in Ungarn auch aus internen Gründen der Sowjetunion nicht zulassen. Es ließen sich dort Leute finden, die die ganze Angelegenheit wie folgt darstellen könnten: Solange Stalin regierte, habe jeder pariert und es habe keine Erschütterungen gegeben.

Q3 *Die Haltung des sowjetischen Parteichefs Breschnew gegenüber den Prager Genossen notierte ein Mitarbeiter von Alexander Dubček:*

Breschnew war persönlich aufrichtig entrüstet darüber, dass Dubček sein Vertrauen enttäuscht hatte und nicht jeden seiner Schritte vom Kreml billigen ließ. (...) Allein von dieser Todsünde (...) leitete Breschnew alle anderen Sünden ab: „Antisozialistische Tendenzen" nehmen überhand, die Presse schreibt, was sie will. (...)

Breschnew sprach ausführlich über die Opfer der Sowjetunion im Zweiten Weltkrieg. (...) Diesen Preis musste die Sowjetunion für ihre Sicherheit bezahlen, und eine der Garantien für diese Sicherheit ist die Teilung Europas nach dem Krieg und dazu gehört auch, dass die Tschechoslowakei „für ewige Zeiten" mit der Sowjetunion verbunden ist. (...) Die Ergebnisse des Zweiten Weltkrieges – so Breschnew – sind für die Sowjetunion unantastbar und darum werden sie auch auf die Gefahr eines neuen Krieges hin verteidigt werden. (...) Er (...) hat bei [US-] Präsident Johnson angefragt, ob die amerikanische Regierung auch heute noch die Ergebnisse der Konferenzen von Jalta und Potsdam voll anerkennt. Und am 18. August hat er folgende Antwort erhalten: In Bezug auf die Tschechoslowakei und Rumänien gilt die vorbehaltlose Anerkennung.

Q4 *Ein Arbeiter aus Bratislava (heute Hauptstadt der Slowakei) stellte sich 1968 einem sowjetischen Panzer mutig entgegen.*

Q5 *Soldaten der Roten Armee beim Einmarsch in die Tschechoslowakei,* tschechoslowakisches Plakat von 1968

1 *Was waren die Ziele der Ungarn 1956? Was wollten die Tschechen und Slowaken 1968?*

2 *Erkläre, warum die Demonstranten in Budapest ein Stalin-Denkmal gestürzt haben (Q1).*

3 *Was will der Arbeiter in Q4 durch seine Haltung ausdrücken?*

4 *Das Plakat Q5 zeigt die Rote Armee aus zwei Perspektiven. In welcher Rolle kam sie 1945 ins Land? Wie wird ihr Erscheinen 1968 gesehen?*

5 *Wie begründet Chruschtschow 1956 die Niederschlagung des Volksaufstandes in Ungarn (Q2), wie Breschnew die Führungsrolle der UdSSR 1968 (Q3)?*

6 *Überlege, warum der Westen 1956 und 1968 nicht eingegriffen hat (VT, Q3).*

16 Das Ende des Sozialismus in Europa

Q1 *Eine Karikatur zum Ende des Kalten Krieges* übergab Michail Gorbatschow dem US-Präsidenten George Bush auf dem KSZE-Gipfeltreffen in Helsinki im September 1990 (Foto). 1991 unterzeichneten sie einen Vertrag, der beide Seiten verpflichtete, die Zahl der Langstreckenraketen mit Atomsprengköpfen stark zu reduzieren.

Die Sowjetunion in der Krise

1961 hatte Staats- und Parteichef Chruschtschow verkündet, noch im nächsten Jahrzehnt werde die Sowjetunion die USA als das mächtigste und reichste Land des Kapitalismus in der Pro-Kopf-Produktion der Bevölkerung überflügeln. Es zeigte sich aber bald, dass dieses Ziel nicht im entferntesten erreicht werden konnte. Die sozialistische Planwirtschaft des Ostens war der Marktwirtschaft des Westens weit unterlegen. Mit überholter Technik, unmotivierten Arbeitern und unfähigen Partei- und Staatsfunktionären konnten keine wirtschaftlichen Erfolge erreicht werden. Das Gegenteil trat ein: Die gewaltigen Rüstungsausgaben führten dazu, dass die Lebensqualität der Sowjetbürger sich nicht entscheidend verbesserte. Die Löhne und Renten blieben niedrig. Es fehlte an Konsumgütern und Wohnungen.

Zunehmende Kritik am Sozialismus

1985 wurde Michail Gorbatschow neuer Generalsekretär der Kommunistischen Partei der Sowjetunion. Die von ihm propagierten Begriffe „Perestroika" und „Glasnost" sollten wegweisend für die weitere Entwicklung des Landes sein. Wirtschaftliche Reformen und öffentliche Diskussion der gesellschaftlichen Missstände sollten dazu beitragen, den Sozialismus menschenfreundlicher und wirtschaftlich erfolgreicher zu gestalten. Doch Erfolge blieben aus. Die neue Strategie führte aber dazu, dass immer mehr Menschen in der Sowjetunion und auch in den Ostblockstaaten nicht nur einzelne Mängel kritisierten, sondern das sozialistische Gesellschaftssystem als Ganzes in Frage stellten.

Revolutionen in Osteuropa

Bereits 1980 hatte in Polen die unabhängige Gewerkschaftsbewegung „Solidarnosc" grundlegende Mängel der sozialistischen Gesellschaft aufgezeigt und war für mehr Demokratie und Freiheit eingetreten.

Ende der 1980er-Jahre erfasste die Unzufriedenheit der Menschen mit dem Sozialismus fast alle Ostblockstaaten. 1989 kam es in ganz Osteuropa zu gewaltigen Demonstrationen für die Abschaffung der kommunistische Diktaturen. Der Untergang des Sozialismus vollzog sich dabei unterschiedlich: In Polen, Ungarn, Bulgarien und in der Tschechoslowakei verlief die Ablösung des sozialistischen Systems ohne Blutvergießen. In Rumänien wurde der Diktator Ceausescu gefangen genommen und hingerichtet. In Teilen Jugoslawiens löste das Streben nach Unabhängigkeit der ehemaligen Teilrepubliken einen grausam geführten mehrere Jahre dauernden Bürgerkrieg aus.

Als Folge der Revolutionen in den Ostblockstaaten löste sich 1990 der Warschauer Pakt auf. Auf dem Boden der Sowjetunion entstanden nach 1991 mehrere unabhängige Staaten. Der Niedergang des Sozialismus in der Sowjetunion und in Osteuropa bedeutete das Ende des Kalten Krieges.

A-Z

Glasnost
(russ. = Offenheit)
Kritische öffentliche Diskussion politischer Fragen, auch der Mängel und Missstände in der Gesellschaft.

Perestroika
(russ. = Umgestaltung)
Durchführung von Reformen in der Wirtschaft und Politik, um die Demokratie zu stärken und die Initiative und schöpferische Arbeit der Menschen zu fördern.

Q2 *Vaclav Havel, Staatspräsident nach dem Sturz der sozialistischen Ordnung in der Tschechoslowakei, beschrieb im Jahr 1990 das Wesen der kommunistischen Diktatur:*

Das bisherige Regime – ausgerüstet mit seiner stolzen und unverträglichen Ideologie – reduzierte den Menschen zu einer Arbeitskraft und die Natur zum Produktionsinstrument. (…) Aus fähigen vollberechtigten Menschen, die sinnvoll in ihrem Lande wirtschaften, machte es Schräubchen irgendeiner riesengroßen lärmenden und übelriechenden Maschine, von der niemand weiß, welchen Sinn sie überhaupt hat. Sie bringt nichts anderes fertig, als sich allmählich, aber unaufhaltsam, selbst und alle ihre Schräubchen zu verbrauchen.

Q3 *Aus den 21 Forderungen des Danziger „überbetrieblichen Streikkomitees" der Gewerkschaftsbewegung Solidarnosc, August 1980:*

1. Akzeptierung von der Partei und den Arbeitgebern unabhängigen freien Gewerkschaften (...).

2. Garantie des Rechts auf Streik (...).

3. Einhaltung der von der Verfassung der Volksrepublik Polen garantierten Freiheit des Worts, des Drucks und der Publikation, somit auch Duldung unabhängiger Zeitschriften und Zugang für Vertreter aller Glaubensbekenntnisse zu den Massenmedien. (...)

6. Einleitung von wirkungsvollen Maßnahmen mit dem Ziel, das Land aus der Krisensituation herauszuführen, durch:

a) volle Information der Öffentlichkeit über die wirtschaftliche und gesellschaftliche Situation des Landes und

b) Ermöglichung der Teilnahme an der Diskussion über das Reformprogramm für alle Gesellschaftskreise und alle Schichten. (...)

12. Einstellung von Führungskräften nach dem Prinzip der Qualifikation und nicht nach Parteizugehörigkeit sowie Abschaffung von Privilegien für Polizei, Sicherheitsdienst und Parteiapparat (...).

Q4 *Als Sieg der Vernunft sah der Historiker Gregor Schöllgen 1996 den friedlichen Ausgang des Kalten Krieges:*

Auch in Zukunft wird der Mensch also unter Beweis zu stellen haben, dass er nicht nur über eine beachtliche Überlebens-, sondern auch über eine gewisse Lernfähigkeit verfügt. Während des Kalten Krieges hat er diesen Beweis erbracht. Die katastrophalen Erfahrungen der ersten Jahrhunderthälfte führten ihn in der zweiten zu einer Einsicht, die auch im 21. Jahrhundert wenig von ihrer Gültigkeit verlieren wird: Einen Krieg, erwachsen aus den Problemen und Konstellationen des ersten, geführt mit der Verbissenheit des zweiten und ausgetragen mit dem Mittel des dritten, also mit der Nuklearwaffe, dürfte die Menschheit kaum überleben. In diesem Wissen gründete die Logik des dritten Krieges, der deshalb ein kalter blieb.

1 Nenne Gründe für das Scheitern des Sozialismus im Ostblock. Setze dich dabei mit den Aussagen Havels über die Rolle des Menschen im Sozialismus auseinander (VT, Q2).

2 Erläutere die Forderungen der Solidarnosc. Warum unternahmen die Herrschenden in Polen alles, um die Gewerkschaftsbewegung mundtot zu machen (Q3, Q5)?

3 Hauptgewinner bei der Beendigung des Kalten Krieges ist Europa. Begründe die Aussage (Q1, Q4).

Q5 *Die polnische Gewerkschaft Solidarnosc entstand 1980 während eines Streiks der Danziger Werftarbeiter.* Unter Führung des Elektrikers Lech Walesa (Foto) strebte sie eine humanere Gesellschaft an. Von den kommunistischen Machthabern unterdrückt, arbeitete Solidarnosc im Untergrund weiter. 1989 hatte sie einen wesentlichen Anteil an der demokratischen Umgestaltung Polens.

17 „Wir sind das Volk"

Q1 *„Den Sozialismus in seinem Lauf hält weder Ochs noch Esel auf.",* Karikatur eines Honecker-Zitats von Horst Haitzinger

Reformen – nein, danke

Während bereits Mitte der 1980er-Jahre in der Sowjetunion und anderen Ostblockstaaten über demokratische Reformen nachgedacht wurde, um den Sozialismus menschenfreundlicher und wirtschaftlich erfolgreicher zu machen, hielt die SED unter Führung Erich Honeckers am alten Kurs fest. Deutliches Zeichen für die Reformstarre der DDR war das Verbot des „Sputnik". Die deutschsprachige sowjetische Zeitschrift hatte für den Geschmack der DDR-Oberen zu positiv über die Reformpläne von Staatschef Gorbatschow in der Sowjetunion berichtet. Auch wurde nichts getan, um die schwierige Versorgungslage der Bevölkerung zu verbessern oder die Beschränkung der Reisefreiheit aufzuheben. Proteste der Bevölkerung wurden überhört. Im Gegenteil: Der Staatssicherheitsdienst („Stasi") ging mit aller Schärfe gegen diejenigen vor, die die Politik der SED kritisierten. Immer mehr DDR-Bürger stellten Ausreiseanträge. Sie glaubten nicht mehr daran, dass sich die politischen und wirtschaftlichen Verhältnisse ändern würden.

Das Volk erzwingt die Wende

1989 spitzte sich die Lage in der DDR dramatisch zu. Bei den Kommunalwahlen im Mai protestierten Bürgerrechtsgruppen erstmals lautstark gegen die offensichtliche Fälschung der Wahlergebnisse. Im Sommer öffnete Ungarn seine Grenze gen Westen. Tausende DDR-Bürger nutzten ab August 1989 diesen Weg zur Flucht. Andere erzwangen ihre Ausreise, indem sie die Botschaften der Bundesrepublik in Prag, Warschau und Budapest besetzten. Gleichzeitig forderten Hunderttausende auf Massendemonstrationen, organisiert von den Bürgerrechtsbewegungen, in Leipzig, Dresden, Ost-Berlin und anderen Städten, umfassende politische Reformen. Als am 9. Oktober 70 000 Menschen in Leipzig mit den Losungen „Wir sind das Volk" und „Wir bleiben hier" friedlich für eine demokratische Erneuerung der DDR demonstrierten, war der Untergang der SED-Diktatur nicht mehr aufzuhalten. Immer mehr Menschen gingen jetzt auf die Straße und forderten das Ende der SED-Herrschaft.

Die Mauer fällt

Am 18. Oktober 1989 trat Erich Honecker als Generalsekretär der SED zurück. Er wurde von Egon Krenz abgelöst. Doch den Menschen in der DDR reichten diese personellen Veränderungen nicht aus. Die SED-Führung hatte ihre Glaubwürdigkeit verspielt. Am 4. November forderten über eine halbe Million Menschen auf einer Demonstration in Ost-Berlin freie Wahlen, Beseitigung der Vorherrschaft der SED, Rechtsstaatlichkeit, Presse-, Meinungs- und Reisefreiheit. Am Abend des 9. November 1989 öffnete die Regierung der DDR unter dem Druck der Bevölkerung die Grenze zu West-Berlin. Tausende DDR-Bürger strömten zu den Übergangsstellen und überquerten die Grenze. Die Mauer war gefallen.

Q5 *Leipziger Montagsdemonstration am 13. November 1989 auf dem ehemaligen Karl-Marx-Platz*

Q2 *Aus einem Bericht der Stasi vom 9. September 1989 über die Fluchtgründe von DDR-Bürgern in den Westen:*

- Unzufriedenheit über die Versorgungslage
- Verärgerung über unzureichende Dienstleistungen
- Unverständnis für Mängel in der medizinischen Betreuung und Versorgung
- Eingeschränkte Reisemöglichkeiten innerhalb der DDR und nach dem Ausland
- Unbefriedigende Arbeitsbedingungen und Diskontinuität [Schwierigkeiten] im Produktionsablauf
- Unzulänglichkeiten / Inkonsequenz bei der Anwendung / Durchsetzung des Leistungsprinzips sowie Unzufriedenheit über die Entwicklung der Löhne und Gehälter
- Verärgerung über bürokratisches Verhalten (...) sowie über Herzlosigkeit im Umgang mit den Bürgern

Q3 *Eine Zeitung berichtet am 13. November 1989 aus Helmstedt an der innerdeutschen Grenze:*

Die Familie aus Rostock ist morgens um vier aufgebrochen, die aus Frankfurt an der Oder schon um Mitternacht. (...) Ihnen, wie Zehntausenden anderen, die zum großen Treck nach Westen aufgebrochen sind, wird ein jubelnder Empfang bereitet. Tausende sind zum Grenzübergang gefahren. Nicht nur aus dem grenznahen Niedersachsen, auch Westfalen und Rheinländer haben sich auf den Weg gemacht, die Landsleute aus der DDR zu begrüßen. Lachen, Tränen, Winken auf beiden Seiten. Schokolade und Bonbons werden unter der blauen, nach Zweitaktgemisch stinkenden Abgasglocke für die Kinder in die Autos gereicht. Blumensträuße gibt es, Kaffee, Tee und Erbsensuppe. Und Hilfsbereitschaft: Mancher Trabi, der im 50-Kilometer-Stop-and-Go von Magdeburg bis Helmstedt heißgelaufen ist und nun kurz vor dem Ziel seinen Geist aufgibt, wird über die Grenze geschleppt oder geschoben, jedes Mal mit Beifall und Jubel begrüßt.

Q4 *Öffnung des Grenzübergangs Glienicker Brücke nach West-Berlin.* „Trabant"-Karawanen rollen in den Westen.

1 *Nenne die Ursachen für den Untergang der SED-Herrschaft in der DDR (VT, Q2, Q5).*

2 *Was waren die Gründe für die Flucht Tausender DDR-Bürger in den Westen (VT, Q2)?*

3 *Erläutere anhand der Ereignisse seit Mai 1989 in der DDR die Aussage der Karikatur (Q1).*

4 *Beschreibe die Stimmung der Deutschen in Ost und West nach der Öffnung der Mauer (Q3, Q4).*

5 *Frage deine Eltern oder Bekannte, wie sie die „gesamtdeutschen Tage" nach der Öffnung der Mauer erlebt und was sie gefühlt haben.*

18 Methode

Zeitzeugen befragen

Q 1 *Ein Zeitzeuge berichtet Schülern von seinen Erlebnissen.*

Methodische Arbeitsschritte

1. Vorbereitung:
- Überlegt, welche Person am besten geeignet ist, euch Auskunft zu dem von euch gewählten Thema zu geben.
- Erarbeitet gemeinsam Fragen für das Interview.

2. Befragung:
- Schafft für das Interview eine vertrauliche Atmosphäre. Denkt daran, dass die befragte Person von den Erlebnissen stark berührt sein kann und es ihr nicht immer leicht fällt, darüber zu berichten.
- Sorgt dafür, dass die Aussagen lückenlos protokolliert werden.

3. Auswertung:
- Wertet gemeinsam das Interview aus. Denkt daran, dass die befragte Person über ein Ereignis berichtet, das oft vor vielen Jahren stattfand. Manches kann sie vergessen, anderes erst später erfahren haben.
- Vergesst nicht, dass auch eure Meinung zum Interview Bestandteil der Auswertung ist. Schätzt die Verlässlichkeit der Aussagen eures Zeitzeugen ein.
- Überlegt euch, wie ihr die Ergebnisse präsentieren könnt (Wandzeitung, Bericht in der Schülerzeitung, Videofilm).

Zeitzeugen wissen mehr

Fast zwei Jahrzehnte sind vergangen, seitdem Deutschland wieder ein einheitlicher Staat ist. Für viele Menschen, die den Untergang der DDR selbst noch miterlebt haben, war die Öffnung der Mauer am 9. November 1989 ein Ereignis, das sie tief beeindruckt hat. Sie werden es in ihrem Leben bestimmt nicht vergessen. Solche Zeitzeugen können eine spannende und wertvolle „Quelle" sein. Sie waren hautnah dabei und haben dadurch eine ganz persönliche Sicht auf das Geschehen. Die Gefühle der Menschen, ihre Hoffnungen, ihre Freude und Ängste fließen in Zeitzeugen-Berichte ein und machen die Geschichte für uns dadurch besser vorstellbar.

Schüler befragen Zeitzeugen

Die Schülerinnen und Schüler einer Klasse in Bochum schlugen ihrer Geschichtslehrerin vor, selbst Zeitzeugen zu befragen, wie diese die Öffnung der Mauer und die historischen Tage der Wiedervereinigung erlebt hatten. Wie war das, wenn sich Freunde oder Verwandte aus Ost und West nach jahrzehntelanger Trennung endlich wieder trafen?

Eine Befragung von Zeitzeugen muss gut vorbereitet sein. Günstig ist es, Teams zu bilden. Überlegt gemeinsam, wer für ein Interview in Frage kommt und welche Fragen gestellt werden sollen. Als Ergebnis der Befragung könnte beispielsweise eine Wandzeitung entstehen.

Mögliche Themen zur Zeitzeugenbefragung:

- *Fall der Mauer – „live" erlebt*
- *August 1961 – der Mauerbau*
- *Leben in Trümmern – die Nachkriegszeit in Deutschland*

Q 2 *Harald Jäger, Offizier der DDR, hatte am 9. November 1989 am Grenzübergang Bornholmer Straße in Ost-Berlin Dienst. Am Abend hatte Günter Schabowski, Mitglied des Politbüros der SED, in einer Pressekonferenz, die im Fernsehen der DDR übertragen wurde, verschwommen erklärt, dass es für die Menschen in der DDR von nun an Reisefreiheit gäbe. Diese Mitteilung schlug wie eine Bombe ein. Zehn Jahre später fragte eine Zeitung nach Jägers Erlebnissen an diesem Abend:*

Waren Sie kopflos an diesem Tag?
Als Schabowski in der Pressekonferenz seinen Zettel dreimal hin und her drehte, war mir klar, die ganze Führung [der SED und des DDR-Staates] ist kopflos.

Bekamen Sie zentrale Befehle?
Ich habe sofort mit dem zuständigen Oberst (...) des Ministeriums für Staatssicherheit telefoniert. Der hielt Schabowskis Gestammel für Quatsch. Dann kamen die ersten Leute, die testen wollten, ob es mit der freien Ausreise für jeden DDR-Bürger ernst gemeint war. Der Posten am Schlagbaum meldete über Telefon zehn bis zwanzig Leute. Als ich dort eintraf, waren es schon hundert. Sie kamen mit Autos, zu Fuß und sogar mit der Straßenbahn. Ich dachte in diesem Moment: Warum waren wir nicht vorbereitet? (...) Keine Pässe, nicht mal Stempel.

Hätten Sie versucht, einen gewaltsamen Durchbruch zu verhindern?
Wir waren alles in allem etwa 50 Leute. Jeder mit einer Makarow-Pistole und je 14 Schuss Munition. In der Waffenkammer standen noch vier Maschinenpistolen mit je drei Magazinen à 40 Schuss. Aber wir dachten nicht mal an Selbstverteidigung.

Wann ließen Sie die ersten DDR-Bürger ohne Visum nach West-Berlin?
Wir begannen gegen 21.00 Uhr mit der Abfertigung. Wir glaubten ja immer noch, das ginge mit einer geordneten Personenkontrolle.

Und was passierte?
Die offene Schranke – das reichte nicht. Viele Leute kletterten einfach über die Absperrungen. Wir verstanden die Welt nicht mehr. Wozu hatten wir all die Jahre hier gestanden?

Anmerkung: Harald Jäger ließ anschließend die Kontrollen einstellen und die Grenzschranke hochziehen.

1. *Sprecht über den Inhalt des Zeitungsinterviews (Q2). Diskutiert über das Verhalten und die Gefühle von Oberstleutnant Jäger.*
2. *Was entnimmst du dem Interview über die Politik der SED in den Novembertagen 1989?*
3. *Befragt Bekannte und Verwandte, wie sie die Tage der Maueröffnung im November 1989 erlebt haben.*

Q 3 *Symbolischer Händedruck* am 13. November 1989 bei der Öffnung der Mauer am Potsdamer Platz in Berlin – der ehemalige Bundespräsident Richard von Weizsäcker und Offiziere der Grenztruppen der DDR

19 Aus Zwei mach Eins

Q1 *Freudenfest vor dem Reichstagsgebäude am 3. Oktober 1990 in Berlin.* Tausende Deutsche aus den alten und neuen Bundesländern feiern gemeinsam die Einheit.

„Wir sind ein Volk"
Die Demonstrationen in der DDR gingen auch nach dem Fall der Mauer weiter. Dabei wurde der Ruf nach Wiedervereinigung immer lauter: „Wir sind ein Volk" und „Deutschland, einig Vaterland" hießen nun die Sprechchöre. Die Mehrheit der DDR-Bürger wollte so leben wie ihre Nachbarn in der Bundesrepublik. An eine Erneuerung der politischen und wirtschaftlichen Strukturen der DDR wollten die meisten nicht mehr glauben. Schnell hatten sich die enormen Staatsschulden der DDR herumgesprochen. Eine Begleichung dieser Schulden hätte zu weiteren Einschränkungen des Lebensstandards geführt. Eine Vereinigung mit der Bundesrepublik schien den meisten die bessere Lösung zu sein.

Schnelle Einheit statt „neuer DDR"
Wie die Wiedervereinigung erfolgen sollte – darüber gab es in der DDR unterschiedliche Auffassungen. Die meisten Bürgerrechtler wollten eine „neue DDR" schaffen, mit einer neuen Verfassung, einer demokratisch gewählten Volkskammer und Regierung. Anschließend sollte ein Programm für eine schrittweise Vereinigung erarbeitet werden. Dies lehnte die Mehrheit der Bevölkerung jedoch ab. Sie wollte die rasche Vereinigung.

Die Bundesregierung nutzte diese Stimmungslage. Am 28. November 1989 billigte der Bundestag einen von Bundeskanzler Kohl vorgelegten Zehn-Punkte-Plan, an dessen Ende die Wiedervereinigung der beiden deutschen Staaten stand.
Der „Runde Tisch", eine Art „provisorische Regierung" der DDR, beschloss freie Wahlen für den 18. März 1990. Dabei erhielt die von der bundesdeutschen CDU/CSU unterstützte „Allianz für Deutschland" 48,1 Prozent der Stimmen. Die Mehrheit hatte sich damit für jene Kräfte entschieden, die einen schnellen Beitritt der DDR zur Bundesrepublik wollten.
Der neue Ministerpräsident der DDR Lothar de Maizière (CDU) nahm zügig Beitrittsverhandlungen mit der Bundesrepublik auf. Bereits am 1. Juli 1990 wurde die D-Mark in der DDR eingeführt. Am 23. August 1990 beschloss die Volkskammer schließlich den Beitritt der DDR zur Bundesrepublik Deutschland.

Zwei plus vier = eins
Voraussetzung für die Wiedervereinigung war allerdings die Zustimmung der vier Siegermächte des Zweiten Weltkrieges. Manche Staaten befürchteten, dass mit der deutschen Einheit die militärische Sicherheit Europas nicht mehr gegeben sei. Auf mehreren Konferenzen gelang es jedoch, solche Vorbehalte auszuräumen. Der sowjetische Staats- und Parteichef Gorbatschow stimmte der Mitgliedschaft des vereinten Deutschland in der NATO zu.
Am 12. September 1990 wurde in Moskau schließlich der Einigungsvertrag von den vier Siegermächten und den beiden deutschen Regierungen unterzeichnet. Mit dem Beitritt der fünf ostdeutschen Länder zur Bundesrepublik Deutschland am 3. Oktober 1990 war Deutschland wieder ein einheitlicher Staat.

Q2 *Eine „neue DDR" oder Anschluss an die Bundesrepublik?*

a) Aus dem Aufruf „Für unser Land" vom 29. November 1989, den bekannte Persönlichkeiten aus der DDR unterzeichneten:

Entweder können wir auf der Eigenständigkeit der DDR bestehen oder versuchen, mit allen unseren Kräften und in Zusammenarbeit mit denjenigen Staaten und Interessengruppen, die dazu bereit sind, in unserem Land eine solidarische Gesellschaft zu entwickeln, in der Frieden und soziale Gerechtigkeit, Freiheit des Einzelnen, Freizügigkeit aller und die Bewahrung der Umwelt gewährleistet wird.

Oder wir müssen dulden, dass, veranlasst durch starke ökonomische Zwänge und durch unzumutbare Bedingungen, an die einflussreiche Kreise aus Wirtschaft und Politik in der Bundesrepublik ihre Hilfe für die DDR knüpfen, ein Ausverkauf unserer materiellen und moralischen Werte beginnt und über kurz oder lang die Deutsche Demokratische Republik durch die Bundesrepublik Deutschland vereinnahmt wird.

b) Leserbrief zum Aufruf „Für unser Land":

Dem Aufruf „Für unser Land" kann ich nicht zustimmen. Ich sehe hier bereits, wie sich gewisse Leute bestehende Privilegien sichern wollen. In der Frage von Wiedervereinigung oder Konföderation sollte es zu einem Volksentscheid kommen (...). 40 Jahre wurden die Vorzüge des Sozialismus in allen Tönen gepriesen, aber die traurige Realität sehen wir heute. (...) Noch einmal Versuche eines Sozialismus, welche Jahre oder Jahrzehnte andauern, um am Ende noch tiefer zu stehen? Bedenkt, wir Menschen haben nur ein Leben! (...) Nehmen wir also das Angebot vom deutschen Nachbarstaat an, denn der Preis dafür ist nicht zu hoch. Ein Volk, das „noch" die gleiche Sprache spricht, gehört zusammen.

Q3 *Die ehemalige britische Premierministerin Thatcher in ihren Memoiren:*

Es ist doch wahrscheinlich, dass Deutschland in einem solchen Gefüge [gemeint ist in einem föderativen Europa] die Führungsrolle einnehmen würde, denn ein wiedervereintes Deutschland ist schlichtweg viel zu groß und zu mächtig, als dass es nur einer von vielen Mitstreitern auf dem europäischen Spielfeld wäre.

Q4 *Der damalige US-Präsident George Bush in einem Interview zu Befürchtungen in einigen europäischen Staaten:*

Ich teile die Sorge mancher europäischer Länder über ein wiedervereintes Deutschland nicht, weil ich glaube, dass Deutschlands Bindung an und sein Verständnis für die Wichtigkeit des [atlantischen] Bündnisses unerschütterlich ist. Und ich sehe nicht, was einige befürchten, dass Deutschland, um die Wiedervereinigung zu erlangen, einen neutralistischen Weg einschlägt (...).

Q5 *Karikatur von Horst Haitzinger.* Sie entstand am 7. November 1989.

1. *Beschreibe die Hoffnungen, die die meisten Deutschen im Osten mit der Wiedervereinigung verbanden (VT, Q2b).*
2. *Verfasse eine Chronik über den Weg zur Wiedervereinigung vom November 1989 bis zum Oktober 1990 (VT, Q1).*
3. *Beschreibe die beiden Auffassungen über den Weg zur Wiedervereinigung (VT, Q2a, Q2b). Welcher Auffassung stimmst du zu? Begründe deine Meinung.*
4. *Welche Befürchtungen gab es im Ausland über ein wiedervereinigtes Deutschland (Q3, Q4)? Sage deine Meinung zu Q6.*
5. *Erkläre die Aussage der Karikatur (Q5). Beachte das Entstehungsdatum.*

Q6 *Der Marsch des Vierten Reiches,* Karikatur von Bill Caldwell (GB) im Daily Star vom 20. 2. 1990

20 „Aufbau Ost"

1 *Wasserstraßenkreuz Magdeburg.* Seit der Wiedervereinigung wurden über 53 Milliarden Euro für den Aufbau einer modernen Infrastruktur in den neuen Bundesländern – Bau von Autobahnen, Ausbau des Schienennetzes und der Kanäle – ausgegeben.

Von der Plan- zur Marktwirtschaft
Der wirtschaftliche Aufschwung in den neuen Bundesländern hing vor allem davon ab, wie es gelang, den schwierigen Weg von der Planwirtschaft zur sozialen Marktwirtschaft zu bewältigen. Die vielerorts maroden Fabrikhallen und veralteten Maschinen, die niedrige Arbeitsproduktivität, verbunden mit hohen Lohnkosten, zeigten, dass das sozialistische Wirtschaftssystem versagt hatte. Nur wenige Unternehmen, wie die Carl-Zeiss-Werke in Jena, waren auf dem Weltmarkt konkurrenzfähig.

Staatsbetriebe zu Privatunternehmen
Zunächst war es erforderlich, die 40 000 Staatsbetriebe mit über 4 Millionen Beschäftigten in privatwirtschaftliche Unternehmen umzuwandeln. Mitarbeiter einer neu geschaffenen Deutschen Treuhandanstalt (DTA) überprüften die Wirtschaftlichkeit der ehemaligen Volkseigenen Betriebe, verwalteten deren Vermögen und boten es neuen Eigentümern zum Kauf an. Doch nur selten fanden sich Käufer. Zu hoch waren die Beträge, die zur Sanierung hätten investiert werden müssen. Etliche Betriebe mussten abgerissen werden. Zwei Millionen Menschen verloren ihren Arbeitsplatz.

„Aufschwung Ost"
In den 1990er-Jahren schob die Bundesregierung, unterstützt von der Europäischen Union, mit dem „Aufschwung Ost" ein gigantisches Aufbauprogramm in den neuen Bundesländern an. Über eine Billion Deutsche Mark (600 Milliarden Euro) flossen in den Osten Deutschlands. Mit diesen Geldern wurden bestehende Betriebe saniert. Neue Unternehmen auf höchstem technischen Niveau entstanden. In wenigen Jahren erhielten Tausende Familien eine neue Wohnung. Das Straßen-, Schienen- und Telefonnetz wurde ausgebaut. Milliarden Mark wurden für die Sanierung der Umwelt verwendet. Gleichzeitig entstanden neue demokratische Verwaltungs- und Justizorgane. Das Bildungswesen wurde grundlegend umgestaltet.

Die neuen Bundesländer heute
Mit der Wiedervereinigung Deutschlands genießen auch die Menschen in den neuen Bundesländern die Vorteile des demokratischen Rechtsstaates und der sozialen Marktwirtschaft. Durch die Übernahme des bundesdeutschen Renten- und Sozialsystems verbesserte sich für viele Bürger die Lebensqualität. Andererseits gehören auch Arbeitslosigkeit und sozialer Abstieg für einige zu den Schattenseiten der Wiedervereinigung. Zudem führte die Modernisierung der neuen Länder zu einer hohen Staatsverschuldung.
Anders als im Westen hat die im Dezember 1989 als Nachfolgeorganisation der SED entstandene Partei des Demokratischen Sozialismus (PDS) im Osten Deutschlands viele Anhänger, was sich auch in den Ergebnissen der Landtagswahlen zeigt.
Und was wurde aus den von Altbundeskanzler Kohl versprochenen „blühenden Landschaften"? Man findet sie ab und zu schon. Dennoch bleibt noch vieles zu tun.

Q2 *Die Sicht der Westdeutschen auf die Ostdeutschen im geteilten Deutschland beschrieb 1990 der Schriftsteller Patrick Süskind so:*

Freilich hatte man uns in der Schule beigebracht, dass die Teilung Deutschlands nicht von Dauer sei, dass die Präambel des Grundgesetzes jeden deutschen Politiker verpflichtete, auf ihre Überwindung hinzuarbeiten, dass die Bundesrepublik und ihre Hauptstadt nur ein Provisorium darstellten. Aber das haben wir schon damals nicht geglaubt und glaubten es mit den Jahren immer weniger. (...) Ansonsten schauten wir nach Westen oder nach Süden. Österreich, die Schweiz, Venetien, die Toskana, das Elsass, die Provence (...) lagen uns – um nur von Europa zu sprechen – unendlich viel näher als so (...) Ländereien wie Sachsen, Thüringen, Anhalt, Mecklenburg oder Brandenburg, die wir höchstens notgedrungen rasch durchquerten, um auf der Transitstrecke rasch nach Berlin-West zu gelangen. Was hatten wir mit Leipzig, Dresden oder Halle im Sinn? Nichts. Aber alles mit Florenz, Paris oder London.

Q3 *Joachim Gauck, ehemaliger Bundesbeauftragter für die Unterlagen des Staatssicherheitsdienstes, in einer Rede vor dem Bundestag 1999:*

Tatsächlich haben die Ostdeutschen mit ihrer – freilich kurzen – Revolution nicht nur sich selbst, sondern allen Deutschen ein historisches Geschenk gemacht. (...) Das, liebe Landsleute im Westen, ist das Geschenk der Ostdeutschen an euch. Gerade angesichts unserer 56-jährigen politischen Ohnmacht in Nationalsozialismus und Herrschaftskommunismus erstrahlt der Mut der Widerständigen von 1989 umso heller. Trotz aller Erblasten der Diktaturen können wir euch im Westen nunmehr auf Augenhöhe begegnen – zwar ärmer, aber nicht als Gebrochene und ganz bestimmt nicht als Bettler.

Aber gleichzeitig, liebe Landsleute im Osten, gibt es auch ein Geschenk der Westdeutschen an uns; es ist nicht in erster Linie materiell. Aus Nazi-Untertanen und Nostalgikern der Nachkriegszeit sind Demokraten geworden (...). Mit der Einheit haben auch wir [die Ostdeutschen] Anteil an diesen Erfahrungen. 40 Jahre Freiheit und Demokratie und Frieden hatte die deutsche Nation in ihrer Geschichte bis dahin noch nicht erlebt.

Q4 *Demonstration in Magdeburg im Juli 1992.* Beschäftigte eines Schwermaschinenkombinats protestieren gegen beabsichtigte Entlassungen.
– Erkläre die Aussage der Plakate.

1. *Beschreibe Maßnahmen und Probleme bei der Einführung der sozialen Marktwirtschaft in den neuen Bundesländern (VT, Q1, Q2, Q4).*
2. *Erläutere die Folgen der Wiedervereinigung für die Menschen in den neuen Bundesländern (VT).*
3. *Kennzeichne die Probleme, die aus westdeutscher Sicht das Zusammengehörigkeitsgefühl zu den Deutschen im Osten erschweren (Q2).*
4. *Joachim Gauck erinnert in Q3 an die positiven Aspekte der Wiedervereinigung. Liste sie auf und versuche, die Liste zu ergänzen.*

Q5 *Vorher – nachher,* Karikatur von Karl-Heinz Schoenfeld, Anfang der 1990er-Jahre. – Wie beurteilst du das bisherige Zusammenwachsen von Ost und West?

21 Supermacht USA

Q 1 *Der Stolz auf das eigene Land ist in der US-Bevölkerung sehr ausgeprägt.* Ihren Patriotismus zeigen Amerikaner ganz selbstverständlich. Das Foto entstand bei einer Gedenkveranstaltung für die Opfer der Terroranschläge vom 11. September 2001.

Informationen über die USA bietet die Webseite der US-Botschaft unter www.us-botschaft.de

Pax Americana
ist an die Vorherrschaft des Römischen Reiches in der Antike angelehnt. Damals sprach man von der Pax Romana (lat. pax = Frieden) und meinte einen Friedenszustand, der durch die Überlegenheit der römischen Waffen garantiert wurde.

Sieger im Kalten Krieg?

Nach den großen Veränderungen zwischen 1989 und 1991 wurde viel von der neuen amerikanisch-russischen Partnerschaft gesprochen. Wie am Ende des Zweiten Weltkrieges erschien es kurze Zeit so, als könnten die beiden Mächte den Weltfrieden dauerhaft sichern. Doch die Stärke Amerikas war zu groß. Seine Prinzipien von Demokratie und Marktwirtschaft hatten sich durchgesetzt. Politisch, wirtschaftlich und militärisch betrachtet, blieben nur die USA als Supermacht übrig. Somit sahen sich die meisten Amerikaner auch als Sieger des Kalten Krieges. Russland wollten sie nur die Rolle eines Juniorpartners zubilligen.

Die einzige Supermacht

Überall in der Welt traten die USA im Namen von Freiheit und Demokratie selbstbewusster denn je auf: am Persischen Golf, im Nahen Osten, im ehemaligen Jugoslawien und in vielen anderen Regionen der Erde. Sie weiteten ihren Einflussbereich ständig aus – wirtschaftlich aber auch militärisch. Mit Bulgarien, Polen, Rumänien, Tschechien, der Slowakei und Ungarn gehören dem westlichen Verteidigungsbündnis NATO nun Mitglieder des ehemaligen Warschauer Paktes an. 2004 sind sogar drei ehemalige Teilrepubliken der UdSSR beigetreten: Estland, Lettland und Litauen.
Die amerikanische Vorherrschaft hat aber auch ihre Grenzen erfahren: im zweiten Golfkrieg 2003. Die NATO-Partner Deutschland und Frankreich führten zusammen mit Russland diejenigen Staaten an, die den Krieg der USA gegen den Irak kritisierten. Immer mehr Menschen zweifeln seither am Sinn der amerikanischen Führungsrolle.

Neue Weltmächte als Konkurrenten?

Aus der heutigen Sicht könnten den USA in den nächsten Jahrzehnten zwei oder drei neue Gegenpole erwachsen: China und Indien haben ein riesiges Bevölkerungpotenzial. Dort leben zusammen etwa 2,4 Milliarden Menschen, gegenüber 290 Millionen in den USA. Beide Länder verfügen über ein enormes Wirtschaftswachstum. Auf der anderen Seite Eurasiens gibt es die Europäische Union mit etwa 450 Millionen Menschen und einer Wirtschaftskraft, die der amerikanischen schon jetzt überlegen ist.

Die US-Kultur – Leitbild für alle?

Niemals zuvor hat ein einziges Land über die Politik hinaus so viel Einfluss auf die anderen gehabt. Der Lebensstandard und die Lebensart der Amerikaner wirken anziehend. Filme aus der Traumfabrik Hollywood werden weltweit gesehen. Das Internet transportiert fast selbstverständlich amerikanische Ideen in alle Welt. Wer es nutzen will, muss Englisch lernen. Und doch: Mit dem wirtschaftlichen Aufstieg der asiatischen Völker wird es zu einer Rückbesinnung auf die eigenen Werte kommen. Die Kulturen Chinas und Indiens sind älter als die Europas und erst recht als diejenige der USA.

Q2 *Amerikas Übermacht skizzierte der Journalist Michael Naumann in der Wochenzeitung „Die Zeit" am 7. November 2002 so:*
Die prägende Erfahrung Europas, dessen tiefe Wunden nie vernarben werden, ist ein einziger Weltkrieg, der nicht erst 1939, sondern bereits 1914 begann und erst 1945 endete. Dieser Kontinent (...) hat sich aus der klassischen Machtpolitik verabschiedet, von Präventivstrategien [vorbeugende Strategien] ganz zu schweigen.
Die USA hingegen sind als Hypermacht [eine alles beherrschende Supermacht] bei sich und ihrer selbst definierten historischen Bestimmung angekommen. In einer Rede (...) sagte George W. Bush am 1. Juni 2002: „Amerika besitzt eine militärische Stärke, die von niemandem herausgefordert werden kann und die es bewahren wird." Für den amerikanischen Präsidenten ist die politische Geschichte der Menschheit dort, wo sie mit der Geschichte des Militärs, der Wafffen und der Kriege verknüpft war, zu ihrem (...) Ziel und Ende gekommen. Es heißt: United States of America. Die überbewaffnete Demokratie gibt sich als Sieger der Geschichte zu erkennen. Friede, genauer, Pax Americana herrscht aber erst dann, wenn alle anderen Nationen die Zwecklosigkeit von Nachrüstungen jeglicher Art erkannt haben.

Q4 *US-Soldaten nehmen im August 2004 die von Rebellen beherrschte Stadt Nadschaf im Südirak ein.* Nach dem 11. September 2001 hatte Präsident Bush die Terrororganisation Al-Qaida, den Iran, Nordkorea und den Irak zu einer „Achse des Bösen" erklärt. Im März 2003 griffen die USA den Irak an. Die Begründung: Der irakische Diktator Saddam Hussein verstecke Massenvernichtungsmittel, die die Welt bedrohten. Der zweite Golfkrieg löste weltweite Proteste aus.

Q3 *Der ungehinderte Zugang zu strategischen Rohstoffen ist ein zentrales Ziel der amerikanischen Politik. Darüber schrieb Ewald Stein 2004 in der Wirtschaftszeitung „Handelsblatt":*
Die Amerikaner haben ihre strategische Orientierung längst modifiziert [verändert]. Im Fokus steht dabei nur vordergründig der Nahe Osten. Der Blick muss weiter schweifen – in Richtung Zentralasien. Es locken die umfangreichen Öl- und Gasschätze rund um das Kaspische Meer, die vermutlich größten Reserven der Welt. (...)
Ein Blick auf die Landkarte ist aufschlussreich: In Pakistan und Afghanistan haben sich die US-Streitkräfte fest etabliert. Im Irak ist kein Ende der Truppenpräsenz absehbar. Die US-Kontingente in der Türkei werden durch noch in Deutschland stationierte Heeres- und Luftwaffenverbände verstärkt. (...) Im Indischen Ozean werden auf Diego Garcia und auf Guam im Pazifik sowohl die Luftstreitkräfte, darunter strategische Bomber, als auch Marineverbände konzentriert. (...) Über enge, überwiegend militärische Kooperationen mit autoritären Regimen in Kirgistan, Turkmenistan, Kasachstan, Tadschikistan oder auch Georgien will Washington sich dauerhaft in der Region positionieren. Es besteht nämlich die Gefahr, dass der heute noch größte Ölproduzent der Welt, Saudi-Arabien, politisch implodiert [indem das Herrschaftssystem zusammenbricht]. Deshalb muss aus US-Sicht Zentralasiens Energiereichtum als Alternative unter Kontrolle gebracht werden.

1. *Beschreibe die Weltmachtrolle der USA: politisch, militärisch, kulturell (VT, Q2–Q4).*
2. *Um welchen Rohstoff geht es in Q3? Welche Region der Welt steht im Mittelpunkt? Wie sichern die USA ihre Versorgung langfristig?*
3. *Wie sieht Michael Naumann in Q2 die Rolle der USA? Wie begründet er die Ablehnung des zweiten Golfkrieges durch viele europäische Staaten?*
4. *Im ersten Golfkrieg (1991) führten die USA im Auftrag der UNO Krieg gegen den Irak, weil dieser Kuwait besetzt hatte. Im zweiten Golfkrieg (2003) griffen die USA den Irak ohne ein Mandat der UNO an, weil dort angeblich Massenvernichtungswaffen gelagert wurden. Bewerte den jeweiligen Kriegsgrund.*

22 Aufbruch in Afrika und Asien – Kolonien werden selbstständig

Q 1 *Mahatma Gandhi zeigt den Gebrauch des Spinnrades,* Foto um 1930. Gandhi war von Beruf Rechtsanwalt und hatte in England studiert. Seit 1920 führte er den Befreiungskampf Indiens von der britischen Kolonialherrschaft an. Wenn seine Anhänger Eisenbahngleise besetzten, hielten sie ohne Gegenwehr den Stockschlägen der Polizei stand und ließen sich ohne jede Verteidigung einsperren.

Unabhängigkeitsbewegungen entstehen
Nicht nur in Deutschland und Europa gab es nach dem Zweiten Weltkrieg Auseinandersetzungen um das richtige Gesellschaftssystem. Auch in Afrika und Asien strebten die Menschen nach Freiheit und wehrten sich gegen ihre Kolonialherren. Um 1900 hatte mehr als die Hälfte der Erdoberfläche unter der Herrschaft der Europäer, US-Amerikaner und Japaner gestanden. Die größten Kolonialreiche besaßen England und Frankreich. Auch Deutschland hatte Kolonien, bis es sie im Versailler Vertrag von 1919 an die Siegermächte abtreten musste.
Nach dem Zweiten Weltkrieg entstanden in den meisten Kolonien nationale Unabhängigkeitsbewegungen. Ihre Führer waren häufig an Missionsschulen ausgebildet worden und hatten in Europa studiert. Dort wurde ihnen bewusst, dass die Europäer für sich Freiheit und Demokratie beanspruchten, diese Werte den Kolonialvölkern aber nicht zugestanden. Europäer und Amerikaner hatten auch immer wieder vom Selbstbestimmungsrecht der Völker gesprochen. Darauf verwiesen die Führer der Unabhängigkeitsbewegungen jetzt. In vielen Fällen wurde die Unabhängigkeit ohne Blutvergießen erreicht. Weltweite Anerkennung fand der gewaltlose Widerstand Mahatma Gandhis gegen die britische Kolonialherrschaft in Indien.

Indien – gewaltfreie Unabhängigkeit
Gandhi und seine Anhänger riefen dazu auf, jede Zusammenarbeit mit der Kolonialmacht einzustellen und keine Steuern mehr zu zahlen. Auch sollten Inder keine britischen Waren kaufen. Als dies geschah, setzte die Kolonialmacht Truppen gegen wehrlose Menschen ein. Gandhi wurde mehrmals inhaftiert. Er erzwang aber immer wieder seine Freilassung durch Hungerstreiks, weil die Briten befürchteten, dass sein Tod zu Aufständen der Bevölkerung führen würde.
1947 musste Großbritannien Indien schließlich in die Unabhängigkeit entlassen. Der Aufbau eines selbstständigen Staates wurde jedoch durch religiöse und ethnische Probleme erschwert: Auf dem indischen Subkontinent gehören die Menschen verschiedenen Religionsgemeinschaften und ethnischen Minderheiten an. So war man gezwungen, einen hinduistischen Staat – die Indische Union – und einen islamischen Staat – Pakistan – zu gründen.

Afrika – Krisen und Kriege
Auf dem afrikanischen Kontinent kam es bei der Gründung selbstständiger Staaten oft zu Konflikten. Eine Ursache dafür war, dass die ehemaligen Kolonialmächte oft willkürlich Landesgrenzen festgelegt hatten. Siedlungsgebiete einheimischer Völker wurden dadurch zerschnitten. Manche Volksgruppen fühlten sich im neuen Staat unterdrückt und wollten sich daher gewaltsam von ihm abtrennen.
Konflikte entstanden auch, weil Vorstellungen von Demokratie, Parlamentarismus und einem Rechtsstaat nur langsam Fuß fassen konnten. Oft wurden sie den Afrikanern von den Europäern einfach „übergestülpt". Die Folge war, dass nicht selten in afrikanischen Staaten autoritäre Regime die Macht an sich rissen.

A-Z

Dekolonisierung
meint den Vorgang der Loslösung und Befreiung von der Kolonialherrschaft. Der Weg der Kolonien in die Unabhängigkeit verlief unterschiedlich. Manchmal wurde die Souveränität erst nach jahrelangen erbitterten Kämpfen gegen die Kolonialmacht erreicht.

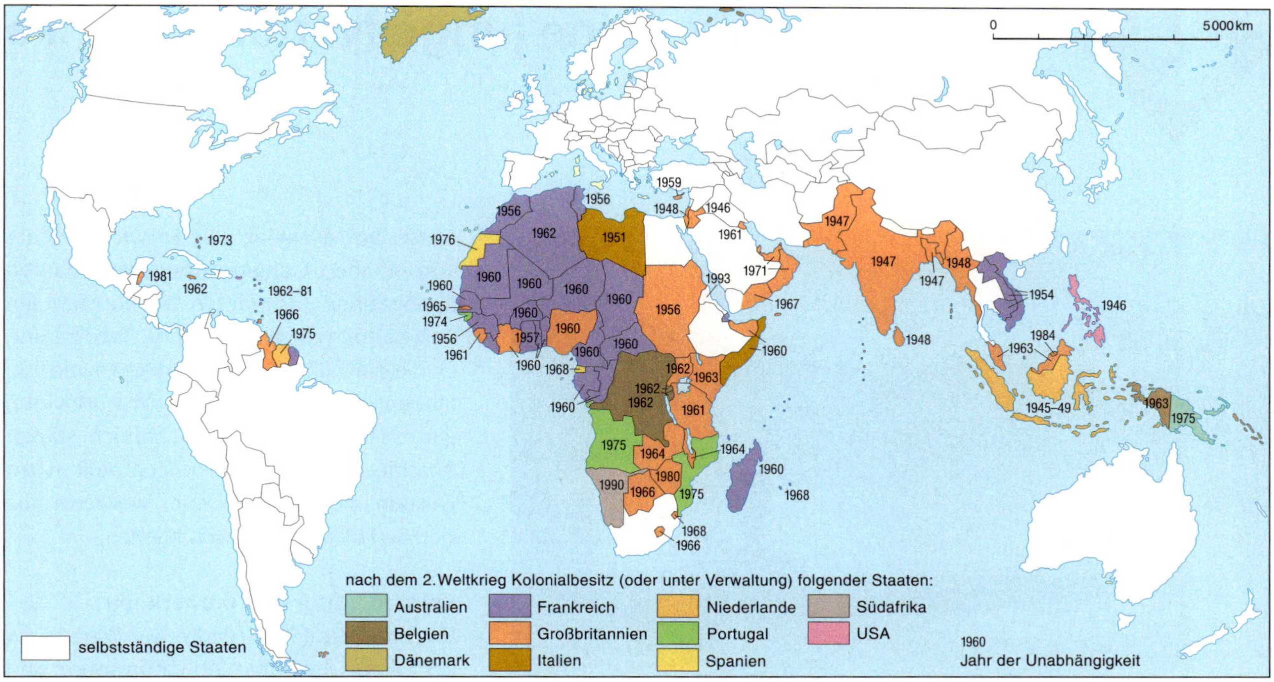

D 1 *Die Entkolonialisierung der Welt nach 1945*

Q 2 *Gandhi (1869–1948) fand durch die besondere Form des passiven Widerstandes weltweit Respekt. So zog er einmal mit seinen Anhängern zum Meer, um steuerfreies Salz zu gewinnen. In einem Artikel für die Zeitung „Navajiran" aus dem Jahr 1930 erläuterte Gandhi seine Methode:*

Was sind die Bedingungen, mag man fragen, die jeder erfüllen kann, um Sawaraj (= politische Unabhängigkeit) zu erlangen? Hier sind sie:

1. Jeder kann gegenüber der [britischen] Salzsteuer bürgerlichen Ungehorsam leisten. Dazu ist keine Schulung notwendig.

2. Jeder kann mit seinem Takli [Spindel] spinnen. Wenn Millionen anfangen, Baumwolle zu karden [zum Spinnen vorbereiten] und das Takli in Bewegung setzen, können wir so viel Khadi [grobe Baumwollkleidung] produzieren, wie wir brauchen. Lasst uns alle ausländischen Stoffe boykottieren und ausschließlich Khadi tragen.

Q 3 *Gandhi äußerte sich im Jahr 1946 über „die Welt von morgen":*

Die Welt von morgen wird eine, ja muss eine Gesellschaft sein, die sich auf Gewaltfreiheit gründet. Das ist das erste Gesetz; aus diesem werden alle anderen guten Taten hervorgehen. Dies mag ein entferntes Ziel sein. (...) Ein Einzelner kann den Lebensstil der Zukunft praktizieren, den gewaltfreien Weg, ohne auf andere warten zu müssen. Und wenn es ein Einzelner kann, können es nicht auch Gruppen, ganze Nationen? (...) Gleiche Verteilung – das zweite große Gesetz der Welt von morgen, wie ich sie sehe – erwächst aus der Gewaltfreiheit. Es besagt nicht, dass die Güter der Welt willkürlich aufgeteilt werden müssen, sondern dass jedermann die erforderlichen Mittel erhält, um seine natürlichen Bedürfnisse zu befriedigen, nicht mehr. (...)

In der Welt von morgen sehe ich keine Armut, keine Kriege, keine Revolutionen, kein Blutvergießen. In dieser Welt wird es einen Glauben an Gott geben, der größer und tiefer als jemals zuvor ist.

1 *Welche Mittel benutzte Gandhi, um die britische Kolonialherrschaft in Indien zu beenden (VT, Q1, Q2)?*

2 *Worin besteht Gandhis optimistische Sicht auf die Zukunft (Q3)? Diskutiert seine Haltung.*

3 *Die beiden Atommächte Pakistan und Indien sind seit 1947 miteinander verfeindet. Besorge dir Informationen zu dem Konflikt und halte darüber vor der Klasse einen Kurzvortrag.*

23 Nigeria – eine junge Nation in Afrika

Q 1 *Brennende Gasfackel im Nigerdelta.* Dort wo der Niger in den Atlantischen Ozean fließt, liegt das wirtschaftliche Herz Nigerias. Rund 90 Prozent der Exporteinnahmen des Landes stammen aus dem Verkauf des Erdöls, das internationale Firmen hier fördern. Kaum irgendwo sonst auf der Welt verursacht die Ölwirtschaft größere Umweltschäden. Unzählige Ölpfützen verseuchen das Trinkwasser, lassen die Fische sterben und haben die einst blühende Landwirtschaft im Nigerdelta zerstört.

A-Z

Ethnien
sind Volksgruppen beziehungsweise Stämme mit eigener Kultur und Sprache.

Das Ende der Kolonialherrschaft

Am Ende des Zweiten Weltkrieges gab es in Afrika vier unabhängige Länder: Ägypten, Äthiopien, Liberia und Südafrika. Zwanzig Jahre später waren von den ehemaligen Kolonialreichen nur Reste übrig. Allein im „afrikanischen Jahr 1960" entstanden in wenigen Monaten 17 neue Staaten; darunter auch Nigeria, das bevölkerungsreichste Land Afrikas. Der Staat ist so groß wie Frankreich und Deutschland zusammen und hat heute eine Bevölkerung von 135 Millionen.

Ein künstlicher Staat

Die Grenzen Nigerias waren von der Kolonialmacht Großbritannien willkürlich gezogen worden und schlossen etwa 300 Ethnien mit unterschiedlichen Sprachen ein. Nur ein Teil der Bevölkerung konnte sich in der Amtssprache Englisch verständigen. Große Rivalität herrschte von Anfang an unter den großen Bevölkerungsgruppen der Haussa-Fulani im Norden, der Yoruba im Südwesten und der Igbo im Südwesten.
Schon vor der britischen Herrschaft gab es kriegerische Auseinandersetzungen zwischen diesen Völkern. Mit der Kolonialzeit endeten die Stammeskriege, doch die Gegensätze verschärften sich. Die Engländer waren vor allem an der Entwicklung der küstennahen Gebiete interessiert, bauten Eisenbahnen, gründeten Missionsschulen und banden die einheimische Bevölkerung in die britische Kolonialwirtschaft ein. So fanden die Stämme der Yoruba und Igbo wirtschaftlich und gesellschaftlich stärker Anschluss an die moderne Zeit. Außerdem wurden sie christianisiert, während die Haussa-Fulani muslimisch blieben.

Militärdiktatur und Bürgerkrieg

Bis Mitte der 1960er-Jahre war Nigeria ein demokratischer Staat. Aber Korruption und Stammesrivalitäten hatten das Land in den Ruin getrieben. 1966 übernahm General Ironsi die Macht und errichtete eine Militärdiktatur. Ein Jahr später ermordeten Offiziere des Stammes Haussa den Regierungschef Ironsi, der dem Stamm Igbo angehörte. Das Stammesgebiet der Igbo im Südosten des Landes spaltete sich ab. Die Igbo riefen die Republik Biafra aus. Ein dreijähriger Bürgerkrieg folgte, der schätzungsweise eine Million Opfer forderte. Auch in den folgenden Jahrzehnten erschütterten Militärdiktaturen und Bürgerkriege das Land.

Arm in einem reichen Land

Nigeria ist reich an Erdöl- und Erdgasvorkommen. Beide Rohstoffe brachten dem Land seit dem Ölboom der 1970er-Jahre immense Einnahmen. Doch der Großteil wurde für unsinnige Prestigeprojekte wie Stahl- und Aluminiumwerke, Rüstungsvorhaben und für den Ausbau der neuen Hauptstadt Abuja ausgegeben. Riesige Summen verschwanden in den Privatschatullen von Militärs, Politikern und Beamten.
Seit 1999 wird Nigeria wieder durch einen demokratisch gewählten Präsidenten regiert. Aber es gibt immer noch Wahlfälschungen und schwere Verstöße gegen die Verfassung und die Menschenrechte.

Q2 *Die Geschäfte internationaler Ölkonzerne in Nigeria beurteilte die Umweltorganisation Greenpeace im Jahr 2003 so:*

Ein halbes Jahrhundert lang [haben] westliche Konzerne die Ölprovinzen Nigerias ausgebeutet und die gigantischen Gewinne allenfalls mit den Machthabern in der Hauptstadt geteilt, die im Gegenzug die Bevölkerung niederhielten. General Sani Abacha beispielsweise, der Nigeria von 1993 bis 1998 als Diktator beherrschte, häufte in seiner Regierungszeit ein Privatvermögen von drei Milliarden Dollar an, was ihn zu einem der wohlhabendsten Männer der Erde machte. Der örtlichen Bevölkerung brachte der Ölreichtum ihrer Heimat dagegen nichts als Armut, Umweltzerstörung und Unterdrückung. (...)

Allen angeblichen Verbesserungen zum Trotz treiben immer wieder schwarze Ölteppiche auf den Flüssen und Bächen. Schuld sind mal politische Saboteure, mal Diebe, die Öl aus angebohrten Pipelines auf dem Schwarzmarkt verkaufen wollen, und immer wieder die Ölkonzerne selbst, die nach wie vor kaum in die Instandsetzung ihrer Anlagen investieren. Überall im Delta flackern zudem Hunderte von Gasfackeln. An kaum einem anderen Ort der Welt wird das Gas, das an den Förderstätten mit dem Öl aus der Erde kommt, einfach verbrannt. Denn die Verschwendung des wertvollen Rohstoffes trägt erheblich zum globalen Treibhauseffekt bei und heizt die Umgebung um bis zu zehn Grad auf. Hitze, Ruß und saurer Regen schädigen die Gesundheit der Anwohner und zerstören die Vegetation in weitem Umfeld.

Q3 *Über die Ausbreitung der Gewalt in Nigeria berichtete die österreichische Tageszeitung „Der Standard" im Jahr 2002:*

Spätestens seit dem Ende der Militärdiktatur im Jahr 1999 verschärfen sich in Nigeria, dem bevölkerungsreichsten Staat Afrikas, die Konflikte zwischen den Völkern. Eine unerhörte Welle der Gewalt rollt durch das Land. Auf den ersten Blick scheinen die blutigen Unruhen ethnisch motiviert zu sein; doch das ist nur die halbe Wahrheit: Die Menschen kämpfen um ein besseres Leben, um Perspektiven für die Zukunft. Die Bevölkerung des an sich reichen Ölstaates verarmt zunehmend. Immer weniger Nigerianer haben die Chance, sich zu bilden. Immer mehr frustrierte, arbeitslose Jugendliche dominieren die Unterschicht in den Städten. (...)

Viele muslimische Jugendliche werden von ihren traditionellen oder religiösen Führern aufgehetzt, von denen etliche offen mit Osama bin Laden sympathisieren. Erst vor wenigen Tagen nahm die nigerianische Polizei zehn pakistanische Prediger fest, die zu Gewalt und Terror gegen die Regierung und die USA aufriefen. Die durchschnittlich besser gebildeten und geschäftstreibenden Christen verteidigen ihre Besitztümer mit aller Gewalt gegen die Muslime, die Auseinandersetzungen bekommen meist eine tödliche Dynamik.

Q4 *Kinder spielen auf angerosteten Ölpipelines.* Die Rohre ziehen sich über zigtausende Kilometer durch das Land, teils in unmittelbarer Nähe von Wohngebieten.

1. *Nenne Gründe, die den Aufbau eines selbstständigen und demokratischen Nigeria erschweren.*
2. *Welche Folgen hat der Ölboom in Nigeria für*
   a) die Herrschenden in Nigeria und für die übrige Bevölkerung,
   b) die Ölkonzerne,
   c) die Umwelt (Q1, Q2, Q4)?
3. *Was sind die Ursachen für die zunehmende Gewalt in der nigerianischen Gesellschaft (Q3)?*
4. *Setze dich in diesem Zusammenhang mit der These auseinander: „Die blutigen Unruhen liegen in ethnischen und religiösen Motiven begründet."*

24 Abschluss
Die letzten 60 Jahre

Verschiedene Ereignisse und Prozesse haben die Geschichte nach dem Ende des Zweiten Weltkrieges bis zur Gegenwart geprägt:

- die Spaltung der Welt in zwei sich feindlich gegenüberstehende Machtblöcke und der damit verbundene Kalte Krieg zwischen West und Ost,
- die gegensätzliche Entwicklung in den beiden deutschen Staaten,
- der Untergang des Sozialismus in Europa und das Ende des Kalten Krieges,
- der weltweite Kampf um Frieden und gegen Hunger und Elend,
- das Ringen der Europäer um Einheit und der Deutschen um Wiedervereinigung.

Auf diesen zwei Seiten hast du Gelegenheit, dein Wissen über das Geschehen der letzten 60 Jahre zu überprüfen.

Kopiere die Vorlage des nebenstehenden Rätsels. Finde die passenden Begriffe für die Umschreibungen und schreibe sie unter der entsprechenden Nummer in die Vorlage. Wenn du die Buchstaben der markierten Spalte von oben nach unten liest, erfährst du, auf welchem Gebiet die Europäer – und damit auch die Deutschen – große Fortschritte erzielt haben.

Tipp: Das Bild auf dieser Seite steht in engem Zusammenhang mit dem gesuchten Lösungswort.

1 Deutscher Bundeskanzler, der für die Aussöhnung mit Frankreich eintrat. **2** Gesellschaftssystem, das die Ostblockländer anstrebten. **3** US-Präsident, nach dem ein wichtiges Dokument bezeichnet wurde. **4** Russische Bezeichnung für den Begriff „Offenheit in der Gesellschaft". **5** Europäische Institution, 1949 gegründet. **6** Lateinischer Name für die Unabhängigkeit eines Staates. **7** In dieser Stadt wurde 1975 die KSZE-Akte verabschiedet. **8** Sowjetischer Staatsmann, der die „friedliche Koexistenz" propagierte. **9** Britischer Politiker, der für die europäische Einheit eintrat. **10** In dieses Land marschierten 1979 sowjetische Truppen ein. **11** Französischer Staatspräsident (zwei Wörter). **12** Staats- und Parteichef in der DDR. **13** Bevölkerungsreichstes Land in Afrika. **14** Ablösung der Reichsmark durch die Deutsche Mark in den Westzonen und West-Berlin 1948. **15** Hilfsprogramm der USA für Europa. **16** Diese Institution regelte in den neuen Bundesländern die Überführung der Staatsbetriebe in private Unternehmen. **17** Ereignis in der Karibik, das beinahe einen Atomkrieg ausgelöst hätte. **18** Sowjetischer Staatsmann, der sich um die Wiedervereinigung Deutschlands verdient gemacht hat.

Kopiere die Vorlage des nebenstehenden Rätsels. Finde die passenden Begriffe für die Umschreibungen und schreibe sie unter der entsprechenden Nummer in die Vorlage. Wenn du die Buchstaben der markierten Spalte von oben nach unten liest, weißt du, für welchen Begriff das Bild auf dieser Doppelseite symbolhaft steht.

Methodenglossar (Band 1)

Informationen präsentieren: die Wandzeitung (Band 1, S. 22)

1. Informationen auswählen und darstellen:
   - Welche Informationen sind wichtig, welche können weggelassen werden?
   - Überlege, wie du diese Informationen darstellen möchtest (eigene Zeichnungen und Texte oder Material aus Büchern).
2. Gestaltung der Wandzeitung:
   - Schrift:
     Sie muss groß und gut lesbar sein.
     Überlege, ob du Druck- oder Schreibschrift verwendest.
     Die Schriftfarbe muss erkennbar sein.
     Nicht mehr als zwei Farben verwenden.
   - Fotos/Bilder:
     Geeignete großformatige Bilder auswählen.
     Bildunterschriften verfassen.
     Anordnung der Bilder festlegen.
   - Texte:
     Kurze, übersichtliche Texte mit einer klaren Gliederung verfassen.
     Gute Überschriften überlegen, die zum Weiterlesen verlocken.
   - eigene Zeichnungen:
     Welche Informationen kannst du per Zeichnung darstellen?

   TIPP: Skizziere zunächst auf einem Blatt Papier, wie das Plakat später aussehen soll.
3. Benötigtes Material:
   - Welches Material (Stifte, Lineal, Papier, Pappe, Tapete, Klebstoff, Schere,...) wird gebraucht?
4. Wandzeitung erstellen:
   - Bei Gruppenarbeit festlegen, wer welche Aufgaben übernimmt:
     Wer schreibt, wer zeichnet, wer kümmert sich um die Bilder (großformatig kopieren, ausschneiden, aufkleben usw.), wer achtet auf die Zeit?

   TIPP: Bilder und Texte erst lose auflegen und dann aufkleben!
5. Ergebnisse präsentieren:
   - Wandzeitung für den Vortrag nutzen.
   - Vorher überlegen, welches Thema wie ausführlich erklärt wird.

Vom Fund zur Rekonstruktion (Band 1, S. 34)

1. Beschreibe den ursprünglichen Fund: Wie viel war von dem Gegenstand oder Gebäude erhalten und in welchem Zustand war der Fund?
2. Vergleiche die Rekonstruktion mit dem Fund. Was wurde originalgetreu wiedergegeben? An welchen Stellen hat der Archäologe etwas hinzugefügt?
3. Betrachte die Rekonstruktion kritisch: Was konnte der Archäologe wissen, wo musste er dagegen Vermutungen anstellen? Hat er vielleicht auch an manchen Stellen seine Fantasie spielen lassen?

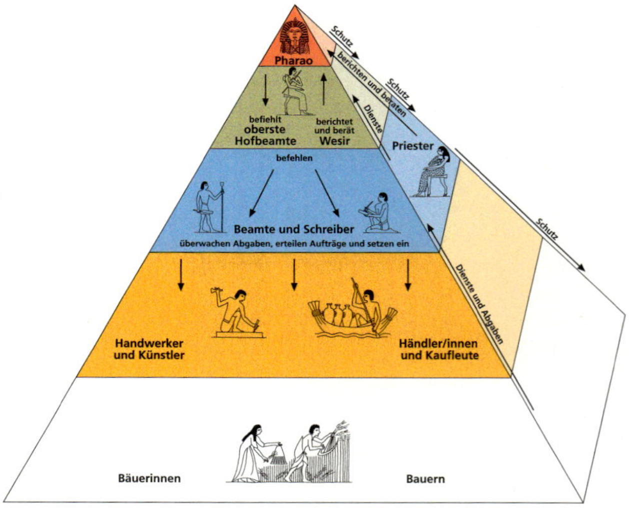

Ein Schaubild verstehen (Band 1, S. 62)

1. Stell fest, welches Thema das Schaubild behandelt. Die Legende verrät es dir.
2. Untersuche, warum einzelne Teile des Schaubildes in verschiedenen Farben dargestellt sind.
3. An welchen Stellen werden Pfeile und Linien verwendet? Was sagen sie über die Beziehungen zwischen den Personen aus?
4. Warum eignet sich die Form einer Pyramide besonders gut, um die ägyptische Gesellschaft darzustellen? Kannst du dir noch eine andere Form vorstellen?

Schriftliche Quellen auswerten (Band 1, S. 82)

Fragen zum Text:

1. Worum geht es in dem Text? Welche Orte, Personen oder Gruppen werden genannt?
2. Gibt es Wörter oder Sätze, die du nicht verstehst? Schlage in einem Wörterbuch nach oder frage deine Lehrerin bzw. deinen Lehrer.
3. Unterteile den Text in einzelne Abschnitte und verfasse für jeden eine kurze Überschrift.

Fragen zum Verfasser:

4. Wer hat den Text verfasst?
5. Kannst du erkennen, an wen sich der Schreiber mit seinem Text wendet?
6. Schreibt der Verfasser über Dinge, die er selbst erlebt hat, oder woher hat er seine Kenntnisse?
7. Mit welcher Absicht mag der Verfasser den Text geschrieben haben?

Geschichtskarten lesen und auswerten (Band 1, S. 114)

1. Über welches Thema gibt die Karte Auskunft? Beachte dafür die Überschrift und die Legende.
2. Welcher Raum wird gezeigt? Welche Orte werden hervorgehoben?
   Vergleiche im Geografie-Atlas, um welches heutige Gebiet es sich handelt.
3. Über welche geschichtliche Zeit informiert die Karte? Bezieht sie sich auf ein bestimmtes Jahr, auf einen kurzen oder langen Zeitabschnitt?
   Werden unterschiedliche Zeitstufen dargestellt?
4. Beachte die Legende. Was bedeuten die Zeichen, Farben, Linien und Pfeile in der Karte?

Bilder zum Sprechen bringen (Band 1, S. 128)

1. Betrachte das Bild als Ganzes.
   - Was zeigt das Bild?
   - Was fällt besonders auf?
   - Kläre unbekannte Begriffe.
   - Notiere dir erste Fragen.
2. Beschreibe Einzelheiten des Bildes.
   - Welche Personen oder Gegenstände sind dargestellt?
   - Welche Situationen sind zu erkennen?
   - Welche Farben wurden gewählt? Haben sie eine bestimmte Bedeutung?
3. Ordne Zusammenhänge ein.
   - Was lässt die Anordnung der Personen oder Gegenstände erkennen?
   - Gibt es eine Rangfolge?
   - In welcher Verbindung stehen die Personen zueinander?
4. Deute den Inhalt und die beabsichtigte Wirkung.
   - Wer hat das Bild gemalt? Für wen?
   - Was möchte der Künstler dem Betrachter mitteilen?
   - Zu welcher Gelegenheit ist es entstanden?
   - Ist die Darstellung naturgetreu?
   - Welche Symbole enthält das Bild?

Methodenglossar (Band 2)

Bilder als Geschichtsquelle (Band 2, S. 36)

1. Betrachte das Bild in Ruhe und mache dir erste Gedanken:
   - Was zeigt das Bild?
   - Was fällt dir auf?
   - Welche Teile des Bildes sind besonders interessant?
   - Was verstehst du nicht?
2. Beschreibe das Bild genau:
   - Um welche Art von Bild handelt es sich?
   - Was ist dargestellt? Welche Situation bzw. Situationen sind auf dem Bild festgehalten?
   - Welche Farben und Formen tauchen in dem Bild besonders oft auf?
3. Versuche, das Bild zu deuten. Vielleicht benötigst du hierfür zusätzliche Informationen:
   - Wer hat das Bild gemalt?
   - Was möchte der Künstler dem Betrachter mit diesem Bild mitteilen?
   - Warum hat der Maler gerade diese Personen und Ereignisse für sein Bild ausgewählt?
   - Ist die Darstellung naturgetreu?
   - Hat der Künstler in der Zeit gelebt, die er auf dem Bild dargestellt hat?

Historische Karten untersuchen (Band 2, S. 80)

1. Aus welcher Zeit stammt die Karte?
2. Welche Kontinente und Länder sind dargestellt?
3. Gibt es Einzelheiten, die besonders hervorgehoben sind?
4. Über welche Kenntnisse verfügte der Zeichner, was war ihm dagegen noch nicht bekannt?
5. Zu welchem Zweck wurde die Karte angefertigt?
6. Welche geografischen, politischen oder religiösen Vorstellungen der damaligen Zeit lassen sich aus der Karte ablesen?

Schriftliche Quellen vergleichen (Band 2, S. 68)

1. Stell möglichst genau fest, was in den Quellen steht und wer sie geschrieben hat.
   (Du kannst das Verfahren aus Zeitreise 1, Seite 82/83 dafür anwenden.)
2. Stell fest, womit sich die Texte/Autoren gemeinsam befassen bzw. was beide erklären wollen.
3. Liste stichwortartig auf, worin sie übereinstimmen.
4. Liste nun für jeden Text/Autor getrennt auf, was er
   a) zusätzlich und
   b) ganz anders als der andere berichtet. So erkennst du, wo sich die Berichte ergänzen und wo sie sich widersprechen.
5. Überlege bei den Widersprüchen, welcher Text/Autor dir glaubwürdiger erscheint.
6. Fasse die Ergebnisse deines Vergleichs in einem Bericht darüber zusammen, was sich damals wahrscheinlich zugetragen hat.

Stadtpläne erzählen aus der Geschichte (Band 2, S. 44)

1. Wo liegt der älteste Siedlungskern?
2. Wie entwickelte sich die Stadt in den folgenden Jahrhunderten?
3. Welche besonderen Gebäude und Sehenswürdigkeiten erkennst du?
4. Wann wurden diese Gebäude gebaut und welche Funktion hatten sie?
5. Was sagen die Namen von Straßen, Plätzen und Vierteln über ihre (frühere) Bedeutung aus?
6. Wie verlief wohl das wirtschaftliche, kirchliche und gesellschaftliche Leben in der Stadt?

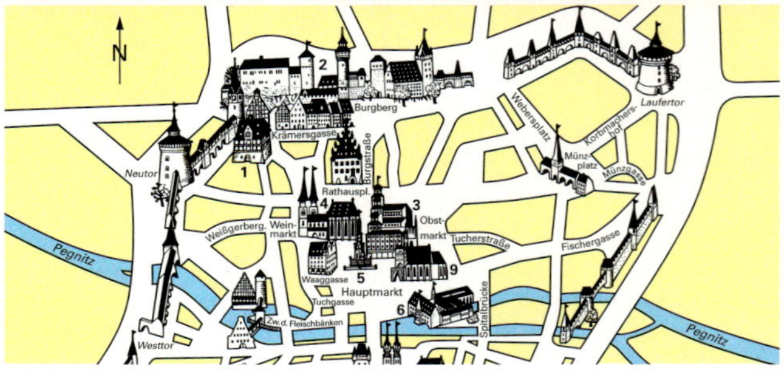

Eine Pro-Contra-Diskussion führen (Band 2, S. 90)

1. Wählt einen Diskussionsleiter/eine Diskussionsleiterin.
2. Bildet zwei Gruppen, die jeweils entgegengesetzte Meinungen vertreten.
3. Gebt den Gruppen Zeit um ihre Argumente zu sammeln.
4. Stimmt darüber ab, wer für die eine Meinung ist und wer für die andere. Haltet das Ergebnis fest.
5. Hört euch die Argumente der beiden Gruppen an und stellt ihnen anschließend Fragen.
6. Stimmt noch einmal zu den gegensätzlichen Meinungen ab.
7. Wertet die Diskussion aus:
   - Welche Argumente waren überzeugend, welche nicht?
   - Hat sich das Abstimmungsergebnis verändert und wenn ja, warum?

Eine Kurzbiografie schreiben (Band 2, S. 112)

1. Sammle Informationen zu Taten, Ereignissen, Erlebnissen im Leben da Vincis. Schreibe sie zunächst einzeln in Stichwörtern auf Notizblätter oder Karteikarten auf; hebe dabei Angaben zu Zeit, Ort und Geschehen hervor. Dann kannst du später die Blätter bzw. Karten leicht in eine bestimmte Reihenfolge bringen. Beginne deine Sammlung mit den Informationen, die dir das Buch hier und in Kapitel 2 bietet. (Für eine Kurzbiografie reichen sie eigentlich schon. Weitere Informationen über da Vinci findest du im Internet sowie in Lexika und anderen Büchern.)
2. Bringe die Blätter bzw. Karten in eine zeitliche Reihenfolge.
3. Formuliere nun aus den so geordneten Angaben zu Zeit, Ort und Geschehen sowie den dazu gehörenden Stichwörtern einen Text. Beachte, dass er klar machen muss, warum da Vinci eine bedeutende Persönlichkeit war.

Ein Verfassungsschema interpretieren (Band 2, S. 158)

Das Schema nach Gruppen und Personen zerlegen

1. Wie ist das Schema gegliedert? Lassen sich verschiedene Blöcke, Farben und Symbole erkennen?
2. Wie sind die Blöcke miteinander verbunden? Welche Richtung und Bedeutung haben Pfeile und Linien?
3. Gibt es Begriffe, die du im Lexikon nachschlagen musst?

Verfassungsmerkmale Machtausübung, Gesetzgebung und Rechtsprechung

4. Wer darf Gesetze vorschlagen? Wer arbeitet sie aus? Wer erlässt sie?
5. Wer sorgt dafür, dass Regierung und Bürger sich an die Gesetze halten?
6. Wer regiert den Staat, d.h. übt Macht mithilfe der Gesetze aus?
7. Wer kann durch seinen Einspruch dafür sorgen, dass ein Gesetz vorläufig nicht in Kraft treten darf? Wer darf Gesetze sogar rückgängig machen?
8. Gibt es Grundrechte, die kein neues Gesetz verletzen darf?

Verfassungsmerkmal Wahl

9. Welche Ämter werden durch Wahl besetzt, welche nicht?
10. Wer darf wählen, wer nicht? Wer darf gewählt werden?

Verfassungsmerkmale Machtverteilung und Machtkontrolle

11. Welche Macht haben die verschiedenen Personen bzw. Gruppen im Staat? Wo ist besonders viel Macht konzentriert?
12. Wo sind „Sicherungen" in der Verfassung eingebaut, damit Einzelne ihre Macht nicht missbrauchen können (z. B. um eine Diktatur zu errichten)?

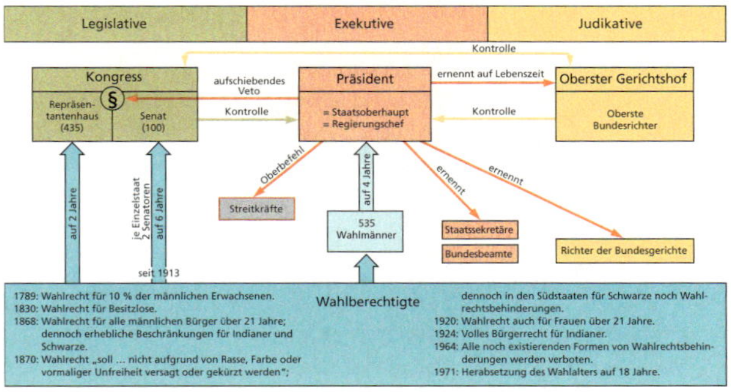

Herrscherbilder zum Sprechen bringen (Band 2, S. 136)

1. Betrachte das Bild und notiere deinen ersten Eindruck.
2. Untersuche das Bild genau:
   - Wie ist der Herrscher auf dem Bild platziert?
   - Wie ist seine Haltung?
   - Welche Herrschaftszeichen finden sich und was bedeuten sie?
   - Welche Farben sind verwendet und wie wirken sie?
3. Finde heraus, wer das Bild gemalt hat und wer der Auftraggeber war.
4. Betrachte das Bild kritisch: Welche Wirkung soll es beim Betrachter erzielen? Wie sieht sich der dargestellte Herrscher selbst?

Methodenglossar (Band 3)

Karikaturen richtig deuten (Band 3, S. 14)

1. Aus welcher Zeit stammt die Karikatur? Wer hat sie gezeichnet?
2. Welche Szene zeigt das Bild? Welche Gegenstände, Sachverhalte, Tiere oder Personen werden abgebildet?
3. Wo weicht der Künstler oder die Künstlerin von der Wirklichkeit ab? Was ist also übertrieben oder verzerrt dargestellt?
4. Welche Symbole erkennst du? Erkläre ihre Bedeutung.
5. Gegen wen richtet sich die Kritik? Wird zum Beispiel eine Person verspottet oder werden gesellschaftliche Verhältnisse kritisiert?
6. Versuche, die Aussage der Karikatur in einem Satz zusammenzufassen.
7. Überlege, welche Wirkung der Zeichner beim Betrachter erzielen wollte:
   Welches Publikum sollte angesprochen werden?
   Ergreift der Karikaturist für eine Person oder eine Sache Partei?
   Wie wirkt die Karikatur auf dich?

Historienmalerei – gemalte Geschichte? (Band 3, S. 28)

Fragen zur Person des Malers und zur Person des Auftraggebers

1. Wer war der Maler des Bildes? Wann hat er gelebt?
2. Wer war der Auftraggeber? Welche Position hatte er inne?

Fragen zu den dargestellten Ereignissen und Personen

3. Was ist auf dem Gemälde zu sehen? Wie sind die Personen dargestellt?
4. Welche Personen oder Handlung stellt der Maler in den Mittelpunkt?
5. Hat der Maler das Dargestellte selbst gesehen oder haben ihm andere davon berichtet?

Fragen zur Wirkung

6. Wie setzt der Maler Farben oder den Wechsel von Licht und Schatten ein, um eine bestimmte Wirkung zu erzielen?
7. Welchen Eindruck wollte der Maler oder Auftraggeber dem Betrachter vermitteln?
8. Wie wirkt das Gemälde auf dich selber?

Politische Lieder (Band 3, S. 54)

1. Wann ist das Lied entstanden?
2. Wer hat den Text geschrieben?
3. Um welche Ereignisse und Personen geht es in dem Lied?
4. Was sagt der Titel des Liedes aus?
5. Wie klingt der Text – anklagend, ironisch, aufrührerisch oder spöttisch?
6. Wie wirkt das Lied insgesamt auf dich?
7. Was hat der Verfasser mit diesem Lied beabsichtigt?

Aus den „unpolitischen Liedern" von Heinrich Hoffmann von Fallersleben, 1841:

Wie ist doch die Zeitung interessant
für unser liebes Vaterland!
Was haben wir heute nicht alles vernommen!
Die Fürstin ist gestern niedergekommen,
und morgen wird der Herzog kommen,
hier ist der König heimgekommen,
dort ist der Kaiser durchgekommen –
bald werden sie alle zusammenkommen –
wie interessant! Wie interessant!
Gott segne das liebe Vaterland!

Statistiken auswerten (Band 3, S. 78)

1. Thema erfassen:
   - Um welchen Sachverhalt geht es? (Meistens steht es in der Überschrift oder in der Legende.)
   - Welchen Zeitraum umfassen die Zahlenangaben?
2. Inhalt und Darstellungsform beschreiben:
   - Wie wird das statistische Material dargestellt: als Tabelle oder Grafik, in absoluten Zahlen oder in Prozent angaben?
   - Sind die Zahlen übersichtlich zusammengestellt und vollständig (Maßstab, Datenmenge)?
3. Statistik auswerten:
   - Was sagen die angegebenen Daten genau aus?
   - Lassen sich Entwicklungen ablesen?
   - Gibt es Zusammenhänge mit anderen Informationen oder Materialien?
   - Inwiefern hat die Statistik neue Erkenntnisse hervorge bracht?
4. Statistik kritisch betrachten:
   - Beruhen die Zahlen auf Schätzungen oder auf genauen Zählungen?
   - Gibt es Zweifel am Wahrheitsgehalt der Aussagen?

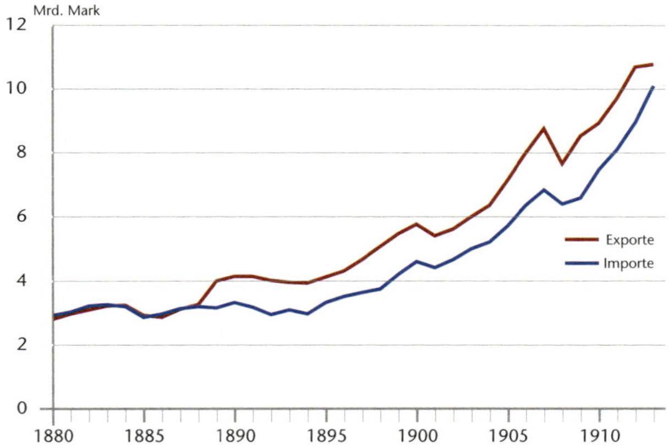

Fotografien als Geschichtsquellen betrachten (Band 3, S. 136)

1. Betrachte das Foto genau und beschreibe die Einzelheiten.
2. Fasse zusammen, welche konkrete Situation der Fotograf auf dem Bild festgehalten hat.
3. Überlege, zu welchem Zweck das Foto aufgenommen wurde. Ist es ein Pressefoto oder eine private Aufnahme?
4. Beschreibe die Wirkung des Fotos. Welche Einzelheiten hat der Fotograf besonders hervorgehoben; welche Stimmung herrscht auf dem Bild?
5. Betrachte das Foto kritisch. Trifft der Fotograf eine bestimmte Aussage? Will er sachlich informieren oder eine bestimmte Wirkung beim Betrachter erzielen?

Kriegerdenkmäler befragen (Band 3, S. 142)

1. Beschreibe das Denkmal genau. Was ist dargestellt, welche Einzelheiten fallen auf?
2. Wie wirkt das Denkmal auf dich? Zeigt es wirkliche Menschen oder Helden? Werden Gefühle wie Trauer und Schmerz sichtbar oder verkörpern die Figuren Heldenmut und Stärke?
3. Gibt es eine Inschrift und was sagt sie aus?
4. An welchem Ort ist das Denkmal aufgestellt? Hat dieser Platz eine besondere Bedeutung für die Stadt?
5. Informiere dich über die Entstehungsgeschichte des Denkmals. Aus welchem Anlass wurde es errichtet, wer hat den Auftrag dazu gegeben und wer hat es geschaffen?
6. Versuche, die Botschaft des Denkmals zu formulieren. Kannst du ihr zustimmen?

Methodenglossar (Band 4)

Politische Plakate analysieren (Band 4, S. 38)

Um Botschaft und Absicht eines politischen Plakates zu ergründen, ist es sinnvoll, dessen Wort- und Bildsprache zu analysieren:

1. Kläre die Hintergründe:
   - Von wem stammt das Plakat, an wen richtet es sich?
   - Wann und aus welchem Anlass ist es entstanden?
2. Beschreibe das Plakat genau:
   - Welche Personen, Gegenstände, Situationen sind abgebildet?
   - Wie lautet der Text des Plakates?
3. Untersuche die Gestaltungsmittel:
   - Wie sind die Personen dargestellt (Aussehen, Gesichtszüge, Körpersprache)?
   - Welche Symbole werden eingesetzt? Wofür stehen sie?
   - Welche Farben und Schriftzüge werden verwendet? Welche Wirkung wird damit erzielt?
   - Arbeitet das Plakat mit Argumenten, Gefühlen, Feindbildern?
4. Bewerte das Plakat:
   - In welcher Beziehung steht das Plakat zur damaligen politischen Situation?
   - Was will die Partei mit dem Plakat erreichen?
   - Was erfährt man durch das Plakat über die Partei und ihre Politik?

Historische Reden untersuchen (Band 4, S. 86)

Ob und wie eine historische Rede als Geschichtsquelle genutzt werden kann, hängt nicht zuletzt davon ab, welches Quellenmaterial zur Verfügung steht. Liegt die Rede in schriftlicher Form vor, können folgende Aspekte untersucht werden:

- Geschichtlicher Hintergrund:
  - Wer hat die Rede wann und wo gehalten?
  - Was war der Anlass für die Rede? An wen richtet sie sich?
- Inhalt:
  - Worum geht es in der Rede?
  - Was sind die wichtigsten Aussagen?
- Sprache und Stil:
  - Wie ist die Rede gegliedert?
  - In welcher Reihenfolge werden die Argumente vorgetragen?
  - Welche sprachlichen Mittel werden verwendet? Welche Funktion haben sie?
  - Ist die Rede als Monolog oder als Dialog mit dem Publikum aufgebaut?

Liegt die Rede als Ton- bzw. Bilddokument vor, können folgende Ebenen zusätzlich in die Analyse miteinbezogen werden:

- Gestik, Mimik und Stimme des Redners
- Rhythmus des Vortrags (Tempo, Betonung, Pausen)
- Reaktionen der Zuhörer

Am Ende der Untersuchung steht die Bewertung der Rede:
- Welche Ziele verfolgt der Redner?
- Wie lässt sich die Rede in die damalige politische Situation einordnen?

Zeitzeugen befragen (Band 4, S. 144)

1. Vorbereitung:
   - Überlegt, welche Person am besten geeignet ist, euch Auskunft zu dem von euch gewählten Thema zu geben.
   - Erarbeitet gemeinsam Fragen für das Interview.
2. Befragung:
   - Schafft für das Interview eine vertrauliche Atmosphäre. Denkt daran, dass die befragte Person von den Erlebnissen stark berührt sein kann und es ihr nicht immer leicht fällt, darüber zu berichten.
   - Sorgt dafür, dass die Aussagen lückenlos protokolliert werden.
3. Auswertung:
   - Wertet gemeinsam das Interview aus. Denkt daran, dass die befragte Person über ein Ereignis berichtet, das oft vor vielen Jahren stattfand. Manches kann sie vergessen, anderes erst später erfahren haben.
   - Vergesst nicht, dass auch eure Meinung zum Interview Bestandteil der Auswertung ist. Schätzt die Verlässlichkeit der Aussagen eures Zeitzeugen ein.
   - Überlegt euch, wie ihr die Ergebnisse präsentieren könnt (Wandzeitung, Bericht in der Schülerzeitung, Videofilm)

Verzeichnis der Namen, Sachen und Begriffe

Verwendete Abkürzungen:
Abb. = Abbildung;
amerik. = amerikanisch;
bolschewist. = bolschewistisch;
brit. = britisch;
bürgerl. = bürgerlich;
chin. = chinesisch;
demokrat. = demokratisch;
dt. = deutsch;
evang. = evangelisch;
f./ff. = folgende Seite/n;
faschist. = faschistisch;
frz. = französisch;
hess. = hessisch;
ideolog. = ideologisch;
irak. = irakisch;
ital. = italienisch;
Jh. = Jahrhundert;
jüd. = jüdisch;
kathol. = katholisch;
kommunist. = kommunistisch;
militär. = militärisch;
österr. = österreichisch;
polit. = politisch;
poln. = polnisch;
preuß. = preußisch;
rum. = rumänisch;
russ. = russisch;
sowjet. = sowjetisch;
sozialist. = sozialistisch;
techn. = technisch;
terrorist. = terroristisch;
tschech. = tschechisch;
vietnam. = vietnamesisch

Hinweise:
▷ Verweis auf ein Stichwort
~ ersetzt das Stichwort bei Wiederholung
Halbfett gesetzt sind historische Grundbegriffe, die im Mini-Lexikon des Buches erläutert werden. Die halbfette Seitenzahl gibt den Fundort an.
Bei Herrschern und kirchlichen Amtsträgern werden so weit möglich die Regierungs-/Amtsdaten, bei allen anderen Personen die Lebensdaten angegeben.

Abacha, Sani (1943–1998), Militärdiktator Nigerias (1993–1998) 155
Achtstundentag (Einführung) 33
Adenauer, Konrad (1876–1967), dt. Staatsmann u. erster Bundeskanzler 96 (Abb.), 105, 108 (Abb.), 116f., 122 (Abb.), 123, 125
Afghanistan-Krieg (1979–1988) 127
Ahlener Programm der CDU (1947) 103
Akkordlohn 31
Allianz für Deutschland, konservatives Wählerbündnis (1990) 146
Alliierte 10, 28, **84**, 98, 102, 108
Alliierter Kontrollrat 98
Anleihe 24, **25**
Antifaschismus 106
Antisemitismus 70
APO (Außerparlamentarische Opposition) **132**
Appeasement-Politik 74
Arbeitgeber 31
Arbeitnehmer 31, 33
Arbeitnehmermitbestimmung 103
Arbeits- und Kündigungsgesetz (1927) 33
Arbeitsabläufe 31
Arbeitsgerichte (Einführung 1926) 33
Arbeitslosenversicherung, gesetzl. (1927) 31, 33
Arbeitslosigkeit 10, 34ff., 62f., 148
Arier 58, **59**
Atombombenabwurf (Hiroshima/Nagasaki 1945) 84
Atommächte 126
Attentate auf ▷ Hitler 47, 89
Aufbau Ost 148f.
Auschwitz, größtes KZ 78ff., 82
Auschwitz-Erlass (1942) 82
Auswanderung, jüd. 71
Autarkie 56
Autobahnbau 31, 56 (Abb.)
Automobilindustrie 31
Axmann, Arthur (1913–1996), Reichsjugendführer 65

Banken, Zusammenbrüche 34f.
BASF (Badische Anilin- und Sodawerke) 105
BDM (Bund Deutscher Mädel) **62**, 63 (Abb.), 67
Becher, Ursula (20. Jh.), dt. Historikerin 32
Beck, Ludwig (1880–1944), Generaloberst, Mitglied des 20. Juli 89
Beethoven, Ludwig van (1770–1827) dt. Komponist 125
Beitritt(sverhandlungen) DDR (1990) 146f.
Bekennende Kirche 88f.
Belgrad 77 (Abb.)
Benz, Wolfgang (20. Jh.), dt. Historiker 81
Berlin 31, 37 (Abb.), 50 (Abb.), 58 (Abb.), 59, 85, 113ff., 133ff.
Berlin-Blockade (1948/1949) 108f.
Berliner Blutwoche (1919) 19
Besatzungszonen 98, 102, 106 ▷ SBZ ▷ Westzonen
Betriebsrätegesetz (1920) 33
Bewegung, faschist. 44
Bin Laden, Osama (geb. 1957), internat. Terrorist 155
Bizone 108
Blitzkriege, dt. 76, 77 (Karte)
Bloch, Ernst (1885–1977), dt. Philosoph 61
Blumenthal, Susanne (20. Jh.), jüd. Zeitzeugin 72
Bodenreform (DDR) 106
Bolschewiki 12, 13
Bonhoeffer, Dietrich (1906–1945 ermordet), evang. Theologe 90 (Abb.)
Bothe, Mathias (20. Jh.), DDR-Zeitzeuge 135
Brandt, Willy (1913–1992), SPD-Politiker u. ehem. dt. Bundeskanzler 99, 130
Brecht, Bertolt (1898–1956), dt. Dichter 61
Breschnew, Leonid I. (1906–1982), sowjet. Staatsmann 138f.
Breschnew-Doktrin 138
Briand, Aristide (1862–1932), frz. Außenminister 28f.
Brüning, Heinrich (1885–1970), Reichskanzler 35
Bücherverbrennung (1933) 61 (Abb.)
Budapest 138
Bührer, Werner (20. Jh.), dt. Historiker 57
Bundeswehr 116, 117 (Abb.)

Bürgerbewegung/Bürgerinitiative 132
Bürgerkriege (Afrika) 154
Bürgerrechtsbewegung (DDR) 133, 135, 142, 146
Bush, George sen. (geb. 1925), amerik. Präsident 140 (Abb.), 147
Bush, George W. (geb. 1946), amerik. Präsident 151
Byrnes, James Francis (1879–1972), amerik. Außenminister 104

Caldwell, Bill (20. Jh.), amerik. Karikaturist 147
CDU (Christlich-Demokratische Union) 102, 104, 130, 132, 146
Ceausescu, Nicolae (1918–1989), rum. Staatspräsident 140
Charta der Heimatvertriebenen (1950) 48f.
Christen (DDR) 133, 135
Chruschtschow, Nikita S. (1894–1971), sowjet. Staatsmann 126, 139f.
Churchill, Winston Spencer (1874–1965), brit. Staatsmann u. Premierminister 124
Clemenceau, Georges (1841–1929), frz. Ministerpräsident 45
CSU (Christlich-Soziale Union) 102, 130, 132

DAP (Deutsche Arbeiterpartei) 54
Dawes, Charles Gates (1865–1951), amerik. Bankier 28
Dawes-Plan 28
DDP (Deutsche Demokratische Partei) 21, 41
Dekolonisierung 152, 153 (Karte)
Denunziant(en) 59
Deportation 47, 82, 100, 106
Deshalyt, E. I. (1921–1996), russ. Künstler 12
Deutsche Christen 88
Deutschlandvertrag (1952) 116
Diener, Alfred (1927–1953 hingerichtet), Teilnehmer ▷ Volksaufstand DDR 113
Diktatur des Proletariats 13f.
Diktatur, faschist. (Italien) 10
Dix, Otto (1891–1969), dt. Maler u. Grafiker 10, 30
DNVP (Deutschnationale Volkspartei) 19, 21, 29, 41
Döblin, Alfred (1878–1957), dt. Schriftsteller 30
Dolchstoßlegende 22, 35
DTA (Deutsche Treuhandanstalt) 148
Dubček, Alexander (1921–1992), tschech. Politiker 138f.
Duma, russ. Parlament 12f.
Dutschke, Rudi (1940–1979), Führer d. ▷ dt. Studentenbewegung 132, 134
DVP (Deutsche Volkspartei) 19, 21, 35, 41

Ebert, Friedrich (1871–1925), dt. Staatsmann u. Reichskanzler 18f.
Ebert, Regina (geb. 1950), DDR-Zeitzeugin 135
Edelweißpiraten 62, 64
EG (Europäische Gemeinschaft) 123, **124**
EGKS (Europäische Gemeinschaft f. Kohle u. Stahl) 122ff.
Ehestandsdarlehen (1935) 56
Einigungsvertrag (12. September 1990) 146
Eisernes Kreuz 84
Elsass-Lothringen 28
Elser, Georg (1903–1945 hingerichtet), Schreiner, Hitler-Attentäter 89
Emanzipation 136f.
Enteignung (DDR) 106f., 112
Entkolonisierung ▷ Dekolonisierung
Entnazifizierung 102, 104
Erdmann, Karl Dietrich (1910–1990), dt. Historiker 43
Erdöl(vorkommen) 154, 155 (Abb.)
Erfindungen, techn. 31
Erhard, Ludwig (1897–1977), CDU-Politiker u. dt. Bundeskanzler 105, 110f.
Ermächtigungsgesetz (1933) 50ff.
Erster Weltkrieg 8f., 13, 18, 31, 44, 54ff.; Waffenstillstand ~ 22
Erzberger, Matthias (1875–1921), dt. Politiker/Wegbereiter d. dt. Demokratie 22
Essen 70 (Abb.)
Ethnien 154, 155
EU (Europäische Union) 123, **124**, 125 (Übersicht); Symbole d. ~ 125 (Übersicht)
EURATOM/EAG (Europäische Atomgemeinschaft) 123
Euro (Währung) 125
Europäische Integration 122
Europäische Kommission 123
Europäisches Parlament 123
Europarat/Europäischer Rat (ab 1949) 123
Euthanasie 71, 73, **92**, 93
EWG (Europäische Wirtschaftsgemeinschaft) 123f.

FDJ (Freie Deutsche Jugend) **133**
FDP (Freie Demokratische Partei) 102, 130
Februarrevolution 1917 (Russland) 10
Fließbandarbeit/Fließbandfertigung 31
Flüchtlinge 100; Flüchtlingslager 98 (Abb.), 100; DDR-~ 114
Frankfurt am Main 99 (Abb.)
Frauen 21, 33, 136f., 147; ~bewegung, dt. 136, 147; ~, gesell. Stellung 136f., ~ideal, nationalsozialist. 62f., 68f.
Freikorps 19
Friedliche Koexistenz 126
Front 10f.
Führerkult 54f.
Führerstaat ▷ Hitlers 52f.
Funke, Hajo (geb. 1944), dt. Politikprofessor 49
Furet, Francois (1927–1999), frz. Historiker 15

Galen, Clemens August Graf von (1878–1946), kathol. Bischof 88
Gandhi, Mahatma (1869–1948), ind. Freiheitskämpfer u. Verfechter des gewaltlosen Widerstandes 152 (Abb.), 153
Gauck, Joachim (geb. 1940), erster Vorsitzender d. Behörde zur Offenlegung d. Stasi-Unterlagen 149
Gaulle, Charles de (1890–1970), frz. Staatspräsident 123, 125
Geiler, Karl (1878–1953), erster Ministerpräsident d. hess. Landesregierung 102
Gerlach, Hellmut von (1866–1935), dt. Journalist 41

Gesetz zur Gleichschaltung der Länder mit dem Reich (1933) 52
Gesetz zur Wiederherstellung des Berufsbeamtentums (1933) 52
Gestapo (Geheime Staatspolizei) 65
Gewerkschaften 33, 103, 110; Zerschlagung d. ~ (▷ NS) 52
Ghetto 78
Glasnost 140
Gleichschaltung 53, 58f.
Goebbels, Joseph (1897–1945), Reichspropagandaleiter ▷ NSDAP 51, 54, 70, 84, 86 (Abb.), 87
Goerdeler, Carl Friedrich (1884–1945 hingerichtet), konservativer bürgerl. Widerstandskämpfer, Leipziger Oberbürgermeister 89
Goldene Zwanziger (Jahre) 30, 32
Gorbatschow, Michael S. (geb. 1931), sowjet. Staats- u. Parteichef 140 (Abb.), 142, 146
Greenpeace (Umweltorganisation) 155
Grenzsicherungsanlagen (DDR) 114 (Abb.), 115
Große Koalition (ab 1928) 34f.; ~ (1966) 132
Großstadt 30, 32
Grosz, Georg (1893–1959), dt. Maler 30, 42
Grotewohl, Otto (1894–1964), erster DDR-Ministerpräsident 108
Grundgesetz, Verfassung d. Bundesrepublik Deutschland 108f., 136, 143
Grundlagenvertrag (21. Dezember 1972) 130f.
Grundrechte 19, 108f.
Grüne (Partei) 132

Haag, Lina (geb. 1907), dt. Zeitzeugin 61
Hadamar (Mahn- und Gedenkstätte) 92f.
Haffner, Sebastian (1907–1999), dt. Journalist u. Autor 57
Haitzinger, Horst (geb. 1939), dt. polit. Karikaturist 142, 147
Hakenkreuz, Symbol d. Nationalsozialismus 35 (Abb.), 41, 52 (Abb.)
Halle/Saale 135
Hampel, Otto (1897–1943 hingerichtet) u. Elise (1903–1943 hingerichtet), Arbeiterehepaar, ihr Schicksal diente d. Autor Hans Fallada als Romanvorlage 89f.
Hannover 83
Havel, Václav (geb. 1936), tschech. Schriftsteller u. Politiker 141
Heartfield, John (1891–1968), dt. Collage-Künstler 43
Heimatvertriebene 48, 49
Heine, Th. Th. (1867–1948), dt. Maler u. Zeichner 26, 45
Heinemann, Gustav (1899–1976), ehem. dt. Bundespräsident 134
Helmstedt 143
Hermann, Liselotte (1909–1938 ermordet), kommunist. Widerstandskämpferin 90 (Abb.)
Hessen 102f.
Heuss, Theodor (1884–1963), erster Bundespräsident 108
Heydrich, Reinhard (1904–1942), Leiter der ▷ Gestapo 65
Himmler, Heinrich (1900–1945), stellv. Reichspropagandaleiter der ▷ NSDAP 52, 65, 81f.
Hindenburg, Paul von (1847–1934), Reichspräsident 35, 50, 52, 94
Hitler, Adolf (1889–1945 Selbstmord), dt. Diktator 25, 35, 41, 47ff., 54, 57ff., 62f., 66ff., 71, 73, 74 (Abb.), 75ff., 84f., 87ff., 91, 94, 118
Hitler-Putsch (1923) 25, 40, 54
Hitler-Stalin-Pakt, Nichtangriffspakt Deutschland/UdSSR (1939) 74, 75 (Abb.), 76
HJ (Hitler-Jugend) 62ff.
Ho Chi Minh (1890–1969), vietnam. Politiker 128
Holocaust 78, 79ff.
Höncher, Franz (20. Jh.), dt. Zeitzeuge 107
Honecker, Erich (1912–1994), DDR-Staatsratsvorsitzender 129 (Abb.), 130, 133, 142
Höß, Rudolf (1900–1947 hingerichtet), Lagerkommandant v. ▷ Auschwitz 79
Hoßbach, Friedrich (1894–1980), Adjutant ▷ Hitlers 75
Hussein, Saddam (geb. 1937), irak. Diktator 151
Ideologie 58
Indien 82, 152
Inflation 8, **24**, 25ff., 35; ~sgeld 27 (Abb.)
Invasion, alliierte 77 (Karte)
Ironsi/Aguyi-Ironsi, Johnson (1966), Staatschef Nigerias 154

Jäger, Harald (20. Jh.), dt. Zeitzeuge 145
Jena 113
Jessen 113
Jesus Christus (von Nazareth) 67
Johnson, Lyndon B. (1908–1973), amerik. Präsident 128, 139
Juden 46f., 58ff., 70ff., 78f., 82; Endlösung d. ~frage 78f.; ~boykott 70f.; ~stern 71 (Abb.)
Jugendschutzlager (▷ NS) 65
Jungmädelbund 62
Jungvolk 62, 63f.

Kalter Krieg 118, **119**, 140
Kamarilla, Beratergruppe ▷ Hindenburgs 35
Kampf, Arthur (1864–1950), dt. Maler 50
Kampfgruppen (DDR) 113
Kantor, Alfred (1923–2003), jüd. Künstler 81
Kapitulation Deutschlands (8./9. Mai 1945) 77, 84, 98
Kästner, Erich (1899–1974), dt. Schriftsteller 61
KdF (Kraft durch Freude) 60
Keil, Wilhelm (1870–1968), dt. Parlamentarier 90
Kennedy, John F. (1917–1963), amerik. Präsident 126
Kittelbachpiraten (Jugendclique) 65
Klassenkampf 14
Klüger, Ruth (geb. 1931), dt. Literaturwissenschaftlerin u. Autorin 79
Kluzis, Gustav Gustavovich (1895–1944), russ. Künstler 15
Kohl, Helmut (geb. 1930), dt. Staatsmann u. ehem. Bundeskanzler 130, 146, 148
Köhler, Hanns Erich (1905–1983), dt. Karikaturist 131
Kolb, Eberhard (geb. 1933), dt. Historiker 43, 55
Kolchose 16

Köln 95
Kolonien 152ff.
Komitee 13
Kommunismus 12, 106
Kommunistische Internationale/ Komintern (1919) 13f.
Kommunistische Partei Russlands 13f.
Konzentrationslager ▷ KZ
Kopelew, Lew (1912–1997), russ. Schriftsteller 17
KPD (Kommunistische Partei Deutschlands) 19, 21, 35, 38, 40f., 50, 102, 106
Kredit 25, 34, **103**
Krell, Max (1887–1962), dt. Schriftsteller 26
Krenz, Egon (geb. 1937), DDR-Politiker 142
KSZE (Konferenz über Sicherheit und Zusammenarbeit in Europa Helsinki 1975/1990) 127, 129, 140
KSZE-Schlussakte (1975) 127, 129
Kuba-Krise 126f.
Kurhessen 102
KZ (Konzentrationslager) 47, 59, 61, 71, 78f., 80 (Karte), 81f., 89

Landmesser, August (geb. 1910), dt. Zeitzeuge 88 (Abb.)
Landtag (Hessen) 102
Lang, Fritz (1890–1976), österr. Filmregisseur 30
Lebensraum, ideolog. Grundgedanke d. ▷ NS 59f., 74
Lebensstandard, Vergleich Deutschland (1982/1983) 111
Leber, Julius (1891–1945 hingerichtet), Mitglied Widerstandsgruppe „Kreisauer Kreis“ 90 (Abb.)
Leipzig 107, 143
Lenin, Wladimir I. (1870–1924), russ. bolschewist. Revolutionär, Regierungschef der UdSSR 12ff.
Leonhard, Wolfgang (geb. 1921), dt. Historiker 17, 107
Liebknecht, Karl (1871–1919), dt. Politiker, Führer der Spartakisten 18ff.
Lindbergh, Charles (1902–1974), amerik. Pilot 31
Lloyd, David George (1863–1945), engl. Premierminister 45
Locarno (Friedenskonferenz 1925) 28f.
London 9
LPG (Landwirtschaftliche Produktionsgenossenschaft) 110
Ludendorff, Erich (1865–1937), preuß. General 22, 25
Ludwigshafen 105
Luftangriffe 84f.
Luftbrücke, Berliner (1948/49) 108f.
Luftfahrt 31
Luxemburg, Rosa (1870–1919), sozialist. Politikerin 19

Maastrichter Vertrag (1992) 123f.
Machtbereich(e), Ausdehnung (UdSSR) 119 (Karte)
Magdeburg 148, 149
Mai, Gunther (20. Jh.), dt. Historiker 11
Maizière, Lothar de (geb. 1940), dt. Politiker 146
Malenkow, Georgi M. (1902–1998), sowjet. Politiker 120
Mann, Heinrich (1871–1950), dt. Dichter 61
Mann, Thomas (1875–1955), dt. Schriftsteller 61
Mao Zedong (1893–1976), chin. Staatsmann 134
Marktwirtschaft 110, 111, 148
Marshall, George C. (1880–1959), amerik. Außenminister 102, 105, 121
Marshallplan 102, 103, 105, 108, 110, 121f.
Massenkultur (moderne) 30, 32
Massenproduktion 31
Mauer/bau (1961) 113, 115 (Abb.), 130; ~fall 142ff.
Mein Kampf, v. ▷ Hitler verfasstes Werk, Grundlage d. ▷ NS-Diktatur 54, 59f., 74
Meinhard, Fritz (20. Jh.), dt. Karikaturist 123
Menschenrechte 133
Menschewiki 12, 13
Metropole ▷ Großstadt
Meuten 62
Mieterschutzgesetz (1923) 33
Militärdiktaturen (Afrika) 154
Ministerium für Staatssicherheit (MfS) 133, 142
Ministerium für Volksaufklärung und Propaganda (▷ NS) 54
Missionsschulen 152
Mitläufer 41, 59
Mommsen, Hans (geb. 1930), dt. Historiker 89
München 54
Muslime 154, 155
Mussolini, Benito (1883–1945), ital. Diktator, genannt der „Duce“ 10, 44
Mutterkreuz 69 (Abb.)

Nachkriegszeit (nach 1918) 8f.; ~ (nach 1945) 98f.
Nagy, Imre (1896–1958 hingerichtet), ungar. Ministerpräsident 138
Napola (Nationalpolitische Erziehungsanstalt) 66
Nassau 102
Nationalversammlung, dt. 19; ~, Wahlen 19, 21
NATO 116, **118**, 146, 150
Naumann, Michael (geb. 1941), dt. Journalist u. Politiker 151
Neubeginn, polit. (Deutschland) 102
Neue Sachlichkeit 30
Niekisch, Ernst (1889–1967), dt. Historiker 53
Nigeria 154f.
Nikolaus II. (1868–1918), letzter russ. Zar 12f.
Notverordnungen 19, 35f.
Novemberrevolution in Deutschland (1918) 8, 18, 22
NPD (Nationaldemokratische Partei Deutschland) 48f.
NS (Nationalsozialismus) 29, 40, 43, 46ff., 132; ~-Eliteschulen 66; ~-Ideologie 58ff., 62ff.; ~-Propaganda 68, 84ff.; Herrschaftssystem d. ~ 53 (Übersicht)
NSDAP (Nationalsozialistische Arbeiterpartei) 21, 25, 29, 35f., 38, 40f., 43, 62, 67, 70, 102, 106
Nürnberg 55, 95
Nürnberger Gesetze, Rassengesetze (1935) 46, 70, 72, 88
NVA (Nationale Volksarmee) 112

OEEC (Organization of European Economic Cooperation, 1948) 122
OHL (Oberste Heeresleitung) 22

Oktoberrevolution Russland (1917) 12f.
Ollenhauer, Erich (1901–1963), SPD-Politiker 117
Olympische Spiele (Berlin 1936) 70
Oskar, eigtl. Hans Bierbrauer (geb. 1922), dt. polit. Karikaturist 115
Osmanisches Reich, Zerfall 10
Osnabrück 83

Papen, Franz von (1879–1969), Reichskanzler 9 (Abb.)
Pariser Verträge 116, 117
Partei(n), Gründung polit. sozialist. 13
Parteisäuberung (Sowjetunion 1936–1938) 16f.
Passierscheinabkommen (1963) 131
Pax Americana 150
PDS (Partei des Demokratischen Sozialismus) 148
Perestroika 140
Personenkult 17
Pieck, Wilhelm (1876–1960), erster Volkskammer-Präsident der DDR 106, 108
Pilsudski, Józef (1867–1935), poln. General u. Sozialdemokrat 13
Planwirtschaft 110, 140, 148
Pogromnacht (1938) 46, 70ff.
Polen 28, 47, 140, 141
Potsdamer Konferenz/Abkommen (1945) 100, 102
Prager Frühling 138f.
Präsidialkabinette (1930–1933) 9
Presse- u. Meinungsfreiheit 54
Prien, Günther (1908–vermutl. 1941), dt. U-Boot-Kommandant 36
Privateigentum (Aufhebung) 14
Propaganda 54, 58, 60f.
Provisorische Regierung (Russland) 13

RAF (Rote Armee Fraktion), bis 1998 bestehende dt. terrorist. Organisation 132
Rapallo (Vertrag 1922) 28
Rassenlehre, nationalsozialist. 58ff., 66f.
Räte 18, 19; ~republik 19
Rathenau, Walther (1867–1922), Außenminister d. ▷ Weimarer Republik 22
Rationalisierung 31
Rechtsextremismus 48f.
Rechtsprechung in Deutschland (1918–1922) 23 (Übersicht)
Reichsarbeitsdienstgesetz (1935) 62
Reichsparteitag (Nürnberg 1936) 55 (Abb.)
Reichstag 19ff., 35, 50
Reichstagsbrand (1933) 50; ~verordnung (1933–1945) 50f., 59
Reichstagswahl 9, 24, 34, 37ff.; Parteienentwicklung bei d. ~ 41 (Übersicht)
Remarque, Erich Maria (1898–1970), dt. Schriftsteller 11
Reparationen 22, 24f., 28, 102, 105
Rheinland 28
Riess, Curt (geb. 1902), dt. Autor 26
Röhm, Ernst (1887–1934), Leiter der ▷ SA 52
Roma 58, 71, **82**, 83
Römische Verträge (1957) 123
Roosevelt, Franklin Delano (1882–1945), amerik. Präsident 118
Rote Armee 84, 100, 106, 118, 138
Ruhrbesetzung (1923) 8, 24
Ruhrkampf 24f.
Rüstungsindustrie 62, 63, 68

SA (Sturmabteilung) **50**, 52, 59, 63, 67, 70, 94
SBZ (Sowjetische Besatzungszone) 106, 108
Scheidemann, Philipp (1865–1939), dt. Politiker 18ff.
Schießbefehl (an der innerdt. Grenze) 114ff.
Schifffahrt 31
Schleyer, Hanns-Martin (1915–1977), von der ▷ RAF ermordeter Arbeitgeberpräsident 132
Schmidt, Helmut (geb. 1918), SPD-Politiker/ehem. Bundeskanzler 129
Schnibbe, Karl-Heinz (geb. 1924), dt. Zeitzeuge 64
Schoedder, Paul Hermann (1887–1971), dt. Maler 68
Scholl, Hans (1918–1943 hingerichtet), Mitglied der ▷ Weißen Rose 89, 91
Scholl, Sophie (1921–1943 hingerichtet), Mitglied der ▷ Weißen Rose 89, 90 (Abb.), 91
Schöllgen, Gregor (geb. 1952), dt. Historiker 141
Schönfeld, Gräfin Sybil (geb. 1927), dt. Journalistin 55
Schulbildung, nationalsozialist. 66f.
Schulze-Boysen, Harro (1909–1942 ermordet), dt. Widerstandskämpfer 89
Schumacher, Kurt (1895–1952), SPD-Vorsitzender 123
Schuman, Robert (1886–1963), frz. Außenminister 122 (Abb.), 124f.
Schuman-Plan 122, 125
Schutzhaft 59
Schwarzer Freitag (24. Oktober 1929), Beginn d. ▷ Weltwirtschaftskrise 9, 34
Schwerter zu Pflugscharen (Protestsymbol v. DDR-Christen) 133 (Abb.)
SED (Sozialistische Einheitspartei Deutschlands) 106, 112, 133, 137
Seghers, Anna (1900–1983), dt. Schriftstellerin 61
Selbstbestimmungsrecht der Völker 74
Shoa 78, 79ff.
Sinti 58, 71, **82**, 83
Solidarnosc, poln. Gewerkschaft 140f.
Souveränität 116
Sowjetkommunismus 12ff.
Sowjets 13, 18
Sozialismus 10, **12**, 140f.
Spaltung (Deutschlands) 108, 116
Spartakusbund 19
SPD (Sozialdemokratische Partei) 19ff., 35, 39, 41, 50ff., 102f., 106, 132
Spruchkammern (▷ Entnazifizierung) 102, 104
SS (Schutzstaffel) **52**, 53, 63, 65, 76, 81
Staatsbürgerschaft, dt. 130
Staatsformen (Europa 1919–1937) 8 (Karte)
Staatshaushalt 25
Stalin, Jossif W., eigtl. Josef Wissaniossowitsch Dschugaschwili (1879–1953), sowjet. Staats- u. Parteichef 76, 100, 118, 120, 138
Stalingrad, Schlacht um ~ (1942/43), Wendepunkt d. ▷ Zweiten Weltkriegs 84ff.

Stalinismus 16, 17
Stasi ▷ Ministerium für Staatssicherheit
Stauffenberg, Claus Graf Schenk von (1907–1944 hingerichtet), milit. Widerstandskämpfer 47 (Abb.), 89, 90 (Abb.), 95 (Abb.)
Stein, Ewald (20. Jh.), dt. Wirtschaftsjournalist 151
Steuern 152
Stieff, Helmuth (1901–1944 hingerichtet), dt. Generalmajor 77
Stiller, Alfred (1879–1954), dt. Grafiker u. Maler 106
Stock, Christian (1884–1967), dt. Politiker u. erster hess. Ministerpräsident (1947–1950) 103
Strasser, Gregor (1892–1934), dt. Politiker 29
Strategische Waffen 126
Stresemann, Gustav (1878–1929) dt. Politiker/nationalliberaler Reichstagsabgeordneter 9, 28f., 123
Studenten(bewegung) 132, 134, 136; ~proteste 97, 132ff.
Sudetendeutsche Landsmannschaft 48f.
Sudetenland 55, 101
Supranational 123
Süskind, Patrick (geb. 1949), dt. Schriftsteller 149
Swing-Jugend 62, 65
Synagoge 70 (Abb.), 95 (Abb.)
Szweczuk, Mirko (1919–1957), dt. Karikaturist 109

Tag der Befreiung (8. Mai 1945) ▷ Kapitulation
Tarifautonomie 33 (1919)
Thamer, Hans-Ulrich (20. Jh.), dt. Historiker 55
Thatcher, Margaret (geb. 1925), brit. Premierministerin 147
Toller, Ernst (1883–1939), dt. Politiker u. Dichter 30
Totaler Krieg (▷ NS) 84, 86f.
Trizone 108
Truman, Harry S. (1884–1972), amerik. Präsident 105, 118ff., 138
Truman-Doktrin 119, 120
Tucholsky, Kurt (1890–1935), dt. Journalist u Schriftsteller 23

Ulbricht, Walter (1893–1973), Staatsratsvorsitzender der DDR 106f.
Umweltschäden/~katastrophen (weltweit) 154f.
Unabhängigkeitsbewegungen, nat. 152
Ungarnaufstand (1956) 138f.
UNO (Vereinigte Nationen) 28
USPD (Unabhängige SPD) 19, 21
Ut, Nick, eigtl. Huynh Cong Ut (geb. 1951), vietnam. Fotograf 128

VEB (Volkseigener Betrieb) 110, 148
Vereinbarungen, innerdt. polit. 130f.
Vernichtungskrieg, nationalsozialist. 76f.
Vernichtungslager ▷ KZ
Versailler Vertrag (1919) 8, 21f., 23 (Karte), 44, 74, 152
Vertreibung 48f., 100f.
Vertriebene 48f., 100f. ▷ Heimatvertriebene
Vietnamkrieg 126ff., 132
Völkerbund 9, **28**, 29
Völkermord 47, 71, 78ff.
Volksabstimmung (Hessen) 102
Volksaufstand in d. DDR (17. Juni 1953) 112f.
Volkseigentum 106
Volksempfänger 54, 55 (Abb.)
Volksgemeinschaft (▷ NS) 58, 60, 70f.
Volkskammer, Parlament d. DDR 108
Volkssturm 84

Wahlplakate 38f., 51, 103, 105 (alle Abb.)
Währungsreform 108; ~ (1925) 25
Walesa, Lech (geb. 1943), poln. Gewerkschaftsführer u. Staatspräsident 141 (Abb.)
Wannsee-Konferenz (1942) 78f.
Warschauer Pakt 118, 138, 140
Weber, Paul A. (1893–1980), dt. Maler u. Zeichner 45
Wehrdienstverweigerung (DDR) 133
Wehrmacht 52f., 76f., 84, 86, 98, 100, 102
Wehrpflicht, allgem. 116; ~, Wiedereinführung (1935) 62, 74
Weimarer Koalitionen 19 (Abb.)
Weimarer Nationalversammlung 18 ▷ dt. Nationalversammlung
Weimarer Republik 9, 18ff., 30, 44, 62, 68; Ausrufung d. ~ 20; Untergang/Ende ~ 9, 35, 42f.
Weimarer Verfassung 19f., 21 (Übersicht), 37, 50
Weiße Rose, Widerstandsgruppe 89
Weizsäcker, Richard von (geb. 1920), dt. Politiker u. ehem. Bundespräsident 145 (Abb.)
Wels, Otto (1873–1939), SPD-Politiker 51
Weltrevolution 13, 16
Weltwirtschaftskrise 9, **34**
Wertverlust d. Geldes ▷ Inflation
Westintegration 116f.
Westzonen 102ff., 106, 108
Wettrüsten 140
Widerstand 88, **89**, 90f.; ~saktionen 62; ~skämpfer 88f., 90 (Abb.), 91
Widerstand, passiver 152f.
Wiederbewaffnung (Deutschland) 116f.
Wiedervereinigung 97, 116f., 130f., 146ff.
Wilson, Thomas Woodrow (1856–1924), amerik. Präsident 45
Winkler, Heinrich August (geb. 1938), dt. Historiker 27
Winterhilfswerk 61
Winterpalais, Sturm auf das ~ 12 (Abb.)
Wirtschaftswunder 103, 110f.
Wuermeling, Franz Josef (1900–1986), dt. Politiker 137

Young, Owen D. (1874–1962), amerik. Bankier 28
Young-Plan 28f.

Zar, Sturz des ~ 10, 13
Zehn-Punkte-Programm (▷ Wiedervereinigung) 146
Zentrum(spartei) 19, 21f., 39ff.
Zigeuner 82; ~lager 82
Zinsen 25
Zorn, Gerda (20. Jh.), dt. Autorin 69
Zwangssterilisationen 82
Zweig, Stefan (1881–1942), österr. Schriftsteller 23, 61
Zweiter Weltkrieg 47f., 54, 71, 76, 77 (Karte) 78ff., 104, 150, 152, 154; Beginn ~ 47, 74; Ende ~ 47, 54; Deutschland nach d. ~ 101 (Karte)
Zwickau 55

Verzeichnis der Textquellen

Die Weimarer Republik

S. 11: D1 Gunther Mai, Europa 1918–1939. Mentalitäten, Lebensweisen, Politik zwischen den Weltkriegen, Stuttgart 2001, S. 184

Q2 Erich Maria Remarque: Im Westen nichts Neues, Köln 1996, S. 261f.

S. 14: Q2 Lenin. Aus den Schriften 1895–1923, hg. v. Hermann Weber, München 1980, S. 210ff.

Q3 Julius Braunthal, Geschichte der Internationale, Bd. 1, Hannover 1961, S. 554, S. 560

S. 15: Q5 Hugo Portisch, Hört die Signale, München 1993, S. 171

Q7 François Furet, Das Ende der Illusion, München/Zürich 1996, S. 181

S. 17: Q2 Hugo Portisch, Hört die Signale. Aufstieg und Fall des Sowjetkommunismus, München 1993, S. 211

Q3 Lew Kopelew, Aufbewahren für alle Zeit, München 1979, S. 53f.

Q5 Wolfgang Leonhard, Die Revolution entlässt ihre Kinder, München 1980, S. 40, S. 42f.

S. 20: Q3 Gerhard A. Ritter/Susanne Miller (Hg.), Die deutsche Revolution 1918–19, Frankfurt/M. 1983, S. 77ff.

Q4 Stenographische Berichte des Reichstages Bd. 427, S. 4728

S. 23: D2 zit. nach: Harry Pross (Hg.), Die Zerstörung der deutschen Politik, Dokumente 1871–1933, Frankfurt/M. 1983, S. 145f.

Q2 Kurt Tucholsky: Gesammelte Werke. Bd. 2, 1919–1920, Reinbek 1975, S. 205.

Q3 Herbert Michaelis/Ernst Schraepler (Hg.), Ursachen und Folgen. Vom deutschen Zusammenbruch 1918 und 1945 bis zur staatlichen Neuordnung Deutschlands in der Gegenwart, 3. Bd., Berlin o. J., S. 226f.

S. 26: Q6 Max Krell, Das alles gab es einmal, Frankfurt 1961, S. 67.

Q7 Curt Riess „Weltbühne Berlin", in: Rudolf Pörtner (Hg.), Alltag in der Weimarer Republik. Erinnerungen an eine unruhige Zeit, Düsseldorf 1990, S. 34f.

S. 27: D2 Heinrich August Winkler, Der lange Weg nach Westen. Bd. 1., München 2002, S. 448f.

S. 29: Q2a Heinz Hürten (Hg.), Deutsche Geschichte in Quellen und Darstellung, Bd. 9: Weimarer Republik und Drittes Reich 1918 – 1945, Stuttgart 1995, S. 114f.

Q2b Günter Schönbrunn (Bearb.), Weltkriege und Revolutionen 1914 – 1945, München 1979, S. 219f.

Q3 Detlef Junker u. a. (Hg.), Deutsche Parlamentsdebatten II, 1919–1939, Frankfurt/Main 1971, S. 180f.

S. 32: D1 Ursula A. J. Becher, Geschichte des modernen Lebensstils. Essen–Wohnen–Freizeit, München 1990, S. 175f.

Q6 Heinrich August Winkler/Alexander Cammann (Hg.), Weimar. Ein Lesebuch zur deutschen Geschichte 1918–1933, München 1997, S. 146f.

S. 33: Q8 Christa Anita Brück, Schicksale hinter Schreibmaschinen, Berlin 1930, S. 251f.

S. 36: Q4 Günther Prien, Mein Weg nach Scapa Flow, in: Christian Geißler (Hg.), Das dritte Reich mit seiner Vorgeschichte, Lesewerk zur Geschichte, Bd. 9, Ebenhausen 1961, S. 55

Q6 Zeiten und Menschen, Bd. 4, Paderborn 1983, S. 65

Q7 zit. nach: Wolfgang Michalka/Gottfried Niedhart (Hg.), Die ungeliebte Republik, Dokumentation zur Innen- und Außenpolitik Weimars 1918–1933, München 1980, S. 340ff.

S. 37: D1 Walter Göbel, Die Weimarer Republik, Stuttgart 2000, S. 39

D2 nach: Chronik Ruhrgebiet, Gütersloh 1997, S. 393

D3 nach: Martin Broszat, Das dritte Reich. Ursprünge, Ereignisse, Wirkungen, Freiburg 1983, S. 99

D4 zit. nach: Horst Möller, Weimar. Die unvollendete Demokratie, München 1985, S. 192

S. 41: D2 nach: Jürgen W. Falter, Hitlers Wähler, München 1991, S. 288

D3 nach: Jürgen W. Falter, Hitlers Wähler, München 1991, S. 297

Q2 Wolfgang Michalka u. Gottfried Niedhart (Hg.), Deutsche Geschichte 1918–1933. Dokumente zur Innen- und Außenpolitik, Frankfurt/M. 1992, S. 186

S. 43: D1 Karl Dietrich Erdmann, Die Weimarer Republik, in: Bruno Gebhardt, Handbuch der deutschen Geschichte, Bd. 4/1, Stuttgart 1973, S. 307 u. S. 330

D2 Eberhard Kolb, Die Weimarer Republik, München 1993, S. 144ff.

Der Nationalsozialismus

S. 49: Q2 Interview in: Müssen wir uns heute noch schuldig fühlen?, stern Nr. 5/27. 1. 2005, S. 44

Q3 Hajo Funke, Rechtsextremismus heute; in: Johannes Gienger u. a. (Hg.), Nationalsozialismus, Simmozheim 2003, o. S.

Q4 Was bleibt von der Vergangenheit? Die junge Generation im Dialog über den Holocaust/Stiftung für die Rechte zukünftiger Generationen (Hg.), Berlin 1999

S. 51: Q2 Reichsgesetzblatt 1933, T 1, S. 83

Q3a zit. nach: Werner Conze, Der Nationalsozialismus 1919–1933, Stuttgart 1995, S. 72

Q3b Dokumente der Deutschen Politik und Geschichte von 1848 bis zur Gegenwart, IV. Band: Die Zeit der nationalsozialistischen Diktatur 1933–1945, Aufbau und Entwicklung 1933–1938, Berlin o. J., S. 29ff.

Q4 Reichsgesetzblatt 1933, Teil 1, S. 141

Q5 Joseph Goebbels, Wesen und Gestalt des Nationalsozialismus, Berlin 1934, S. 13

S. 53: Q3 Ernst Niekisch, Das Reich der niederen Dämonen, Hamburg 1953, S. 131ff.

Q4 Klaus-Jörg Ruhl, Brauner Alltag. 1933–1939 in Deutschland, Düsseldorf 1990, S. 35

Q5 Erich Matthias/Rudolf Morsey, Das Ende der Parteien 1933, Düsseldorf 1960, S. 241

S. 55: Q2a + b Guido Knopp, Hitler – eine Bilanz, München 2005, S. 62f.

Q3 Hans-Ulrich Thamer, Beseitigung des Rechtsstaats, in: Informationen zur politischen Bildung, Heft 266/2004, Bonn 2004, S. 6f.

S. 57: D1 Sebastian Haffner, Anmerkungen zu Hitler, München 1987, S. 31

D2 Werner Bührer, Wirtschaft; in: Wolfgang Benz/Hermann Graml/ Hermann Weiß (Hg.), Enzyklopädie des Nationalsozialismus, Stuttgart 1997, S. 121

Q2 Fritz Blaich (Hg.), Wirtschaft und Rüstung im „Dritten Reich", Düsseldorf 1987, S. 65

S. 60: Q5 Adolf Hitler, Mein Kampf 1925/1927, München 1933, S. 420ff.

Q6 Adolf Hitler, Mein Kampf 1925/1927, München 1933, S. 420ff.

Q7 Adolf Hitler, Mein Kampf 1925/1927, München 1933, S. 739ff.

Q8 Hessisches Hauptstaatsarchiv Wiesbaden, Abt. 483 Nr. 01073, Bl. 160

S. 61: Q9 Lina Haag, Eine Hand voll Staub, Frankfurt/M. 1995, S. 136

S. 63: Q2 Adolf Hitler, Rede in Reichenberg, 2. Dezember 1938, in: Völkischer Beobachter, 4. Dezember 1938

Q3 zit. nach: Erika Martin in: „Glauben und rein sein ..." – Mädchen im BDM, WDR-Schulfernsehen, Oktober 1994

S. 64: Q7 Aus der Familienchronik von W. Brölsch, Mülheim 2003, o. S.

Q8 Karl-Heinz Schnibbe, Jugendliche unter Hitler, Die Hellmuth Hübener Gruppe in Hamburg 1940/41, Berg am See 1991, S. 22f.

Q9 Arno Klönne, Jugend im Dritten Reich. Die HJ und ihre Gegner, Köln 1982, S. 258f.

S. 65: Q10 M. Hepp: Vorhof zur Hölle, in: Angelika Ebbinghaus (Hg.), Opfer und Täterinnen. Frauenbiographien des Nationalsozialismus, Hamburg 1987, S. 202

Q11 aus: Geschichte und Geschehen A4, Leipzig 2005, S. 137

S. 67: Q2 Texte zur Landesgeschichte, Nationalsozialismus, Quellen zur Geschichte der NS-Herrschaft im Gebiet des Landes Rheinland-Pfalz, Mappe 1, Speyer 1983

Q3 Harald Focke/Uwe Reimer, Alltag unterm Hakenkreuz, Reinbek bei Hamburg 1979, S. 90f.

Q4 Hans-Jochen Gamm, Der braune Kult, Hamburg 1962, S. 39

Q5 Interview d. Verf., 10. 2. 1998

S. 69: Q2 Adolf Hitler, Mein Kampf, München 1932, S. 459f.

Q3 Mitschrift des Verfassers bei einer Veranstaltung: „Frauen unter dem Hakenkreuz", Hamburg 1980

Q4 zit. nach: Der deutschen Frauen Leid und Glück, Paris 1939, S. 47

Q5 zit. nach: Wolfgang Hug (Hg.), Geschichtliche Weltkunde. Quellenbuch, Bd. 3, Frankfurt 1983, S. 151

Q6 „Völkischer Beobachter" vom 12. 8. 1934

S. 72: Q5 Reichsgesetzblatt Teil I, von 1935, S. 1146

Q6 Nationalsozialismus in Essen und Umgebung. Texte aus gesammelten Akten 1935/1936, Stadtarchiv Essen, o. S.

Q7 zit. nach: Inge Marßolek/René Ott, Bremen im Dritten Reich. Anpassung–Widerstand–Verfolgung, Bremen 1986, S. 175

Q8 Rheinisch-Westfälische Zeitung, 10. November 1938

Q9 Deutschland-Berichte der Sozialdemokratischen Partei Deutschlands (Sopade) 1934–1940, hg. von Klaus Behnken, Frankfurt/M. 1980, Bd. 5 (1938), S. 1204f., S. 1209

S. 73: Q10 zit. nach: Inge Marßolek/ René Ott, Bremen im Dritten Reich. Anpassung–Widerstand–Verfolgung, Bremen 1986, S. 175

Q11 Reichsgesetzblatt, Teil I, Nr. 86 von1933, S. 529

Q13 www.lpb.bwue.de/publikat/ euthana/euthana32.htm, hier aus: „Euthanasie" im NS-Staat: Grafeneck im Jahr 1940, Landeszentrale für politische Bildung Baden-Württemberg (Hg.), Stuttgart 2000

S. 75: Q2 zit. nach: Günter Schönbrunn, Weltkriege und Revolutionen 1914–1945, Geschichte in Quellen, Bd. V, München 1961, S. 349f.

Q3 zit. nach: Erhard Klöss (Hg.), Reden des Führers, München 1967, S. 104ff.

S. 77: Q3 Wolfgang Michalka (Hg.), Deutsche Geschichte 1933–1945, Frankfurt/M 1993, S. 235

Q4 Hannes Heer (Hg.), „Stets zu erschiessen sind Frauen, die in der Roten Armee dienen". Geständnisse deutscher Kriegsgefangener über ihren Einsatz an der Ostfront, Hamburg 1995, S. 10

S. 79: Q2 Wolfgang Benz, Der Holocaust, München 1995, S. 10

Q3 Ruth Klüger, Weiter leben. Eine Jugend, Göttingen 1992, S. 107

Q4 Geschichte in Quellen, Band 6, München 1970, S. 521f.

S. 81: Q6 zit. nach: Internationaler Militärgerichtshof, Bd. XXIX, S. 145

Q7 Wolfgang Benz, Der Holocaust, München 1995, S. 117

S. 83: Q2 Aus Niedersachsen nach Auschwitz. Die Verfolgung der Sinti und Roma in der NS-Zeit, Katalog zur Ausstellung des Niedersächsischen Verbandes Deutscher Sinti e.V., Bielefeld 2004, S. 47

Q3 Aus Niedersachsen nach Auschwitz. Die Verfolgung der Sinti und Roma in der NS-Zeit, Katalog zur Ausstellung des Niedersächsischen Verbandes Deutscher Sinti e.V., Bielefeld 2004, S. 80

S. 85: Q2 zit. nach: Walter Kempowski, Das Echolot, Bd. 1, München 1993, S. 34ff.

Q3 zit. nach: Geschichte in Quellen, Bd. 6, München 1970, S. 542f.

S. 87: Q2 Iring Fetscher, Joseph Goebbels im Berliner Sportpalast 1943: „Wollt ihr den totalen Krieg?", Hamburg 1998, S. 94ff.

S. 90: Q4 Jürgen Mittag, Wilhelm Keil (1870–1968). Sozialdemokratischer Parlamentarier zwischen Kaiserreich und Bundesrepublik, Düsseldorf 2001, S. 349.

Q5 Prof. Dr. Peter Steinbach/Dr. J. Tuchel/K. Bästlein, Der 20. Juli 1944 – Vermächtnis und Erinnerung. Katalog zur Sonderausstellung der Gedenkstätte Deutscher Widerstand, Berlin 2004, Material 19.1, 6/98/2

S. 91: Q6 Begleitmaterialien zur Ausstellung „Widerstand gegen den Nationalsozialismus", Gedenkstätte Deutscher Widerstand Berlin
Q7 Ursachen und Folgen. Eine Urkunden- und Dokumentensammlung zur Zeitgeschichte, hg. v. Herbert Michaelis, Bd. 19, Berlin 1973, S. 527
Q8 G. Ritter (Hg.), Geschichte der deutschen Arbeiterbewegung, Bd. 5, Berlin 1991, S. 476

Die Welt nach 1945 – Konflikte zwischen Ost und West

S. 99: Q2 Sibylle Meyer/Eva Schulze, Wie wir das alles geschafft haben, München 1988, S. 122f.
Q3 Helmut Dubiel, Niemand ist frei von der Geschichte, München 1999, S. 135f.
S. 101: Q3 Alois Harasko, Die Vertreibung der Sudetendeutschen; aus: Wolfgang Benz (Hg.), Die Vertreibung der Deutschen aus dem Osten, Frankfurt/M. 1985, S. 138
Q4 Landkreis Ludwigsburg (Hg.), Die Eingliederung der Vertriebenen im Landkreis Ludwigsburg, Ludwigsburg 1986, S. 89
S. 104: Q5 Geschichte in Quellen, Die Welt seit 1945, München 1980, S. 93ff.
Q6 Wilhelm Hoegner, Der schwierige Außenseiter, München 1959, S. 237
S. 105: Q7a Harry S. Truman, Erinnerungen 1945–1953, Stuttgart 1956, S. 122f.
Q7b Konrad Adenauer, Erinnerungen, Stuttgart 1965, S. 183
Q7c Ludwig Erhard, Wohlstand für alle, Düsseldorf 1957, S. 36
S. 107: Q2 Wolfgang Leonhard, Die Revolution entlässt ihre Kinder, Köln/Berlin 1955, S. 363ff.
Q3 Hanno Müller (Hg.), Recht oder Rache? Buchenwald 1945–1950. Betroffene erinnern sich, Frankfurt/M. 1991, S. 61f.
S. 109: Q2 Michael Stürmer, Die Sieger von 1945 und die deutsche Frage; in: Damals. Das Magazin für Geschichte und Kultur, Heft 5, Leinfelden-Echterdingen 1985, S. 443f.
S. 111: D1 zit. nach: Zahlenspiegel, Bonn 1986, S. 75ff.
Q2 Ludwig Erhard, Wohlstand für alle, Düsseldorf 1957, S. 247
S. 113: Q2a Fritz Schenk, Im Vorzimmer der Diktatur – Zwölf Jahre Pankow, Köln, 1962, S. 220ff.
Q2b Neues Deutschland, Ost-Berlin, 28. Juni 1953
Q3 „Das Volk" vom 19. Juni 1953
Q5 Ilse Spittman-Rühle/Karl W. Fricke, 17. Juni 1953, Köln 1982, S. 15
S. 114: D1 Johannes Ebert/Andreas Schmid, Das Jahrhundertbuch, München 1999, S. 774
Q6 zit. nach: „Volksarmee" Nr. 41/1963, Berlin, S. 217
Q7 Jürgen Rühle/Gunter Holzweißig, 13. August 1961. Die Mauer von Berlin, Köln 1988, S. 152.
S. 115: Q9 Aufgezeichnet von Frank Schirrmeister, Klaus W. und die britische Schokolade, in: PZ intern, Nr. 97, März 1999, Bonn 1999, S. 26.
S. 117: Q2/Q3 Verhandlungen des deutschen Bundestages, 2. Wahlperiode 1953–1957, Band 22, 3135ff.
S. 120: Q4 Milovan Djilas, Gespräche mit Stalin, Frankfurt 1962, S. 116
Q5 Boris Meissner (Hg.), Das Ostpaktsystem. Dokumentensammlung, Bd. XVII, Frankfurt/Berlin 1955, S. 87f.
Q6 Europa Archiv 2, Oberursel 1947, S. 820f.
S. 121: Q7 Klaus-Jörg Ruhl (Hg.), Neubeginn und Restauration. Dokumente zur Vorgeschichte der Bundesrepublik Deutschland 1945–1949, München 1982, S. 368ff.
S. 124: Q3 Forschungsinstitut der Deutschen Gesellschaft für Auswärtige Politik (Hg.), Europa. Dokumente zur Frage der europäischen Einigung, Bd. 1, München 1962, S. 113ff.
Q4 Pascal Fontaine, Ein neues Konzept für Europa. Die Erklärung von Robert Schumann – 1950–2000, Luxemburg 2000, S. 36f.
S. 125: Q5 Geschichte in Quellen. Bd. 7: Die Welt seit 1945, hg. v. Wolfgang Lautemann, Manfred Schlenke, bearb. v. Helmut Krause, München 1980, S. 368
S. 128: D1 zs.-gestellt v. Verf.
Q4 Zit. in: Boris Meissner, Das Parteiprogramm der KPdSU 1903–1961, Köln 1962, S. 118ff.
Q5 Hans Ulrich Luther, Der Vietnamkonflikt, Berlin 1969, S. 138f.
Q6 Lyndon B. Johnson, Meine Jahre im Weißen Haus, München 1972, S. 481
S. 129: Q8 zit. in: Auswärtiges Amt (Hg.), KSZE – CSCE. Phraseologie der Schlussakte von Helsinki 1975
Q10 Der Spiegel vom 4. 8. 1975
S. 131: D1 zs.-gestellt v. Verf.
Q2 Ingo von Münch (Hg.), Dokumente des geteilten Deutschland. Bd. II, Stuttgart 1974, S. 301ff.
S. 134: Q6 „Der Spiegel" Nr. 17/1968, Hamburg, S. 25ff.
Q7 Bulletin des Presse- und Informationsamtes der Bundesregierung, 17. April 1968, S. 393
S. 135: Q8 Matthias Bothe, Die Acht-Stunden-Ideologie. In: Gerhard Finn/Liselotte Julius (Hg.), Von Deutschland nach Deutschland, Köln 1988, S. 62
Q9 Ulrich Schacht, Hohenecker Protokolle. Aussagen zur Geschichte der politischen Verfolgung von Frauen in der DDR, Zürich 1984, S. 219
S. 137: Q2a zit. nach: Angela Delille/Andrea Grohn, Blick zurück aufs Glück. Frauenleben und Familienpolitik in den 50er-Jahren, Berlin 1985, S. 67f.
Q2b Frauen in Deutschland, hg. von Gisela Helwig/Hildegard Maria Nickel, Berlin 1993, S. 11
S. 139: Q2 zit. nach: Politische Weltkunde. Die Sowjetunion, Stuttgart 1985, S. 122
Q3 zit. nach: Alexander Fischer (Hg.), Sowjetische Außenpolitik seit 1945, Stuttgart 1985, S. 92f.
S. 141: Q2 EUROPA-ARCHIV, 45. Jahrgang (1990), S. D171ff., zit. in: Materialien zur Zeitgeschichte, bearb. v. Johann W. Robl und Klaus D. Hein-Mooren, Bamberg 1992, S. 68.
Q3 OSTEUROPA-ARCHIV, 31. Jg. (1981), A1f., zit. in: Materialien zur Zeitgeschichte, bearb. v. Johann W.

Robl und Klaus D. Hein-Mooren, Bamberg 1992, S. 65f.

Q4 Gregor Schöllgen, Geschichte der Weltpolitik von Hitler bis Gorbatschow 1941–1991, München 1996, S. 476

S. 143: Q2 Armin Mitter/Stefan Wolle (Hg.), Ich liebe euch doch alle. Befehle und Lageberichte des MfS, Berlin 1990, S. 141ff.

Q3 Neue Westfälische vom 13. November 1989

S. 145: Q2 DDR Intern. Geschichte und Geschichten. Nr. 97/99, Bonn 1999, S. 44

S. 147: Q2a Aufruf „Für unser Land", in: Neues Deutschland, 29. 11. 1989

Q2b zit. nach: Gerhart Maier (Hg.), Die Wende in der DDR, Bonn 1991, S. 53ff.

Q3 Margret Thatcher, Downing Street Nr. 10. Die Erinnerungen, Düsseldorf 1993, 1095f.

Q4 New York Times, 25. 10. 1989

S. 149: Q2 Patrick Süskind, Deutschland – eine Midlife-Crisis, in: Ulrich Wickert (Hg.), Angst vor Deutschland, Hamburg 1990, S. 111ff.

Q3 Joachim Gauck, Rede im Bundestag am 9. November anlässlich der Sondersitzung zum 10. Jahrestag des Falls der Mauer

S. 151: Q2 Michael Naumann, Das Reich des Guten, in: Die Zeit, Nr. 46 vom 7. 11. 2002

Q3 Handelsblatt, 6. 7. 2004, S. 3

S. 153: Q2 Some Conditions, in: Hindi-Navajiran vom 10. 4. 1930, in: Michael Mann, Gandhi als Mahatma, in: Geschichte lernen, Heft 56/1997 „Indien", Velber 1997, S. 34

Q3 Gerald Braun, Karl Hillebrand, Dritte Welt. Fortschritt und Fehlentwicklung, Paderborn 1994, S. 30

S. 155: Q2 Marcel Keifenheim, in: Greenpeace Magazin 3/2003, S. 56ff.; http://www.greenpeace-magazin.de/magazin/reportage.php?repid=232

Q3 Gerhar Plott „Terror und Armut", in: Der Standard, 06.02.2002, Wien

Verzeichnis der Bildquellen

Cover Picture-Alliance, Frankfurt (Kai-Uwe Wärner)
S. 8, 1918 BPK, Berlin
1922 ullstein bild, Berlin
S. 9, Wahllokal AKG, Berlin
1926 BPK, Berlin
1929 BPK, Berlin
1929 Stiftung Archiv der Akademie der Künste, Berlin
S. 10, Q1 BPK, Berlin, VG Bild-Kunst, Bonn 2004
S. 11, Q3 Bundesarchiv Koblenz (Signatur 183/R12)
S. 12, Q1 BPK, Berlin
S. 14, Q4 Bibliothèque nationale de France, Paris
S. 15, Q8 AKG, Berlin
S. 16, Q1 ullstein bild, Berlin (Nowosti)
S. 17, Q4 ullstein bild, Berlin
S. 18, Q1 AKG, Berlin
S. 19, D1 Klett-Archiv, Stuttgart
Q2 BPK, Berlin
S. 20, Q5 Archiv der sozialen Demokratie der Friedrich-Ebert-Stiftung, Bonn
S. 21, D2 Klett-Archiv, Stuttgart
Q6 Süddeutscher Verlag, München (Scherl)
S. 22, Q1 AKG, Berlin
S. 24, Q1 Bundesarchiv, Koblenz
S. 25, Q2 Süddeutscher Verlag, München
Q3 AKG, Berlin
S. 26, Q4 ullstein bild, Berlin
Q5 VG Bild-Kunst, Bonn 2005
S. 27, D1 Klett-Archiv, Stuttgart (Sandy Schygulla, Leipzig)
Q8 Archiv Gerstenberg
Q9 AKG, Berlin
S. 28, Q1 BPK, Berlin
S. 29, Q4 aus: „Anschläge, deutsche Plakate als Dokumente der Zeit von 1900–1980"
S. 30, Q1 Otto Dix, Die Großstadt, Tryptichon, Kunstmuseum Stuttgart, VG Bild Kunst, Bonn 2006
S. 31, Q3 Siemens AG, München (Siemens-Archiv)
S. 32, Q4 DHM, Berlin
Q5 Die Deutsche Bibliothek, Leipzig
Q7 BPK, Berlin
S. 34, Q1 BPK, Berlin
S. 35, Q3 BPK, Berlin
S. 36, Q5 BPK, Berlin
S. 38, Q1 Bundesarchiv, Koblenz
Q2 BPK, Berlin
S. 39, Q3 Stefanie Lux-Althoff, Die Plakatpropaganda der Weimarer Parteien zu den Wahlen und Volksabstimmungen von 1924 bis 1933, Lemgo 2000, S. 44
Q4 Langewiesche-Brandt Verlag, Ebenhausen
S. 40, Q1 Friedrich Ebert-Stiftung, Bonn (Jakob Balsen)
S. 41, D1 Klett-Archiv, Stuttgart
S. 42, Q1 AKG, Berlin
S. 43, Q2 Stiftung Archiv der Akademie der Künste, Berlin
S. 44 Q1 AKG, Berlin/© VG Bild-Kunst, Bonn 2004
S. 45 Q2 BPK, Berlin/© VG Bild-Kunst, Bonn 2003
Q3 BPK, Berlin/© VG Bild-Kunst, Bonn 2005
Q4 Klett-Archiv, Stuttgart
S. 46, 1933 AKG, Berlin
1935 Süddeutscher Verlag, München
1938 Stadtbildstelle, Essen
S. 47, Familie Corbis, Düsseldorf
ab 1941 aus: Gerhard Schoenberner, Der gelbe Stern, München 1978
1944 ullstein bild, Berlin
1945 AKG, Berlin
S. 48, Q1 DPA, Hamburg (Markus Wächter)
S. 49, Q5 Picture-Alliance, Frankfurt (Stephanie Pilick)
S. 50, Q1 AKG, Berlin
S. 51, Q6 Süddeutscher Verlag, München
S. 52, Q1 DHM, Berlin
Q2 DHM, Berlin
S. 53, D1 Klett-Archiv, Stuttgart
S. 54, Q1 aus: Deutschland erwacht. Werden, Kampf und Sieg der NSDAP, hg. v. Cigaretten-Bilderdienst, Altona-Bahrenfeld 1933
S. 55, Q4 BPK, Berlin
Q5 Süddeutscher Verlag, München
S. 56, Q1 BPK, Berlin
S. 57, D3 Klett-Archiv, Stuttgart
S. 58, Q1 ullstein bild, Berlin
S. 59, Q2 Süddeutscher Verlag, München
S. 60, Q3 VW-Stiftung, Wolfsburg
Q4 Katholisches Bistumsblatt, Hildesheim, 29. März 1936
S. 61, Q10 Süddeutscher Verlag, München
Q11 BPK, Berlin (Joseph Shorer)
S. 62, Q1 DHM, Berlin
S. 63, Q4 DHM, Berlin
Q5 ullstein bild, Berlin
S. 64, Q6 Archiv Zentner, Grünwald
S. 65, Q12 aus: Matthias von Hellfeld u. a., Piraten Swings und Junge Garde. Jugendwiderstand im Nationalsozialismus, Bonn 1991, Cover
S. 66, Q1 DHM, Berlin
S. 67, Q6 DHM, Berlin
S. 68, Q1 links ullstein bild, Berlin
Q1 rechts Verlag für Regionalgeschichte, Gütersloh
S. 69, Q7 Bundesarchiv, Koblenz
Q8 BPK, Berlin
S. 70, Q1 Stadtbildstelle, Essen
S. 71, Q2 BPK, Berlin
Q3 Süddeutscher Verlag, München
S. 72, Q4 AKG, Berlin
S. 73, Q12 Bibliothek Münsterklinik, Zwiefalten
S. 74, Q1 BPK, Berlin
S. 75, Q4 The Library of Congress, Washington D. C. (Herblock Foundation)
Q5 AKG, Berlin
S. 76, Q1 Bundesarchiv, Koblenz
S. 77, Q2 Jüdisches Museum, Belgrad
S. 78, Q1 aus: Gerhard Schoenberner, Der gelbe Stern, München 1978
S. 79, Q5 BPK, Berlin
S. 81, Q8 aus: Das Buch des Alfred Kantor, Frankfurt/M. 1987, S. 35
S. 82, Q1 Bundesarchiv, Koblenz
S. 83, Q4 Niedersächsischen Landesarchiv - St. Osnabrück
S. 84, Q1 DHM, Berlin
S. 85, Q4 AKG, Berlin
Q5 ullstein bild, Berlin
S. 86, Q1 ullstein bild, Berlin (AKG Pressebild)
S. 87, Q3 AKG, Berlin
S. 88, Q1 Süddeutscher Verlag, München
S. 89, Q2 Hannes Kirchner, Duisburg
S. 90, Q3 v. Stauffenberg AKG, Berlin
Scholl ullstein bild, Berlin
Herrmann Gedenkstätte Deutscher Widerstand, Berlin
Leber ullstein bild, Berlin
Bonhoeffer ullstein bild, Berlin
v. Galen ullstein bild, Berlin
S. 91, Q9 Reichart Stefan, Meersburg
S. 92 Archiv des Landeswohlfahrtsverbandes Hessen, Fotosammlung, Gedenkstätte
S. 93, oben Landeswohlfahrtsverband Hessen, Kassel
Mitte Landeswohlfahrtsverband Hessen, Kassel
unten Hessisches Hauptstaatsarchiv Wiesbaden (HHStAW, Abt. 3008, Nr. 1012)
S. 94, Brandenburger Tor ullstein bild, Berlin

Plakat Süddeutscher Verlag, München
„Rassenschande“ Süddeutscher Verlag, München
S. 95, **Köln** Süddeutscher Verlag, München
Siemens BPK, Berlin
v. Stauffenberg AKG, Berlin
Synagoge Keystone, Hamburg
Plakat DHM, Berlin
S. 96, **1949** ullstein bild, Berlin
1951/1957 AKG, Berlin
1956 AKG, Berlin
S. 97, **Brandenburger Tor** ullstein bild, Berlin
1961 Corbis, Düsseldorf (Bettmann)
1968 Cornelius Meffert/stern/Picture Press, Hamburg
1989/1990 AP, Frankfurt am Main
1990 ullstein bild, Berlin (Paul Langrock)
S. 98, **Q1** BPK, Berlin (Fritz Paul)
S. 99, **Q4** AKG, Berlin
Q5 Süddeutscher Verlag, München
S. 100, **Q1** ek pictures, Warschau
Q2 AKG, Berlin
S. 102, **Q1** ullstein bild, Berlin
S. 103, **Q2 links** Archiv der sozialen Demokratie der Friedrich-Ebert-Stiftung
Q2 Mitte Konrad-Adenauer-Stiftung e. V., Archiv für Christlich-Demokratische Politik, Plakatsammlung
Q2 rechts Stadt Bochum, Presseamt, Bochum
S. 104, **Q3** ullstein bild, Berlin
Q4 Konrad-Adenauer-Stiftung e. V., St. Augustin
S. 105, **Q8 links** Konrad-Adenauer-Stiftung e. V., Archiv für Christlich-Demokratische Politik, Plakatsammlung
Q8 rechts Friedrich Ebert-Stiftung, Bonn
Q9 BASF Unternehmensarchiv, Ludwigshafen
S. 106, **Q1** DHM, Berlin
S. 107, **Q4** AKG, Berlin
S. 108, **Q1** ullstein bild, Berlin
S. 109, **Q4** Haus der Geschichte der Bundesrepublik, Bonn
Q5 Getty Images, München (Time Life Pictures/Walter Sanders)
S. 110, **Q1** ullstein bild (dpa), Berlin
S. 111, **Q3** Picture-Alliance, Frankfurt (dpa)
Q4 Jürgens Photo, Berlin
S. 112, **Q1** ullstein bild, Berlin
S. 113, **Q4** Stiftung Haus der Geschichte (Zeitgeschichtliches Forum Leipzig/
Paul Bernharend)
S. 115, **Q8** CCC/www.c5.net, Pfaffenhofen a. d. Ilm (Oskar)
Q10 Corbis, Düsseldorf (Bettmann)
S. 116, **Q1** Wissen Media Verlag, Gütersloh
S. 117, **Q4** Stiftung Haus der Geschichte (Zeitgeschichtliches Forum Leipzig/Hans-Jürgen Röder)
Q5 oben Münchner Stadtmuseum, München
Q5 unten AKG, Berlin
S. 118, **Q1** Picture-Alliance, Frankfurt (dpa/Fritz Reiss)
S. 122, **Q1** AKG, Berlin
S. 123, **Q2** Stuttgarter Zeitung, Stuttgart (Fritz Meinhard)
S. 124, **D1** Klett-Archiv, Stuttgart (Sandy Schygulla, Leipzig)
S. 125, **D2** nach: Spiegel-Almanach 2002
D3 Klett-Archiv, Stuttgart (Sandy Schygulla, Leipzig)
S. 126, **Q1** Daily Mail, London 1962
S. 127, **Q2** Corbis, Düsseldorf (Bettmann)
S. 128, **Q3** AP, Frankfurt am Main
S. 129, **Q9** laif, Köln (Gamma/Salhani)
Q11 Presse- und Informationsamt der Bundesregierung, Berlin
S. 130, **Q1** Landesbildstelle, Berlin
S. 131, **Q3** Jutta Munz/Eckart Munz, Stuttgart
Q4 H. E. Köhler, Wilhelm-Busch-Gesellschaft e. V., Hannover
S. 132, **Q1** Picture Press, Hamburg (Cornelius Meffert/stern)
S. 133, **Q2** Stiftung Haus der Geschichte (Zeitgeschichtliches Forum Leipzig/Hans-Jürgen Röder)
Q3 Jürgens Photo, Berlin
S. 134, **Q4** BPK, Berlin (Günter Zint)
Q5 AKG, Berlin
S. 135, **Q10** Ostkreuz, Berlin (Harald Hauswald)
Q11 Jürgens Photo, Berlin
S. 136, **Q1** FrauenMediaTurm, Köln (Bernhard Schaub)
S. 137, **Q3** Christoph Sandig, Leipzig
Q4 BPK, Berlin
Q5 Martin Naumann, Großpösna
S. 138, **Q1** AKG, Berlin
S. 139, **Q4** Bielik, Bratislava
Q5 AKG, Berlin
S. 140, **Q1** AP, Frankfurt am Main
S. 141, **Q5** STUDIO X, Limours (Bulka)
S. 142, **Q1** CCC/www.c5.net, Pfaffenhofen a. d. Ilm (Haitzinger)
S. 143, **Q4** AKG, Berlin
Q5 Picture-Alliance, Frankfurt (dpa/Wolfgang Kluge)
S. 144, **Q1** Klett-Archiv, Stuttgart (Henry Zeidler, Leipzig)
S. 145, **Q3** AP, Frankfurt am Main
S. 146, **Q1** ullstein bild, Berlin (Paul Langrock)
S. 147, **Q5** CCC/www.c5.net, Pfaffenhofen a. d. Ilm (Haitzinger)
Q6 Bulls Press, Frankfurt
S. 148, **Q1** Dirk Laubner, Berlin
S. 149, **Q4** Picture-Alliance, Frankfurt (dpa/Wolfgang Kumm)
Q5 CCC/www.c5.net, Pfaffenhofen a. d. Ilm (Schoenfeld)
S. 150, **Q1** ullstein bild, Berlin
S. 151, **Q4** AP, Frankfurt am Main (Hadi Mizban)
S. 152, **Q1** AKG, Berlin
S. 154, **Q1** Corbis, Düsseldorf
S. 155, **Q4** Corbis, Düsseldorf
S. 156 Getty Images, München (2004 AFP/MICHAL RU)
S. 158, **Präsentation** Klett-Archiv, Stuttgart (Kerstin Grimm, Essen)
S. 159, **Gemälde** Corbis, Düsseldorf
S. 160, **Bonifatius** AKG, Berlin
historische Karte AKG, Berlin
Gemälde Terry Jones/Alan Ereira, Die Kreuzzüge, München 1995, S. 58
S. 161, **Diskussion** Klett-Archiv, Stuttgart (Klaus-Ulrich Meier)
Portrait AKG, Berlin
Gemälde Bridgeman Giraudon, Paris
S. 162, **Karikatur** Bridgeman Art Library, London
Gemälde Bridgeman Giraudon, Paris
S. 163, **Denkmal** VG Bild-Kunst, Bonn
S. 164, **Plakat** Langewiesche-Brandt Verlag, Ebenhausen
Portrait oben ullstein bild, Berlin (AKG Pressebild)
Portrait unten Klett-Archiv, Stuttgart (Henry Zeidler)

Nicht in allen Fällen war es uns möglich, den Rechteinhaber der Abbildungen ausfindig zu machen. Berechtigte Ansprüche werden selbstverständlich im Rahmen der üblichen Bedingungen abgegolten.